Portugal 葡萄牙

no.88

波爾圖
Porto

科英布拉
Coimbra

葡萄牙
Portugal

西班牙
Spain

里斯本
Lisboa

艾芙拉
Évora

北大西洋
Atlantic Ocean

法羅
Faro

MOOK NEWAction

葡萄牙 Portugal

本書所提供的各項可能變動性資訊,如交通、時間、價格、地址、電話或網址,係以2024年10月前所收集的為準;但此類訊息經常異動,正確內容請以當地即時標示的資訊為主。

如果你在旅行中發現資訊已更動,或是有任何內文或地圖需要修正的地方,歡迎隨時指正和批評。你可以透過下列方式告訴我們:
寫信:台北市南港區昆陽街16號7樓MOOK編輯部收
傳真:02-25007796
E-mail:mook_service@hmg.com.tw

符號說明
- ☎ 電話
- Ⓢ 價格
- 🕐 所需時間
- Ⓗ 住宿
- Ⓕ 傳真
- Ⓦ 網址
- 🚗 距離
- Ⓕ Facebook
- 🎧 地址
- ◎ 電子信箱
- 🚙 如何前往
- Ⓘ Instagram
- ⏱ 時間
- ❗ 注意事項
- 🚇 市區交通
- Ⓛ Line
- 🌙 休日
- 🎀 特色
- ⓘ 旅遊諮詢

Welcome to Portugal

歡迎來到葡萄牙 文●陳蓓蕾

　　相較於其他歐洲國家，葡萄牙簡直是旅人的天堂。

　　這裡物價平易近人，有處處是明信片風景的美麗港都，依著山勢起伏而建的城堡與村落，豐富多樣的自然美景，令人銷魂難忘的美食，深厚的歷史與文化底蘊。史前時代的人類透過刻在石頭上的壁畫，留下了生活的印記；大航海時代留下輝煌的建築與藝術，隨處是羅馬遺跡、摩爾村落，多元文化的融合造就了風情萬種的葡萄牙，越深入當地人的生活日常，越讓人留連忘返，深深愛上這個國家。

　　葡萄牙北部米尼奧(Minho)、山後(Trás-os-Montes)地區仍保留著傳統的鄉村生活方式，而南部的阿爾加維(Algarve)則變成歐洲著名的渡假勝地。在這兩者之間是被森林覆蓋的山丘、陽光普照的平原，被橄欖樹、葡萄園圍繞的中世紀小鎮，還有大西洋沿岸浪花陣陣拍打著的濱海小漁村。

　　首都里斯本是遊客的最愛，擁有華麗裝飾的曼努埃爾式修道院、排隊再久也要吃到的傳奇蛋撻、戲劇化的法朵音樂和噹噹作響的黃色古董電車。而北方波爾圖也不惶多讓，城中遍布以藍白瓷磚裝飾的教堂，來一杯波特酒，沉浸在河岸浪漫醉人的風景中。

　　葡萄牙太多不同的面貌值得去體驗和發掘，跟著本書一同探索各個地區，品嚐葡式道地美食，入住城堡改建的飯店，以南歐人悠閒自在的生活步調，享受葡萄牙的美好。

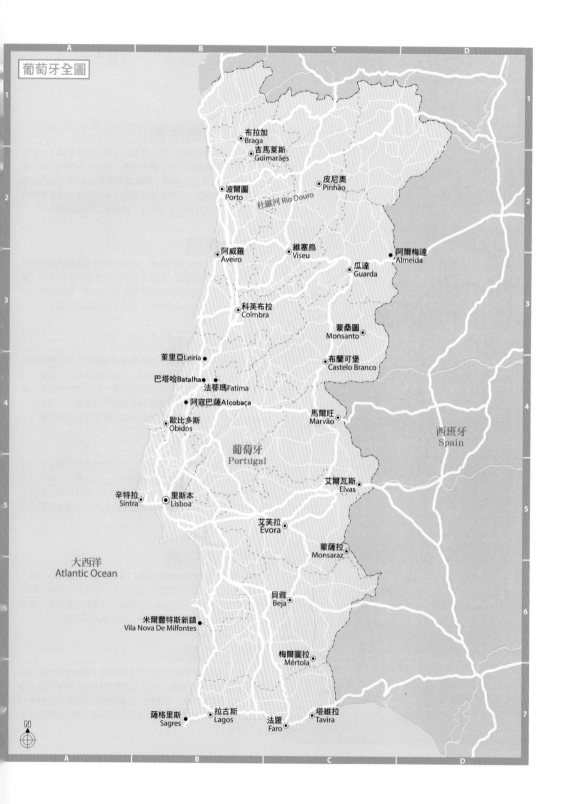

葡萄牙全圖

布拉加
Braga
吉馬萊斯
Guimarães
皮尼奧
Pinhão
波爾圖
Porto
杜羅河 Rio Douro
阿威羅
Aveiro
維塞烏
Viseu
阿爾梅達
Almeida
瓜達
Guarda
科英布拉
Coimbra
蒙桑圖
Monsanto
萊里亞Leiria
巴塔哈Batalha
法蒂瑪Fatima
布蘭可堡
Castelo Branco
阿寇巴薩Alcobaça
歐比多斯
Obidos
馬爾旺
Marvão
葡萄牙
Portugal
西班牙
Spain
辛特拉
Sintra
里斯本
Lisboa
艾爾瓦斯
Elvas
艾芙拉
Évora
蒙薩拉
Monsaraz
大西洋
Atlantic Ocean
貝雅
Beja
米爾豐特斯新鎮
Vila Nova De Milfontes
梅爾圖拉
Mértola
薩格里斯
Sagres
拉古斯
Lagos
法羅
Faro
塔維拉
Tavira
N

必去葡萄牙理由

魅力城市萬花筒

葡萄牙各大城個性鮮明，從北到南走一趟，感受葡萄牙的多重靈魂。首都里斯本新舊並存，集結創意、潮流、文藝與歷史；波爾圖帶著殘破又浪漫的美麗，香甜波特酒和杜羅河夕陽的加持下，不醉也難；科英布拉學術氣息濃厚，大學城裡洋溢青春與活力；而最南端的法羅依偎著大西洋，則彌漫慵懶度假風情。

饕客夢想國

陽光與海洋孕育著半島的豐饒，葡萄牙餐桌上的風景展示著來自大自然的恩寵，海鮮飯、燒烤黑豬肉、烤沙丁魚、烤章魚，還有超過上百種食譜的醃鱈魚料理，從香醇波特酒，到葡式蛋塔傳奇，葡萄牙縱橫交錯的經緯線上，是說不完的美食故事。

尋訪隱世小鎮

巨石堆中的小村莊蒙桑圖，讓人見識就地取材，與自然共存的新境界；天空之城馬爾旺盤踞山頭，只有飛鳥才能自由進出；到人煙稀少的白色山村蒙薩拉找回內心寧靜，沿路撿拾梅爾圖拉處處散落的摩爾風情，沈醉皮尼奧的葡萄園和酒香中……葡萄牙的小鎮風格多變，也許沒有太特別的景點，卻怎麼玩也不會膩。

海岸度假天堂

葡萄牙擁有南歐最美麗的海岸線，阿爾加維的海岸線上共有超過150座海灘，除了綿延無盡的金色沙灘、高聳懸崖旁的海灘、隱蔽在小海灣裡的沙灘，還有絕美的海蝕洞、岩柱與岩石嶙峋的峭壁等豐富多變的地貌，乘船是遊覽這些大自然鬼斧神工最好的方式。

世界遺產巡禮

深厚的歷史造就葡萄牙數之不盡的文化寶藏，從史前人類留下的壁畫，到大航海時代的遺跡，遍佈葡萄牙東南西北各地；波爾圖、杜羅河葡萄酒區、里斯本、辛特拉、邊境的防禦要塞、融合華麗曼努埃爾風格的建築等等，每一處都讓人歎為觀止。

葡式生活韻味

跳上黃色電車穿梭里斯本上上下下的老城，迷路在藍白瓷磚和彩色磁磚建築包圍的窄巷，走進小酒館聆聽情感充沛的法朵音樂，選一間百年咖啡館，品嘗詩人文學家曾留連的香醇。開啟一場非典型旅遊，沉浸葡式生活的愜意，感受漫不經心卻隨手可得的文化韻味。

旅行計畫
Plan Your Trip

Top Highlights of Portugal
葡萄牙之最

里斯本
Lisboa

　　分佈在七座小山丘上，「七丘之城」里斯本是歐洲唯一位於大西洋沿岸的首都，也是最具年輕活力的歷史古都，這裡新舊融合，散發著質樸的迷人魅力。

　　走一趟阿爾法瑪(Alfama)舊城區，錯綜複雜的老巷弄迴盪著傳唱的法朵音樂，空氣中飄著烤沙丁魚的香味；城市裡，摩爾人在山丘上留下堡壘，雕刻家把海洋刻進修道院迴廊，白底藍紋磁磚拼貼歷史與故事，蜿蜒石板路的盡頭通往那片亮燦燦藍光，跳上黃色的老電車穿梭城市間，百年電車承載著里斯本的印象，穿越時間，也穿越里斯本人的生活日常。（P.56）

最佳博物館
The Best Museums

國立瓷磚博物館／里斯本
Museu Nacional do Azulejo
/ Lisboa (P.84)

法朵博物館／里斯本
Museu do Fado / Lisboa
(P.80)

8

波爾圖與杜羅河葡萄酒產區
Porto & Douro Wine Region

波爾圖依偎著杜羅河，展現風情萬種的姿態，路易一世大橋壯觀跨越天際，證券交易宮恢弘氣派，教堂外牆藍白瓷磚典雅細緻，而更迷人的韻味來自於斜坡上狹窄的巷弄、陽台曬衣服的凌亂、擺滿波特酒瓶的雜貨店櫥窗和小餐廳裡的家常滋味。

這裏也是前往杜羅河上游葡萄酒區的主要門戶，搭上遊河船，品一杯波特酒，拜訪一個個淳樸的釀酒小村落、山坡層層疊疊的翠綠葡萄園…Cheers！關於波爾圖的回憶，似乎總帶著微醺與香甜。（P.148）

| 古爾本基安美術館／里斯本 Museu Calouste Gulbenkian / Lisboa (P.68) | 藝術、建築與科技博物館／里斯本 Museu de Arte, Arquitetura e Tecnologia / Lisboa (P.87) | 塞拉維斯當代美術館／波爾圖 Museu de Arte Contemporânea de Serralves / Porto (P.164) |

辛特拉
Sintra

　森林與冷泉包圍散落山林間的城堡宮殿，盤山而上的小鎮道路兩旁，匠心獨具的工藝品點綴繽紛，即使沒有浪漫派詩人拜倫的讚譽加持，辛特拉仍然具有超高人氣的獨特魅力。

　奇幻亮麗的佩娜宮是曼努埃爾揮灑創意、調和多元文化的舞台；登上盤據山頭的摩爾人城堡遺跡，眺望遼闊風景；探訪神秘的雷加萊拉莊園，深入啟蒙井底下的地下迷宮；國家王宮用天花板與磁磚述說歷史故事；而西方不遠處，就能抵達歐洲大陸最西端的羅卡角。辛特拉雖然不大，每個景點個性分明，玩一整天也不無聊！（P.105）

最迷人小鎮
The Most Charming Towns

蒙桑圖Monsanto
(P.144)

梅爾圖拉Mértola
(P.212)

山城小鎮
Villages and Towns

　　葡萄牙中部與南部的內陸地區，散落著融合自然美景又具有歷史意義的中世紀城鎮，小山城外貌看似如一，卻各有各的美麗。

　　攀附著巨大石頭而建的蒙桑圖、山頂城牆圍繞的天空之城馬爾旺、世界遺產防禦要塞艾爾瓦斯、大理石重鎮伊斯特雷摩斯、白色村莊蒙薩拉、散發伊斯蘭風情的梅爾圖拉、以及作為禮物送給葡萄牙皇后的婚禮之城歐比多斯……白牆瓦頂的民宅，依著地形起落落，星羅棋布在山偎水涯，這些小村落通常人口不多，交通也不太方便，然而尚未被大批遊客入侵的寧靜安詳與美景，絕對值得一遊。（艾爾瓦斯P.203、伊斯特雷摩斯P.206）

歐比多斯Óbidos (P.122)	蒙薩拉Monsaraz (P.196)	馬爾旺Marvão (P.198)

古董電車
Antique Tram

　　穿梭山丘老宅間的黃色老電車，不僅是當地居民的日常，也無疑是里斯本最著名的明信片風景之一。可愛的鮮黃單節電車，像城市裡的慢版雲霄飛車，緩緩爬過上上下下的小山丘，輕巧轉身穿越狹窄巷弄，車廂裡，木質座椅窗框泛著經歲月洗練的溫潤光澤，車廂外，觸手可及的斑駁磁磚牆上仍見昔日風華。

　　不疾不徐的速度，陽光與海風的溫度，最適合踏上一段穿梭時光的旅程，目前僅有里斯本和波爾圖還看得到百年電車身影，讓這兩個城市比其他歐洲城市多了幾分浪漫懷舊。其中，最推薦里斯本的28號電車，不但是舊城居民的交通工具，也是旅客的最愛。（波爾圖P.155、里斯本P.66）

阿爾加維最佳海灘
The Best Beaches in Algarv

海軍海灘／拉古阿
Praia da Marinha / Lagoa
(P.226)

貝納吉爾海灘&海蝕洞／拉古阿
Praia da Benagil & Benagil Cave / Lagoa (P.226)

阿爾加維的海灘
Beaches in Algarve

　　陽光親吻著阿爾加維的海岸，海鳥在碧海藍天中翱翔，涼風捎來海水的味道，阿爾加維是歐洲完美渡假勝地的典範。

　　得天獨厚的溫暖氣候，全年有300天晴天，湛藍清澈的海水，一座座優質的金色沙灘，令人難忘的傳統海鮮美食，充滿活力的夜生活，這裡是享樂主義者的天堂。長達155公里的海岸線展現了豐富多樣的面貌，有歐盟認證的藍旗海灘、只有乘船才能抵達的絕美海蝕洞、岩石嶙峋的懸崖海岸、人跡罕至的隱蔽海灣、石窟和洞穴，讓人永遠看不厭。（P.215）

梅亞海灘／拉古斯
Meia Praia / Lagos
P.225)

唐娜安娜海灘／拉古斯
Praia da Dona Ana / Lagos
(P.225)

巴雷塔島海灘(荒島)／法羅
Ilha da Baretta, ilha
deserta / Faro (P.218)

入住古堡、宮殿與修道院
Stay in Castle、Palace and Convento

是否曾幻想一場美夢，入住歐洲古堡當一夜貴族？葡萄牙的Pousadas能為所有許願者實現願望。

Pousadas過去是特有的國營飯店體系，2003年轉為民營的古蹟飯店，提供具有歷史和文化意義的奢華精品旅宿體驗。40多間Pousadas分佈全國各地，每一間各具特色，也許是中世紀古堡、貴族領主宅邸、修道院、或葡萄園包圍的莊園，入住歷史古蹟，同時享受現代化的舒適設備，而這些地方通常也都是坐擁絕佳美景的位置。其中，艾芙拉修道院、吉馬萊斯修道院、歐比多斯城堡、伊斯特雷摩斯城堡、伊斯托依宮殿等都是相當受歡迎的選擇。（P.42）

最美建築
The Most Beautiful
Architecture

傑羅尼摩斯修道院／里斯本
Mosteiro dos Jeronimos /
Lisboa (P.88)

巴塔哈修道院／巴塔哈
Mosteiro da Batalha /
Batalha (P.126)

曼努埃爾式建築
Manueline

　　船錨繩索爬上迴廊柱子、海洋生物現身花園、姿態柔美的植物纏繞拱形花窗，走進曼努埃爾式建築，如同欣賞一幅幅藝術作品，每個角落都讓人驚豔。

　　曼努埃爾式建築是葡萄牙獨特的建築風格，興起於15世紀末至16世紀初的「大航海時代」，以曼努埃爾一世國王命名。它結合了哥德式和文藝復興風格，並大量採用象徵航海和商業繁榮的裝飾元素，精美複雜的雕刻不留一絲空隙，完美地展示了葡萄牙那段充滿冒險與榮光的歷史。傑羅尼摩斯修道院、巴哈塔修道院、阿寇巴薩修道院都是這種風格的卓越代表，同樣被列入世界文化遺產，以精緻的雕刻、靜謐的迴廊、未完成的禮拜堂等帶領旅人進入另一個世界。

| 佩娜宮／辛特拉
Palácio Nacional da Pena / Sintra (P.108) | 雷加萊拉莊園／辛特拉
Quinta da Regaleira / Sintra (P.112) | 阿寇巴薩修道院／阿寇巴薩
Mosteiro de Alcobaça / Alcobaça (P.128) |

葡萄牙瓷磚
Azulejo

能把瓷磚變成一門象徵國家的藝術，大概也只有葡萄牙了！

稱為Azulejo的花磚最早承襲自摩爾人，以伊斯蘭風格的圖樣為主。15世紀時，葡萄牙國王曼努埃爾一世(Manuel I)造訪西班牙的塞維亞，帶回當時流行的磁磚彩繪，運用於辛特拉宮的裝飾。此後，葡萄牙人融入自己的文化藝術，將磁磚變成畫布，發展出獨特的葡式風格，顏色以白底藍色為主，兼有黃、綠、褐等色彩，18世紀蔚為流行，大量運用於修道院、教堂等公共場合。現在不管走到哪個角落，各式磁磚拼貼出的城市面貌，就是葡萄牙最經典的風景，其中又以波爾圖的聖本篤車站、阿瑪斯禮拜堂、卡爾莫教堂等最精彩。（聖本篤車站P.156、阿瑪斯禮拜堂P.161、卡爾莫教堂P.161）

最佳葡式磁磚典藏地
The Best Places
to See Azulejos

聖本篤車站／波爾圖
Estação de São Bento /
Porto (P.156)

卡爾莫教堂／波爾圖
Igreja do Carmo / Porto
(P.161)

葡萄牙美食
Gourment in
Pourtugal

　葡萄牙是吃貨天堂，傳統料理善於將最簡單的食材變身為美味的佳餚，隨著大航海時代的開啟，葡國雞蛋糕、油榨鱈魚成了日本長崎蛋糕、天婦羅的前身，葡式小吃常能喚起記憶深處的熟悉味道。葡式佳餚的美味源自終年燦爛的陽光與廣闊海洋，橄欖油和新鮮的地區性食材是發展出多元性料理的關鍵。最具代表性當然是葡萄牙海鮮飯，絲毫不遜色的還有阿蓮特茹地區的黑豬肉、波爾圖的燉內臟、中部地區烤乳豬、烤沙丁魚，此外，外酥內嫩的香濃蛋塔、滑順甜香的波特酒也不容錯過。（ P.22 ）

吟唱命運的法朵
Fado

　沒有現場聽過命運之歌，就無法接觸葡萄牙的靈魂。Fado來自拉丁文「fatum」，被認為是表達葡萄牙人的宿命觀，以傳統敘事民謠為基底，19世紀初在里斯本的下層社會開始流傳，廣受歡迎後，逐漸發展成葡萄牙的「國樂」。表演時一位歌者伴隨兩名樂手，分別彈奏12弦葡萄牙吉他和西班牙式吉他，一首歌就是一個故事，描述對平實生活的渴求、對逝去親人的思念、以及愛情中的背叛忌妒。法朵在里斯本和科英布拉分別演化流傳，這兩個城市都有許多可欣賞演出的餐廳。（ P.44 ）

© Porto Convention & Visitors

Top Itineraries of Portugal
葡萄牙精選行程

雙城故事8天

● 行程特色

以葡萄牙南北兩大城-里斯本、波爾圖為亮點,沿著大西洋沿岸線順遊各個歷史名城。行程從里斯本出發,其中被森林包圍的宮殿城市辛特拉、以人骨禮拜堂聞名的艾芙拉、浪漫婚禮小鎮歐比多斯等都在1~2小時的車程中,可以彈性安排一日遊;繼續北上,古老的大學城科英布拉、有「葡國威尼斯」之稱的小鎮阿威羅,以及波特酒的故鄉——波爾圖也各有風味。從南到北的行程,可說是一趟蒐集世界文化遺產之旅。

● 行程內容

Day 1	里斯本Lisboa
Day 2	里斯本Lisboa(貝倫區Belém)
Day 3	里斯本Lisboa→辛特拉Sintra→羅卡角Cabo da Roca
Day 4	里斯本Lisboa→歐比多斯Óbidos→科英布拉Coimbra
Day 5	科英布拉Coimbra→阿威羅Aveiro →波爾圖Porto
Day 6	波爾圖Porto
Day 7	波爾圖Porto →杜羅河葡萄酒產區Duro River
Day 8	波爾圖Porto→吉馬萊斯Guimarães →布拉加Brag

南部海岸之旅8天

● 行程特色

行程重點以遊覽里斯本周圍,以及度假氛圍濃厚的南部海岸為主。從里斯本出發,造訪葡萄牙皇室喜愛的避暑地辛特拉,以及其西端的羅卡角。隔日沿著大西洋沿岸南下,可直奔南岸城市拉古斯,或者停留在中途的海濱小鎮——米爾豐特斯新鎮稍做休憩。在拉古斯可探索沿岸絕美的海灘,或前往海軍海灘、貝納吉爾等地展開一日遊。接下來往東行,造訪法羅、塔維拉與周遭的奧良小漁村、伊斯托依宮殿,最後一日由法羅搭機返回里斯本。

● 行程內容

Day 1	里斯本Lisboa
Day 2	里斯本Lisboa→辛特拉Sintra→羅卡角Cabo da Roca
Day 3	里斯本Lisboa →(米爾豐特斯新鎮Vila Nova De Milfontes)→拉古斯Lagos
Day 4	拉古斯Lagos→海軍海灘Praia da Marinha、貝納吉爾海蝕洞Benagil Cave
Day 5	拉古斯Lagos→法羅Faro
Day 6	法羅Faro→奧良Olhão→塔維拉Tavira
Day 7	塔維拉Tavira→法羅Faro
Day 8	法羅Faro→伊斯托依Estoi→里斯本Lisboa

中南部精華環遊8日

●行程特色

　造訪中部與南部阿蓮特茹地區的重點城鎮。行程由里斯本出發，在世界遺產城鎮辛特拉待上一晚，接著沿著大西洋岸北上造訪婚禮小鎮歐比多斯、大學城科英拉。次日往東深入葡萄牙內陸，造訪邊境上的巨石村蒙桑圖、山城馬爾旺、擁有驚人防禦要塞的艾爾瓦斯，並在伊斯特雷摩斯夜宿山頂上的城堡飯店。行程繼續南下，造訪邊境上的山城蒙薩拉，住宿梅爾圖拉感受寧靜與異國風情。最後一站在世界遺產城鎮艾芙拉停留，見識無所不在的羅馬遺跡以及知名的人骨教堂。

●行程內容

Day 1	里斯本Lisboa
Day 2	里斯本Lisboa→辛特拉Sintra
Day 3	辛特拉Sintra→歐比多斯Óbidos→科英布拉Coimbra
Day 4	科英布拉Coimbra→ 蒙桑圖Monsanto>馬爾旺Marvão
Day 5	馬爾旺Marvão→艾爾瓦斯Elvas→ 伊斯特雷摩斯 Estremoz
Day 6	伊斯特雷摩斯Estremoz →蒙薩拉Monsaraz→ 梅爾圖拉Mértola
Day 7	梅爾圖拉Mértola→貝雅Beja→艾芙拉Évora
Day 8	艾芙拉Évora →里斯本Lisboa

葡萄牙大城小鎮全覽15天

●行程特色

　北進南出繞行葡萄牙一周，將大西洋沿岸與內陸地區的世界遺產、歷史古蹟、山城小鎮一次覽盡。行程由波爾圖開始，沿著海岸造訪水都阿威羅、大學城科英拉，接著往東進入內陸地區，沿著西班牙邊境上的小鎮一路南下，體驗阿蓮特茹純樸的風土人情與美食後，接著直奔南部沿海的度假勝地，造訪阿爾加維地區的三大港都：塔維拉、法羅、拉古斯，享受海灘與海鮮美食。最後一站繼續北上里斯本，以里斯本為中心，遊覽周圍的辛特拉與歐比多斯。

●行程內容

Day 1	波爾圖Porto
Day 2	波爾圖Porto →杜羅河葡萄酒區Duro River
Day 3	波爾圖Porto→阿威羅Aveiro →科英布拉Coimbra
Day 4	科英布拉Coimbra →維塞烏Viseu→瓜達Guarda
Day 5	瓜達Guarda→蒙桑圖Monsanto→布蘭可堡Castelo Branco
Day 6	布蘭可堡Castelo Branco →馬爾旺Marvão→ (艾爾瓦斯Elvas)→伊斯特雷摩斯Estremoz
Day 7	伊斯特雷摩斯Estremoz →蒙薩拉Monsaraz→艾芙拉Évora
Day 8	艾芙拉Évora →梅爾圖拉Mértola
Day 9	梅爾圖拉Mértola→ 塔維拉Tavira
Day 10	塔維拉Tavira→法羅Faro
Day 11	法羅Faro→拉古斯Lagos
Day 12	拉古斯Lagos →里斯本Lisboa
Day 13	里斯本Lisboa→歐比多斯Óbidos
Day 14	里斯本Lisboa→辛特拉Sintra
Day 15	里斯本Lisboa

When to go
最佳旅行時刻

葡萄牙是歐洲最溫暖的國家之一，雖然北中南地區的氣候存在明顯差異，但絕大部分地區屬於地中海型氣候，冬季多雨日照短，約為4~6小時，夏季乾燥日照長，約為10~12小時。葡萄牙北部地區、中部地區和阿蓮特茹沿海部分，夏季氣溫溫和，而南部地區、內陸地區以及杜羅河流域，夏季則較為炎熱。7~8月是旅遊旺季，尤其南部沿海阿爾加維是歐洲著名的度假勝地，夏季時會湧入大批遊客。最佳旅行時節是5~9月，不但氣候宜人，節日和活動也大多集中此時，處處都能感受到度假的歡樂氣氛。此外，這裡日夜溫差大，適合多層次的穿著，可隨身攜帶薄外套以應不時之需。

葡萄牙北部
• 皮尼奧 Pinhão
波爾圖 Porto
阿威羅 Aveiro
葡萄牙中部
科英布拉 Coimbra
歐比多斯 Óbidos
辛特拉 Sintra
里斯本 Lisboa
艾芙拉 Évora
葡萄牙南部 阿蓮特茹
南部沿海-阿爾加維

葡萄牙北部

屬於北大西洋季風氣候，因地勢和緯度較高，夏季涼爽、冬季雖稍微寒冷，特別是靠近西班牙的地區，但還是比歐洲其他地區溫和。波爾圖與沿海地區氣候較潮濕，秋季至隔年春季是雨季，天氣不太穩定，特別是2~3月和10~12月較多降雨。9月是北部山後地區葡萄收穫的季節，適合乘船遊杜羅河，在葡萄園中漫步。

葡萄牙中部

屬於地中海型氣候，乾季長，葡萄牙境內最高的山脈，海拔1,991公尺的埃斯特雷拉山脈盤據此區，空氣清新，秋季進入雨季，氣候較不穩定。冬季靠近西班牙的區域是全國最冷的地方，但還是比歐洲其他地區溫和。沿海地區10月是觀浪的時機，如果在春末秋初(4~6月和9月)前往，則可避開夏季的高溫。

葡萄牙南部

佔國土面積1/3的阿蓮特茹，也是葡國面積最大的葡萄酒產區，地勢平坦，夏季內陸地區炎熱乾燥，沿海地區則受到海洋的影響，氣溫顯得較為溫和濕潤，一整年都適合旅遊，葡國南部春天來得特別早，2月就有花開了，由於日夜溫差可能高達10度以上，最好攜帶薄外套。冬季雖然偶爾也下雨，但氣溫大約10度左右，依然舒適。

南部沿海

葡萄牙最南端的沿海地區阿爾加維屬於熱帶地中海型氣候，全年氣候溫暖，陽光充沛，降雨量少，任何季節都適合前往旅遊度假。夏季是旅遊旺季，沙灘上的遊客人數與房價都會增加，春季來得特別早，2月就可看到盛開的杏花與橘子花，春末秋初前往除了可避開旅遊人潮，海水仍舊溫暖，還可從是各種海上活動，冬季平均氣溫則約15度以上。

葡萄牙節假日

　葡萄牙節慶很多，除了下表全國性的國定假日以外，每個城市都會選一天和城市守護聖人相關的紀念日，做為該城特有的城市節。此外，1/1、復活節的週日、5/1和12/25這幾天，大部份景點和博物館都會公休。

重要節假日與慶典活動

月份	日期	節日名稱	說明
1	1	新年Ano Novo	
3	上旬	國際巧克力節	每年3月上旬，歐比多斯(Óbidos)會舉辦為期兩周的巧克力慶典。(詳見www.festivalchocolate.cm-obidos.pt)
	29	耶穌受難日 Sexta Feira Santa*	復活節前的星期五
	31	復活節 Páscoa*	通常和耶穌受難日一起放假。布拉加(Braga) 的聖週節特別盛大，遊行隊伍舉著戴荊冠的耶穌畫像，赤腳懺悔的人則舉火把。
4	25	自由紀念日Dia da Liberdade	紀念里斯本1974年4月25日的和平軍事政變，成功結束薩拉查獨裁政權，開啟葡萄牙的自由民主，又稱為康乃馨革命。
5	1	勞動節	
	3	十字架節Festa das Cruzes	靠近西班牙邊界的蒙桑圖(Monsanto)會遊行至山頂丟下花束，並演奏傳統樂器與歌舞慶祝。
	24~6/1	燃帶節Queima das Fitas*	科英布拉(Coimbra)大學的畢業生們，燃燒各個學院的捆書帶，有傳統歌舞表演與遊行。
	30	聖體節Corpo de Deus*	耶穌復活日起的第9個週四
6	第1個週末	聖貢薩洛節Festa de São Gonçalo	小鎮阿瑪蘭特(Amarante) 為聖貢薩洛舉辦的慶典，有遊行、市集與煙火慶典。
	10	國慶日	紀念1580年葡萄牙愛國詩人賈梅士的逝世。
	13	聖安東尼節 Festa do Santa Antonio	里斯本守護聖人聖安東尼的逝世紀念日，從聖安東尼教堂出發的遊行隊伍，浩浩蕩蕩繞行阿爾法瑪老城區和自由大道，全市都在烤沙丁魚，又稱「沙丁魚節」。
	23~24	聖約翰節Festas de Sao Joao	波爾圖的城市節慶，舉行盛大的街頭狂歡
8	15	聖母升天節 Festa da Assunção	
	第2個週末	海鮮節Seafood Festival	8月的第2個週末，阿爾加維的小鎮奧良(Olhão)會舉辦海鮮美食節，提供炭烤海鮮料理，與大鍋煮的海鮮燉菜，還有現場音樂表演。
10	5	共和國日 Dia da Instauração de República	慶祝1910年開啟第一個葡萄牙共和國。
11	1	萬聖節Dia de Todos os Santos	天主教和東正教都有的節日。
12	1	光復節Dia da Restauração	
	8	聖母無原罪日 Imaculada Conceição	慶祝聖母瑪利亞獲得無原罪的恩賜
	25	聖誕節 Natal	

*以上為2024年日期，節慶日期每年異動

Best Taste in Portugal
葡萄牙好味

文●陳蓓蕾・李曉萍　攝影●李曉萍・墨刻攝影組

葡萄牙緊鄰大西洋，擁有豐富的海產資源，來自海洋的鮮味自然佔據葡萄牙美食的大塊版圖，調味方式偏向地中海風味，與西班牙料理有一定程度的相似。幾乎所有菜色都會添加洋蔥和大蒜，也常常使用香菜，橄欖油和葡萄酒則是餐桌必備品。在搭配主食的澱粉類上，除了炸薯條以外，添加奶油及香料的米飯也是餐桌常客，相當符合國人的飲食習慣。

主菜Prato Principal

葡萄牙海鮮飯Arroz de Marisco

不同於西班牙的乾式海鮮飯，葡式海鮮飯比較像是「湯飯」，通常是小鐵鍋燉煮後就整鍋直接上桌，所以在餐廳點這道菜，也大多以兩人份為單位。鍋子內的海鮮用料澎拜，包含蝦子、蜆、螃蟹、蛤蠣、魚肉等，番茄基底的湯汁與大蒜、香菜、橄欖油的香氣充分融合，米飯不會煮到太爛，剛剛好吸飽海鮮湯汁，依然有粒粒分明的口感，連同蟹肉、魚肉一起入口，滿足度破表。

濕答答三明治Francesinha

這是一道能反應波爾圖人豪爽個性的料理，厚片吐司之間夾著一層一層往上堆疊的豬排、火腿、培根、漢堡排、香腸等，包裹在融化起司的懷抱中，最後再打上一顆半熟蛋。但料理尚未完成，比蛋糕還厚的三明治最後還要浸泡在以番茄和啤酒為基底的醬汁中，所以雖然料理名稱是「法國人的三明治」，卻被戲稱為「濕答答三明治」。雖然這是源自波爾圖的料理，但現在葡萄牙主要城市的餐廳都能吃得到。

烤沙丁魚Sardinha Assada

走一趟6月聖安東尼節時期的里斯本，會發現整個城市就像是個沙丁魚烤箱，瀰漫烤魚的味道。葡萄牙人愛沙丁魚的程度，從每間餐廳必定有這道菜可見端倪，料理方式簡單，沙丁魚抹上鹽後，以炭火小火慢烤，上桌再滴些橄欖油增加香氣，並搭配薯條、生菜及煎蛋。

燒烤黑豬肉
Grelhado misto de porco preto

以豬肉料理聞名的阿蓮特茹地區，最不能錯過的就是炭火黑豬肉，油花分布均勻的伊比利黑豬肉，只要簡單的炭火燒烤，撒上鹽巴就是一道傳奇美味。

鱈魚炒炸薯絲蛋Bacalhau à Brás

據說葡萄牙人有超過百種料理鱈魚的方式，除了餐桌上常見的香煎鱈魚、烤鱈魚、炸鱈魚球等，布拉斯式鱈魚稱得上是葡萄牙國菜之一。這道菜將切碎的鹽鱈魚(Bacalhau)、洋蔥、切成細絲的馬鈴薯條和雞蛋一起拌炒，起鍋後再撒上黑橄欖和新鮮香菜。滑嫩雞蛋搭配馬鈴薯酥脆的口感和鹽鱈魚的風味，組成葡萄牙家庭的日常。

© Turismo de Lisboa

阿連特茹蛤蠣燉豬肉
Carne de Porco à Alentejana

阿連特茹地區的特色美食，可以說是「海陸全餐」，同時能嚐到豬肉和蛤蠣的滋味。豬肉選用伊比利半島最好的品種，豬仔在阿連特茹的山間奔跑、吃橡樹籽長大，脂肪含量少，口感有彈性且香氣十足，切成小塊與新鮮蛤蠣一起燉煮，用橄欖、大蒜和香菜調味。

阿爾加維銅鍋海鮮燉菜
Cataplana

南部沿海的阿爾加維地區盛產甲殼類、貝類食材，因此應用當地食材烹煮的銅鍋料理也是聞名全國的名菜之一，其中以加入新鮮蛤蠣、淡菜、海螺的銅鍋海鮮燉菜最受好評，可說是葡萄牙版本的西班牙海鮮飯。料理方式是將種類豐富的海鮮加上蔬菜熬煮，利用銅鍋加熱均勻的特性，保留海鮮的甜味與鮮味，有時會配上烤得酥脆且吸滿湯汁的大蒜麵包，是道讓人允指回味，念念不忘的經典菜餚。

烤乳豬Leitão da Bairrada

這道中部地區的特色菜，光是呈盤上桌的剎那，就擄獲人心。百拉達烤乳豬(Leitão à Bairrada)需要選取一個月大、重量在6~8公斤的小豬，架在柴燒烤爐上慢慢翻轉烘烤，期間並不斷塗抹以豬油、大蒜、胡椒、月桂葉、猶太鹽(Kosher salt)等香料製成的醬料，是相當費工的料理。外皮烤的金黃油亮，咬下瞬間都能聽到爽脆的聲音，如同被油炸過一般酥香卻不膩口，豬肉經香料入味，多汁軟嫩，有小火慢燉的口感，兩者在舌尖上合而為一，再搭配爽口飽滿的鮮橙，讓美味更上一層。

葡萄牙傳統燉菜
Cozido à Portuguesa

被稱為燉菜之王，這是一道受葡萄牙人歡迎的傳統美食，通常在家庭聚餐時享用，分量十足，適合兩人以上享用，需在傳統餐廳才能找得到。傳統燉菜會將各種肉類、內臟如豬肚、豬耳、豬腳、香腸和蔬菜如甘藍菜、高麗菜、紅蘿蔔、馬鈴薯等一起烹調，不會浪費寶貴食材的任何一部分。

紅酒燉山羊肉Chanfana à moda

葡萄牙中部地區的鄉土菜餚，尤其以科英布拉、中北部地區最為知名，說穿了其實是山羊肉版本的紅酒燉牛肉，將葡萄酒、香料與小羊肉一起熬煮至其完全入味。

葡式烤章魚Polvo à Lagareiro

葡萄牙人料理章魚的方式也是一流，通常將章魚煮得較為軟嫩，與台灣喜歡彈牙的口感不同，Lagareiro是一種料理海鮮的方法，在烤好的章魚上淋上冷壓橄欖油，口感一樣美味。

傳統做法會將章魚切成適當大小的塊狀，鋪上大蒜片、淋上橄欖油，與煮過的馬鈴薯一起烘烤。除了烤章魚外，章魚飯(Arroz de polvo)、章魚沙拉(Salade de Polvo)也是不錯的選擇。

牛排煎蛋Bitoque

這是一道每家小餐館菜單必備的家常料理，簡單卻非常受歡迎，角色大約等同台灣的排骨飯，有大口吃肉的滿足感。牛排先用鹽、黑胡椒、大蒜片等稍微抓醃，香煎至喜歡的熟度，淋一點烹調時的肉汁，放上一顆半熟蛋，搭配炸薯條一起吃。有些餐館會供應不同部位的牛排，也有些使用豬排。

天下沒有白吃的午餐！

在葡萄牙的餐廳點完菜後，服務生通常會主動送上麵包、橄欖、乳酪和橄欖油，有些餐廳還會主動送上一整盤小菜，包含炸鱈魚球、炸肉泥球、炸馬鈴薯等，或是涼拌章魚，這些小菜麵包都是要額外收費，所以如果引不起興趣，記得請服務生收走喔！

小吃Petiscos

豬扒堡Bifana

如果你以為葡萄牙的豬扒堡和在澳門吃到的一樣，就太小看它了！這一道葡萄牙人從早吃到晚，可當正餐也可作為點心的庶民美味，最能看出簡單中的深蘊。厚切豬排在大鍋中滷至軟嫩入味，切開外脆內軟的麵包，豪邁地夾上2~3片熱騰騰的豬排，香氣撲鼻，滷汁、肉香與吸飽醬汁的麵包簡直是天作之合，一口咬下，直令人大呼過癮。還有另一種豬扒堡使用炸豬排，但由於豬排大多不是現炸，相較之下遜色許多。

米蘭德拉香腸
Alheira de Mirandela

葡萄牙香腸的種類很多，而最有名的就是源自葡萄牙北部米蘭德拉地區生產的香腸。米蘭德拉香腸背後還有一段宗教迫害的歷史，15世紀時，猶太人曾被迫皈依天主教，但許多人私下仍保持猶太教信仰。豬肉是猶太教戒食的食物，為了避免當局懷疑他們的宗教忠誠，於是發明了沒有豬肉成分的香腸，把內餡改成雞、鴨、兔肉和麵包的混合，讓天主教徒誤以為他們已改變信仰。這種香腸結合大蒜和辛辣橄欖油的獨特滋味，只使用天然鹹味的牛腸，內餡的小麥麵包粒在製作過程吸飽雞高湯，更添風味。

米蘭德拉香腸外觀通常是馬蹄形，傳統做法會將燒烤後的香腸放在特製陶器皿上，淋上烈酒並點火，火焰香腸上桌的戲劇效果十足。現在一般餐廳大多採用油煎或炸的方式，搭配薯條和煎蛋。

血腸 Morcela

葡萄牙血腸、米血腸(morcela de arroz)是除了葡萄牙辣肉腸、香腸(chorizo、salpicao)之外一種常見的腸類。血腸內除了豬肉外，還會加入豬血、豬脂肪、紅酒和香料製成，每家血腸的味道都不盡相同。

蔬菜湯Caldo Verde

蔬菜湯起緣於葡萄牙北部，這道菜的主角是羽衣甘藍(couve-galega)，再加上馬鈴薯、洋蔥、大蒜、橄欖油、和煙燻肉腸一起烹調，味道清爽，製作方式簡單，一下子就廣受全國歡迎，大大小小的餐廳都少不了它的身影。

炸鱈魚球
Bolinhos de Bacalhau

將醃鱈魚與馬鈴薯泥、洋蔥、香菜等香料混合的國民小吃，油炸得外表酥脆，裡面柔軟綿密，是到處都看得到的小吃。在餐廳通常被當作開胃菜，冷食熱食都可，可在各糕餅、熟食店、酒吧、咖啡廳、超市找到，此外，另一種長條形的油炸鱈魚天婦羅(Isca de Bacalahu)也很值得一嘗。

炸肉餃、炸蝦餃
Rissois de Leitão、Rissois de Camarao

Rissois炸餃是葡萄牙常見的油炸類小吃，將各種餡料包入派皮內，再加以油炸，依餡料的不同而有不同的口味。炸豬肉餃餡料扎實多汁，而炸蝦餃內通常會放入濃稠蝦膠混合醬汁與一到兩隻小小的蝦仁，嘴饞的時候，隨時可買來充飢，各大糕餅、熟食店、加油站超市都找得到。

焗烤火腿麵包Cachorrinho

來自波爾圖的特色小吃，將長麵包內放入香腸、起士，再淋上特製的辛辣醬汁，一起壓扁烤得酥脆，咬下去時外面嘎吱作響，裡面起士融化在香腸上十分美味，最後還帶有微辣的後勁，加上一杯冰鎮的啤酒，是與朋友共度午後的完美搭配。

葡式燉雞胗Moelas

沒錯，葡萄牙人是處理內臟的高手。燉雞胗是道受歡迎的傳統家常菜(或下酒菜)，在許多傳統小飯館內都找得到，將雞胗與加入橄欖油的洋蔥、蒜末、月桂葉拌炒，再加入葡萄酒後慢慢燉煮，通常會搭配麵包，讓麵包蘸上醬汁食用。

甜點Sobremesa

國王蛋糕 Bolo Rei

擺滿繽紛顏色水果的聖誕節糕點，與其說是蛋糕，口感更偏向麵包，做成如王冠一般的環形，上面再加上以酒浸泡的葡萄乾、堅果，從12月起到隔年1月期間到處都可以看到。

豆泥糕Pastel de Feijão

以白扁豆泥所製作的傳統糕點，19世紀流傳至今，有點像稍甜的綠豆糕，目前也有新一代的甜點師推出改良配方，加上新的元素，如焦糖、奶油等，賦予傳統甜點新生命。

葡式柏林之球Bolas de Berlim

雖然原始發源地是德國，但葡萄牙發明了自己的版本，在甜甜圈麵團內放入特製的蛋黃內餡，隨著內餡比例的不同，每家都有不同的風味，在葡萄牙非常受歡迎。

葡式米蛋糕 Bolo de Arroz

口感很像蛋糕，但又較為蓬鬆濕潤的米蛋糕，使用米磨成的米粉，加入雞蛋、奶油、牛奶與檸檬汁做成麵糊烘烤而成，樸實而美味，也是葡萄牙傳統甜點之一。

蛋塔Pastéis de Nata

葡萄牙人嗜甜如命，每家咖啡館至少都提供30種以上的甜點，其中又以貝倫蛋塔出盡風頭。蛋塔秘方式來自傑羅尼摩斯修道院西妥會的修士，一位商人買下後在修道院旁邊開了間蛋塔店Pastéis de Belém，從1837年至今仍然穩居葡萄牙蛋塔的美味寶座。

貝倫蛋塔體型較小，塔皮沒有澳門蛋塔的酥脆，稍微有咬勁卻更能品嚐到麵粉香氣，溫熱的內餡入口即化，濃濃的蛋黃與奶味在口腔內爆炸。品嚐過原味後，別忘了撒點店家提供的肉桂粉，會將你對甜點的認知提升到另一個層次！蛋塔廣為流行後，每一家蛋塔專賣店、咖啡館或糕餅店都有自己的版本，味道口感都不太一樣，可說是蛋塔控的天堂。

葡萄牙菜單用語

Prato Principal	主菜
Prato do dia	當日推薦
Especialidade da casa	招牌菜
Entradas	開胃菜
Couvert	餐前小點
Dose	一份
Meia dose	半份
Polvo	章魚
Peixe	魚
Pernil no forno	烤豬腿
Espetada	烤肉
Amêijoas	蛤蜊
Bacalhau	醃鱈魚乾
Camarão/Camaroes	蝦
Carne	肉
Carne de porco	豬肉
Frango	雞肉
Frutos do mar	海鮮
Feijoada	豆子香腸燉菜
Cataplana	銅鍋海鮮燉菜
Arroz de marisco	貝類海鮮燉飯
Galão	拿鐵
Vinho tinto	紅葡萄酒
Vinho blanco	白葡萄酒
Queijo	起士
Sobremesa	餐後甜點
Pão	麵包
A conta	帳單

Best Buy in Portugal
葡萄牙好買

文●陳蓓蕾・李曉萍　攝影●李曉萍・墨刻攝影組

不論是色彩鮮豔的磁磚、花公雞、特殊的軟木製品，或是魚罐頭和波特酒，葡萄牙好買的東西不少，而且都具有文化獨特性，只是紀念品大多全國流通，若打算從南玩到北，除非是特別的設計商品，否則等到達波爾圖再一次採購就可以，價格也比里斯本更划算。

花磁磚

磁磚王國的伴手禮，當然少不了各式各樣的磁磚，無論是典雅細緻的藍白磁磚，或是色彩繽紛的彩色花磚，總能挑到喜歡的樣式。磁磚圖案非常多樣化，單片仿古花紋、可拼貼成大片圖案的系列磁磚、伊斯蘭風格幾何圖紋、甚至里斯本的電車和沙丁魚也成了磁磚上的主角，手繪磁磚和創意手工磁磚大多價格不菲，大眾化商品的圖案由機器大量生產打印，售價當然親切許多。以磁磚為主題的商品都具有實用價值，例如冰箱磁鐵、餐墊、茶杯墊等。

陶瓷餐具

和西班牙一樣，多樣化的陶瓷器也是葡萄牙的特色。除了有如藝術品般精緻的皇家御用瓷器Vista Alegre，每個大城小鎮也都有極具地方風情與民俗風味的陶瓷餐具，花草果樹常常是餐具上的主角，搭配鮮豔飽和的色彩，像是把葡萄牙的豐腴與陽光放上餐桌。

花公雞

不管在葡萄牙哪個地區，都別想擺脫花公雞的身影，可說是葡萄牙吉祥物的唯一代表。花公雞的傳說來自北部巴塞羅小鎮，一位朝聖者經過鎮上時，被誤認為是小偷，需接受刑罰被吊死，他在臨刑前的晚餐喊冤，法官表示若盤中烤雞能站起來啼叫，就證明他的清白，結果奇蹟發生，烤雞真的復活，朝聖者也就無罪釋放。

花公雞的造型只有一種，但顏色鮮豔多變，除了大大小小的擺飾，也出現在明信片、瓷盤、圍裙等各種紀念品上。

軟木商品

大部份人都不知道，葡萄牙是世界上最大軟木生產和出口國，酒瓶上的軟木塞大多來自於此。而葡萄牙人也的確善於活用軟木輕巧且防水的性質，發展出許多日用品或時尚商品，又以里斯本、艾芙拉和歐比多斯這一帶最多軟木製品，包括文具、明信片、皮夾、包包、帽子、鞋子、雨傘等，用途廣泛，超乎想像。

魚罐頭

葡萄牙人熱愛沙丁魚，平日裡吃新鮮沙丁魚不夠，還要做成各式各樣的魚罐頭，將海洋滋味濃縮在小小的盒子中。論起魚罐頭文化的變化多端，沒人比得上葡萄牙，除了最受歡迎的沙丁魚和魚卵，還有鮭魚、鯖魚、鰻魚等，又從魚的部位、海域、補獲季節、醃製時間長短等變項發展出不同品項，此外，依照不同調味方式，更細分為橄欖油漬、鹽漬、茄漬等。外包裝也絲毫不含糊，花花綠綠呈現各種風格，走進魚罐頭專賣店，一定會面臨選擇困難症候群。

葡萄牙刺繡

葡萄牙手工藝特別精緻，傳統刺繡也小有名氣，然而真正的手工刺繡作品，價格非常昂貴，一般在紀念品商店看到的商品，從桌巾、圍裙、毛巾到手帕，雖然大部分都是機器所製作，但花樣繁多且具葡萄牙特色的圖案，仍讓人愛不釋手。

沙丁魚紀念品

除了罐頭，沙丁魚造型的商品也是具葡萄牙特色的紀念品之一，從陶瓷裝飾、餐具、冰箱磁鐵、香皂到各種尺寸的布娃娃、抱枕，讓人很難不心動。

醃鱈魚乾

葡萄牙國菜的主要食材-醃鱈魚乾(Bacalhau)是葡萄牙料理的主角之一，以它變化的料理食譜

有上百種，熱愛料理的人，或許也可挑戰一下自己的廚藝，但打包時要注意特別密封，以免鹹魚味外洩。

無花果乾

葡萄牙南部的阿爾加維盛產無花果，曬乾的無花果因為濃縮了糖分，所以帶有清香的甜味，通常壓成扁狀，像柿餅一樣，有些外面會裹著一層糖粉，有些則會夾上核桃，很適合當健康的零嘴。

羊奶起士

葡萄牙有許多使用山羊、綿羊奶製成的傳統起士，風味獨具。綿羊奶起士口感綿密，內層是柔軟順滑的流心質地，通常會使用湯匙舀出，再塗在麵包上。山羊奶起士的味道則較重些，還有一種混合山羊奶與綿羊奶製成，半硬質地的起士，通常這些起士都做為開胃菜或甜點，可搭配蜂蜜、果醬與麵包食用。

波特酒

只有杜羅河上游葡萄產區生產釀造，並在加亞新城窖藏陳年，才有資格被冠上「波特酒」的名稱。波特酒的來源要從英法戰爭說起，當時英國人抵制法國紅酒，開始探詢其他產酒區，從葡萄牙杜羅河流域進口紅酒，為了要在長途運送過程中維持酒的品質，嘗試在釀造的過程中加入蒸餾的葡萄烈酒，達到停止發酵的功用，因此保留了葡萄液中的糖分，意外造就受歡迎的波特酒。

波特酒有豐富的香氣、圓潤的甜味和濃郁的口感，適合做為作為餐前酒或餐後甜酒，每家酒莊都有自己的混合葡萄比例配方，又依據年份和窖藏陳釀方式，分為Vintage、Ruby、Tawny、Rosé等類別。

橄欖油

如果少了橄欖油，葡萄牙的美食將會有所不同。事實上，葡式料理中橄欖油幾乎無所不在，有些小量生產的優質橄欖油必須在特定店家才能買得到，帶瓶好油回去，可說是最健康的紀念品。葡萄牙的橄欖種植可追溯到羅馬時代，目前共有6個PDO保護原產地(Protected Designation of Origin)產區所生產的初榨橄欖油，每個產區特色都不盡相同。北部山後地區(Trás-os-Montes)的橄欖油有些帶點果味，入喉略微辛辣、後味苦澀，層次豐富，十分令人驚豔。

櫻桃酒

稱為Ginja的櫻桃酒以歐比多斯地區的酸櫻桃加糖發酵釀酒，酒精濃度約20%，入喉溫潤，氣味香甜，甜度中等，一般作為開胃酒或餐後甜酒飲用。

除了直接飲用，另一種方式是使用一口份量的巧克力杯盛酒，喝完Ginja，再吃掉殘留美酒的巧克力杯，巧克力的苦甜和櫻桃酒的芳香在舌尖交融，那是令人滿足的天堂滋味。歐比多斯和里斯本有許多店家販售各種尺寸的櫻桃酒，也有包含巧克力杯的組合，只是要注意，旅行途中天氣太熱，巧克力杯有融化的可能。

Transportation in Portugal
葡萄牙交通攻略

鐵路系統

在葡萄牙搭乘火車，可直接在售票櫃檯購票，若計畫長時間旅行，或是多國、跨城市旅行，購買單國火車通行證或是多國火車通行證，是最經濟且方便的選擇，不僅一票到底，免去每站購票的麻煩，還可享有當地其他小火車、市區交通，甚至渡輪或遊覽行程的優惠。

葡萄牙國鐵CP

葡萄牙的鐵路系統由葡萄牙國家鐵路局(Comboios de Portugal，簡稱CP)負責營運，主要路線分布於葡萄牙西部以及聯絡南北方向的交通。大城市間有快車或特快車往來，小鎮則有區域火車到達，但很多小鎮的火車班次較少、中途停靠車站多，搭乘長途巴士更方便快速。

◎特急快車Alfa Pendular (AP)

目前共有兩條路線，一條是連結南北兩大都市的路線(里斯本←→科英布拉←→波爾圖←→布拉加)，另一條則是里斯本前往南部沿海阿爾加維地區的路線(里斯本←→法羅)。往來於里斯本和波爾圖的特急快車上有免費Wifi，分為頭等艙(Conforto)和旅遊艙(Turística)。頭等艙提供報紙、可用於車上視聽娛樂的耳機、以及送餐到位等服務；旅遊艙提供耳機欣賞影片或是聆聽音樂。需提前訂位。

◎城際快車Intercidades (IC)

往來主要城市間的快車，車上有免費Wifi和餐車，分為頭等艙和普通艙，部分座位旁有插座，車廂前後有行李置放空間。需提前訂位。

◎區域火車Regional (IR/R)

以里斯本、波爾圖和科英布拉為中心出發的支線火車。IR停靠的車站稍微少一點，類似台灣的莒光號，R則是每個站都停車。沒有分艙等，除了特殊觀光路線(例如杜羅河谷的蒸汽火車)以外，都不需事先訂位。

◎近郊火車Urbanos (U)

里斯本、波爾圖和科英布拉都會區的通勤火車，不需事先訂位。

票券種類
◎火車通行證

不管是只想在葡萄牙單一國度旅遊，或是順便前往鄰國西班牙，最方便的方式就是擁有一張火車通行證。若是只在葡萄牙單一國度旅遊，可選擇「葡萄牙火車通行證Eurail Portugal Pass」，通行證效期分為一個月內任選3、4、5、6或8天的票種，可選擇頭等艙或普通艙，已滿12歲至未滿28歲適用青年優惠票。

通行證可在有效期限內，無限次搭乘葡萄牙國鐵CP營運的路線，通行證不包含訂位費用，當搭乘城際快車Intercidades(IC)、特急快車Alfa Pendular(AP)等車種時，強制規定一定要先訂位，預約訂位需額外收費，此外，搭乘夜車時也需要補上差額，需特別注意。

如何買票

由於通行證的發售對象為入境旅客，因此無法在葡萄牙國內買到，必須先在台灣向有代理歐鐵票務的旅行社購買。在台灣是由飛達旅行社代理，可至其官網查詢相關資訊，或直接撥打專線電話聯絡。

飛達旅行社

📍 台北市中山區南京東路三段168號10樓之6

📞 (02) 8161-3456

🌐 www.gobytrain.com.tw

💬 線上客服：@gobytrain

❗ 飛達旅遊官網購票不需支付開票手續費，如需旅遊諮詢顧問人工開票，則需另加收開票手續費 10 歐元

如何使用通行證

通行證需於開票後11個月內啟用，目前皆採用電子票證，第一次登上火車前或使用額外優惠前，需啟用通行證，方法很簡單，只需下載並開啟「Eurail Rail Planner App」，輸入姓氏和通行證號碼，即可點選啟用(Activate)。

若不確定如何使用，在向飛達旅遊購票後即可收到完整的電子票證使用教學，也可透過Line客服向飛達旅遊顧問諮詢。搭乘「夜車」遇到查票時，需出示「上車日」那天的Ticket，若在隔天下車後，要搭乘另一班火車，就會使用到另一個旅行日。

其他優惠

在火車通行證有效期限內，依各國提供之優惠不同，可享各式周邊優惠，例如：渡輪、機場接駁、市區交通、博物館折扣等。詳細優惠可在Rail Planner app內的More功能列表查詢Pass Benefits(周邊優惠) 。

◎點對點火車票

如果只去一、兩個城市，或多為區域間短程移動，購買點對點車票就已足夠。一般火車票均可在火車站

或官方網站上購得，如果只是搭乘近郊鐵路或普通地方火車，由於不需訂位，可以直接在自動售票機或附設於火車站出入口的服務櫃檯購買即可

在葡萄牙使用點對點火車票，發車前5~60天可購買早鳥優惠票，大約是5折票價，若提早8天以上購票，最高可能享35折優惠，但熱門時段的車次優惠價隨購買時間而改變。特惠票不能退，但能補差價改班次或日期。

如何購買車票

◎國鐵網站

葡萄牙的國鐵網站都有英文介面，非常方便且實用，在規畫旅程前不妨先上國鐵官方網站查詢火車班次與票價，對於是否需要購買火車通用證或行程安排上都有非常大的幫助。

進入英文網頁後輸入起、訖站及時間，便可查詢所有的班次及細節。選擇想要的班次之後，會自動出現可能有的優惠票價與票種選擇，若是需要訂位的車種，票價計算會包含訂位費用，也可自選座位。需注意的是，使用葡萄牙國鐵的網站購票需要先註冊會員。購票後會收到一封內含車票QR Code的e-mail，查票時可直接出示電子票即可，但還是建議先列印一份，避免搭車時手機或網路臨時有狀況。

里斯本和波爾圖不只一個火車站，搭乘不同種類的火車可能會停靠不同火車站，如果想查詢停靠火車站，可點選火車班次，便會出現沿途停靠以及目的地的火車站為何。

葡萄牙國鐵

🌐 www.cp.pt

◎自動售票機

使用車站的自動售票機購票，可避免售票窗口大排長龍的時間。火車站的自動售票機大多為觸控式螢幕設計，可選擇英文操作介面。

◎票務櫃檯

葡萄牙火車站的售票口少，常常大排長龍，如果真的需要到櫃檯購票，建議多留一點時間。

訂位

無論使用國鐵官網或在櫃檯窗口，購買車票時都可同步訂位。即使持有火車通行證，訂位時還是得額外再付訂位費用，但可享歐聯特惠訂位價格，優惠位子有限，最好及早訂位。需注意的是，無論持有歐洲各國或葡萄牙單國火車通行證，目前都無法透過Rail Planner app或國鐵官網預訂車票，需至當地火車站人工櫃台訂位。

此外，在葡萄牙所有AP和IC的班次都必須事先訂位，近郊火車和區域火車不需訂位。

搭乘火車注意事項

◎找對車站

在里斯本、波爾圖等大城市擁有不只一座火車站，前往不同的目的地，需從特定的車站出發；有時即使同一個目的地，高速列車和普通列車的出發站也不一樣，買票時要先確認清楚。

◎查看時刻表

火車站的大廳內都設有電子時刻表，上面顯示即將進站和離站的列車班次，會秀出車種、離站時間以及目的地，最重要的是可以看到列車的進站月台號碼。即使Rail Planner app內都有顯示資訊，建議還是現場確認一次，畢竟葡萄牙火車也沒有多準時。

◎確認月台及車廂

進入月台後，再次確認電子看板上的資訊，包含將停靠列車的車號、發車時刻及目的地。

在葡萄牙搭火車，往往會面臨一項困難：月台上並沒有標示出幾號車廂大約會停留在月台的哪個位置，就連部分列車車身上的車廂號碼標示也不是很清楚。

建議搭火車還是提早一些到月台等待，有問題就近向站務人員請教，比較不會不小心錯過班車。

◎乘車

火車的車門並非自動開啟，如果車門關著，記得手動按鈕，車門才會打開。

◎查票及到站

除了大車站以外，火車站大多無設置車票閘門，可隨意進出，但列車上一定會遇到查票員，因此絕對不要抱持僥倖心態搭霸王車，被抓到的話要繳納高額罰款。若搭乘須訂位火車，查票時要同時出示訂位車票或收據。

葡萄牙的火車誤點率較高，絕大部分火車車廂前方會有螢幕顯示即將到站的站名與時刻，稍加留心應該就不會坐過站，如果心裡有疑慮，可與周圍的乘客確認或使用google map輔助。

葡萄牙鐵路關鍵字彙

中文	葡萄牙文
火車	Trem
車站	Estação
時刻表	Horário
售票處	Bilheteria
車票	Bilhete
車資	Fares
車廂	Carro
到達	Chegada
出發地	Partida
目的地	Destino
單程	Uma maneira
頭等艙	First Classe
二等艙	Segunda classe
入口	Entrada
出口	Saida

車站到定點間的移動

有些火車站沒有銜接地鐵，或是攜帶大型行李時移動不便，就需要計程車代步。葡萄牙的計程車會在車門或牌照處標示著A(Aluguer)，規模較大的火車站和巴士總站前可直接攔到計程車，小站則必須打電話叫車，需支付額外約€0.8的費用。計程車收費起價為€3.25(各城市略有變化)，每公里加收€0.5~0.8，深夜、假日和攜帶大型行李會另額外加收費用。

此外，里斯本與波爾圖都有Uber和Bolt服務(使用方式類似Uber的App叫車系統)，價格合理，可多加利用，若從機場往返市區，價格甚至會稍微便宜一些。

長途巴士

長途巴士最大的優勢在於票價低廉，且幾乎遍及全國，在沒有鐵路到達或班次不多的區域，巴士有效彌補了城鎮和景點間的往來交通。葡萄牙的長途巴士班次密集、路線廣且車輛新穎，如果是中短程的移動，也不會比火車慢。

購票方式

車票可在各城市的巴士總站(里斯本為Rodoviaria站或Lisbon Oriente站)，或是巴士公司的官方網站上購買。

巴士總站通常有好幾間巴士業者進駐，並擁有各自的售票窗口，購票時建議把起訖點和日期先寫在紙上，直接給售票人員，必較不會出錯。中短程巴士大多是發車前1小時於巴士總站售票，最好在發車前30分鐘前抵達購票，如售票窗口已關閉，或在清晨與深夜搭乘巴士時，可直接向司機購買。長途巴士則可以預約購票，雖然巴士通常不會坐滿，但若是旅遊旺季或是熱門路線，還是建議提早購票。此外，週末和節日的班次會大幅減少。

葡萄牙主要巴士業者

若要前往大城市附近的小鎮，搭乘巴士比火車方便多了，不但班次密集，巴士總站通常離舊城中心和主要景點比較近，例如：歐比多斯、艾芙拉、阿寇巴薩修道院、巴塔哈修道院等。

◎Rede Expressos

葡萄牙規模最大、最主要的長途客運公司，路線幾乎遍及全國。

🚌www.rede-expressos.pt(在台灣地區需透過VPN才能開啟網頁)

◎FlixBus

這間服務範圍包含歐洲各國的長途客運公司，在葡萄牙佈局的路線也相當廣，幾乎遍及全國，價格低廉且班次密集。

🚌www.flixbus.pt

◎Rodonorte

主要營運北部地區的交通路線。

🚌www.rodonorte.pt

◎Rodoviaria do Tejo

主要負責中部和東部山城範圍，短程及小鎮之間的地區交通。

🚌www.rodotejo.pt

◎Eva Bus

主要負責阿爾加維地區交通，其中短程及小鎮之間的巴士由Vamus Algarve營運 。

🚌vamusalgarve.pt/#

◎Rodoviaria do Alentejo

主要營運阿蓮特茹地區的交通路線。

🚌www.rodalentejo.pt

搭乘巴士的注意事項

葡萄牙的巴士時刻時常發生變化，尤其是偏遠的小城鎮與村莊，週末與節慶時，班次會更少，甚至取消，因此最好在巴士站售票口就先行確認，以免撲空。

巴士關鍵字彙

中文	葡萄牙文
站台	Linha
巴士號碼	Viatura
座位號碼	Lugar
費用	Preço
換乘/轉車	Mudançade Autocarro
營業日	Frequencia
營運時間	Periodo
每日營運	Diariamente
週六停業	Excepto Sábados
平日(週一～週五)	Dias Uteis
僅週日營運	Aos Domingos
週日與節日停運	Excepto Domingos e Feriados

租車自駕

葡萄牙大致上路況都算良好，除了靠近大城市的都會區域以外，交通順暢不壅塞，高速公路遍及各地，如果行程上要移動的地點多，自駕是讓行程比較有彈性的交通方式。此外，沿途風光明媚，一張張明信片中的風景在眼前輪番出現，開車就是一種至高無上的享受，特別推薦葡萄牙的杜羅河流域與南部地區。

租車

◎在哪裡租車

機場都有租車公司櫃檯進駐，雖然在機場租車會比在市區小型服務據點要來得貴，但租、還車都比較方便。

由於歐洲多為手排車，如果到了當地才臨櫃辦理，經常租不到自排車，建議先在網路上預約，不但可以好整以暇地挑選車型，還能仔細閱讀價格計算方式及保險相關規定，租起來比較安心，也不需擔心語言溝通問題。

歐洲租車和買機票一樣，越早訂車越便宜，即使是同一車款，不同租車公司也會有不同優惠方案，所以貨比三家絕不吃虧。此外，葡萄牙是熱門的自駕國家，旅遊旺季常有訂不到車的狀況，事先上網預約才是王道。

大型租車公司多有提供甲租乙還的服務，但需另外加價，如果選擇當地租賃業者，可能就無法提供此服務。需注意的是，有些便宜的優惠方案，會限制每日行駛的里程數，超出里程需加收額外費用，如果知道自己的移動距離較遠，記得選擇不限里程的方案。

若擔心英文介面問題，Hertz在台灣由盛興旅行社代理，可以透過他們，在台灣就先把手續搞定。

Hertz
www.hertz.com.tw

Avis

www.avis-taiwan.com

Europcar
www.europcar.com

Budget
www.budget.com

◎臨櫃辦理

每家公司標準不太一樣，一般規定年滿21~25歲之間可租車。若事先已於網路上預約，需要準備以下證件臨櫃取車：

· 租車的預約確認單
· 國際駕照
· 台灣駕照(一年以上駕駛經歷)
· 網路預約時作為擔保之用的信用卡

◎保險

租車的保險都是以日計價，租得愈久，保費愈貴。第三責任險(Liability Insurance Supplement，簡稱LIS)是強制性，此外，比較需要考慮的有碰撞損毀免責險(CDW)、竊盜損失險(TP)、人身意外保險(PAI)、個人財產險(PEC)，可視個人國內保險的狀況決定是否加保。

雖然交通意外不常發生，但在人生地不熟的地方開車，A到刮傷時有所聞，因此建議CDW一定要保。希望獲得全面保障的話，強烈建議直接投保全險(Full Protection)，也就是所有險種一次保齊。若是駕駛不只一位，一定要把所有駕駛都寫上，否則會影響到保險理賠。

需要特別注意的是，在葡萄牙，即使購買全險，若遇到擦撞或事故，依然需要付基本費€70。

◎取車及確認車況

取得租車合約與車鑰匙後，服務人員會帶領你去取車，同時展示並解釋所租車輛的外觀與車況，記得先仔細檢查車體有無損傷，以及油表是否加滿。如果有問題，可立即反應給服務人員並加以修改，以免還車時產生糾紛。此外，若對租借的車型很陌生，或不清楚該加哪一種油，任何問題都可直接請服務人員協助，以免之後上路時手忙腳亂。

上路注意事項

交通規則和台灣大同小異，葡萄牙是左駕，且道路標示清楚，只是市區中單行道很多，如果可以，建議在當地租用行動上網，使用Google Map或其它導航系統，或者也可租用GPS並開啟導航模式，以下幾點須多加注意：

・車燈需要全天候開啟。
・務必禮讓行人和腳踏車。
・圓環一律是逆時針方向單行，圓環內的車輛有優先行駛權，出圓環記得打方向燈。
・路上少有測速照相，但偶爾有警察取締。
・加油時禁止使用手機。
・葡萄牙南部海灘是旅遊人潮最多的地方，也是小偷最多的地方，千萬不要把貴重物品留在無人看管的車上。

◎道路標示

葡萄牙的道路狀況普遍良好，最好的是高速公路(Auto-estradas)，唯有在前往山城的路上，道路可能會越來越狹窄，考驗駕駛技術，駕駛小型車會比較方便。葡萄牙的道路縮寫與說明如下：

・A 收費公路
・E 通往歐洲國家的公路
・N 主要的雙車道國道
・IP 主幹道
・IC 次幹道

◎時速限制

葡萄牙的時速限制如下：
・高速公路：120km/h
・國道或快速道路：100km/h
・一般道路：90km/h
・市區道路：50km/h

◎加油

加油站大多採自助式，可選擇直接使用信用卡付費，或是至加油站附設的便利商店內付費。

若是選擇商店付費，需要先進入商店預先購買指定的加油金額，或是先告知店員使用的油槍號碼，再回到車子旁自行拿油槍加油，可以用現金或信用卡付費。加油前請先確認汽柴油種類。

西班牙的油價比葡萄牙便宜，所以若自駕跨國旅行，建議在西班牙加滿油再離開。即使同一個國家，不同公司的油價也不一樣。

◎道路救援

道路上如果發生拋錨、爆胎、電瓶或汽油耗盡等狀況時，車鑰匙上通常會有道路救援的免付費電話號碼，而道路救援的費用則會在還車後顯示在信用卡簽單上（拋錨停在路肩時，別忘了在車後100公尺放置三角警示牌）。若是具有責任歸屬的交通事故，除了通

還車小提醒

還車時不一定有服務人員立即檢查確認，如果沒有現場人員，在租車公司的指定停車格停妥，並把鑰匙還給櫃檯人員或是丟進還車鑰匙箱即可。務必在還車前先把油加滿，因為沒有滿油的話，會被收取不足的油錢，而租車公司的油價絕對比石油公司高很多。

知租車公司外，也必須報警處理，並在警察前來勘驗前，保留事故現場。

◎停車

停車場會有「P」的標誌，在入口自動按鈕取票，離開時至繳費處或是利用自動繳費機繳費。24小時營業的停車場，在夜間會另有不同的過夜費率計算。

市區停車要先確認該路段停車規定，路邊付費停車格都採用先繳費制，停車格附近一定能找到售票機，通常最多可預付2小時停車費，投幣後會列印出有效時間的停車單，只要把停車單夾在擋風玻璃內側即可。每小時停車費依路段不同，若沒有照規定執行，可能需要繳納一倍以上罰金！一般來說，21:00以後、週六14:00以後到週一的收費時段開始前都是免費。

◎過路費

葡萄牙高速公路需要收費，目前都設有自動收費站，分為信用卡和電子收費，有些高速公路甚至僅限電子收費系統(Via Verde)，在高速公路的路口處會有標示綠色的「V」。已安裝電子收費感應器的車子，在通過高速公路收費站時，需要走內側綠線車道。一般來說，租車公司為了方便顧客，車上都已安裝電子收費感應器，租借費用1天約€1.85左右，總計過路費會在還車後由信用卡扣款，通常是下個月的帳單才會顯示，能省去許多麻煩。

若沒有加裝感應器，經過收費站後從第二天算起的五日內，可以到郵局(CTT)繳納過路費。

收費價格約每公里€0.10，因此由里斯本到波爾圖的道路費約€20左右。

www.viaverde.pt

甲地租乙地還好方便
Hertz租車實例影片

掃描QR CODE立即體驗！觀賞波爾圖租車、里斯本還車實例

葡萄牙百科
Encyclopedia of Portugal

Brief History of Portugal
葡萄牙簡史

西元前的葡萄牙
【西元前~711年】

最早進入葡萄牙境內的是舊石器時代的尼安德塔人(Neanderthalensis)，歷史可追溯至3萬年前，在葡萄牙東北部的福什科阿新鎮(Vila Nova de Foz Côa)留下了石雕印記。他們在伊比利半島生活了近一萬年後，被智人取代。西元前1000年，抵達伊比利半島大西洋沿岸的塞爾特人(Celta)，可說是最早期定居的居民。

西元前140年，羅馬人抵達杜羅河口的Cale，稱呼此地為Portus Cale(Portus即為港口)，這也是葡萄牙國名(Portugal)的由來。羅馬帝國在伊比利半島的統治一直維持到5世紀，在此時期，伊比利半島西南部被劃分為帝國的「露西塔尼亞省」(Lusitania)。

409年，日耳曼民族入侵伊比利半島，蘇維匯人建立的王國與另一個同為日耳曼人的西哥德王國分庭抗禮，直到兩個世紀後被西哥德人併吞。

摩爾人統治
【711~1139年】

711年，北非摩爾人入侵，統治伊比利半島上的大部分區域，僅剩西北部安達魯斯一帶的阿斯圖里亞斯王國(Reino de Asturias)仍在天主教徒手中，經歷將近4世紀的摩爾人統治，至今葡萄牙境內仍有許多回教風格建築和源自阿拉伯地區的習俗。

9世紀時，阿斯圖里亞斯王國將杜羅河(Rio Douro)和密諾河(Rio Minho)之間的諸侯封地命名為葡萄牙侯爵領地(Condado Porgucalense)，並以吉馬萊斯(Guimarães)為首都。1093年，勃艮第公爵之子亨利(Enrique)與當時卡斯提亞國王阿方索六世的私生女泰瑞莎(Teresa)聯姻，並收到這塊領地作為嫁妝。當時與

摩爾人依然征戰不斷，亨利戰死前線，由當時年僅三歲的兒子阿方索·亨里克(Afonso Henriques)繼承。

葡萄牙建國
【1139~1415年】

1139年，阿方索以寡敵眾，在對抗摩爾的的關鍵戰役「歐里克之役」(Ourique)中獲得勝利，宣布獨立，1143年獲得萊昂國王阿方索七世的承認，確立成為第一任葡萄牙國王，1179年此地位獲得羅馬教皇的確認。1147年收復里斯本，但直到1249年在阿方索三世的手中擊潰阿蓮特茹(Alentejo)地區的殘存回教勢力，並與卡斯提亞王國劃分邊界，才奠定今日的葡萄牙領土。

大航海時代
【1415~1580年】

第二王朝艾維茲王朝(House of Aviz)的若昂一世(Joan I, 1385~1433)在位時，在第三王子亨利(Prince Henry the Navigator)的領導下，於1415年征服北非的伊斯蘭貿易中心休達，開啟地理大發現年代。1419年設立世界第一間航海學校，葡萄牙從此成為航海技術和海洋探險的領航者，之後陸續發現馬德拉群島、亞述爾群島，並遠征非洲大陸，帶回奴隸和大量黃金。

1488年航海家狄亞士(Bartolomeu Dias)發現非洲好望角，為通往印度的新航線奠定了堅實的基礎。1498年達迦瑪(Vasco da Gama)開通前往印度的新航線，控制東方香料貿易。1500年卡巴爾(Pedro Álvares Cabral)在前往印度的途中，因風雨偏離航道，意外發現巴西。1522年麥哲倫的船隊首次完成繞地球一圈的航行，證明地圓說。這段時期可謂葡萄牙的全盛時代，足跡遍在

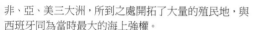

非、亞、美三大洲，所到之處開拓了大量的殖民地，與西班牙同為當時最大的海上強權。

帝國的沒落
【1580~1792年】

隨著其他歐洲國家陸續投入殖民行動，再加上帝國範圍太大，殖民地疏於管理，埋下帝國沒落的因子。1580年因皇室姻親繼承關係，一度被西班牙統治，直到1640年布拉岡薩王朝(House of Braganca)的若昂四世才重新獨立。這期間歷經1588年西葡無敵艦隊慘敗給英國，海外殖民地同時被荷蘭和英國人佔領。1690年，在殖民地巴西發現了黃金，一直到18世紀初，若昂五世利用巴西的黃金和鑽石再次振興經濟，可惜好景不常，1755年11月1日里斯本遭受了歐洲有史以來最大的一場地震，大地震後隨之而來的火災和海嘯幾乎毀了整個首都，數萬人死亡，國力再次走向下坡。

拿破崙入侵
【1793~1910年】

1793年，英國與法國交戰，拿破崙要求葡萄牙關閉對英國的港口，葡萄牙拒絕了拿破崙的要求，1807年，席捲歐洲的拿破崙軍隊橫穿伊比利半島進攻葡萄牙，佔領里斯本，若昂六世與王室逃到巴西，首都也一度遷移到巴西，1812年在英國的協助下擺脫法國統治。1821年若昂六世重返里斯本，隔年他的兒子佩德羅在巴西宣布獨立，此後進入立憲派與君主派的紛爭之中。

動盪不安的共和與獨裁
【1910~1974年】

19世紀末，共和黨人開始推動革命風潮。1910年10月5日，共和黨人利用巴西新總統訪問葡萄牙的機會發動政變，海、陸軍聯手包圍里斯本皇宮，曼努埃爾二世(Emmanuel II)逃亡英國，開啟第一共和時期。

然而共和政府削弱教會影響力造成反彈，加上一次大戰造成經濟動盪，1926年再度發生軍事政變，卡爾莫納將軍成為臨時軍政府的領導。1932年財政部長薩拉查就任總理，制定新憲法，建立帶法西斯性質的新國家體制(Estado Novo，史稱「第二共和國」)，成為獨裁者。

二次世界大戰時，雖然名義上保持中立，實際上卻親近軸心國。1949年加入北大西洋公約組織。1951年與美國簽訂「軍事援助協定」，允許美國在葡萄牙及其屬地建立軍事基地，於此同時，海外殖民地正歷經一波解放風潮，相繼獨立。1974年4月25日的和平政變推翻長達42年的極右政權，稱為「康乃馨革命」。

民主的伊比利
【1975年~至今】

革命之後，葡萄牙開始民主化的進程，1976年，馬里奧蘇亞雷斯(Mario Soares)成為60年來的第一位文人總統，也同時推動非殖民化政策，陸續放棄海外殖民地。1986年加入歐洲共同體，1999年成為首批加入歐元區的國家之一，同年將海外殖民地澳門的主權交還中國，2002年東帝汶獨立建國，得到葡萄牙承認，殖民帝國從此成為歷史。

21世紀初期，葡萄牙經歷了長達十數年以上的經濟停滯，歷經了金融危機、歐債危機，與其他債台高築、經濟崩潰的歐元區國家一起被稱為「歐豬五國」(PIIGS: Portugal, Italy, Ireland, Greece, Spain)，然而自2018年起葡萄牙已成功脫離了「歐豬」行列。

World Heritages of Portugal
葡萄牙世界遺產

葡萄牙共有17項世界遺產，除了馬德拉群島的月桂樹森林是自然遺產，其他16項都是文化遺產，其中不少文化遺產都是15~16世紀海權主義極盛時期的建築，大西洋上的幾座世界遺產小島，也都是航海時代被葡萄牙所征服。

大西洋

①亞速爾群島的英雄港中心區
Central Zone of the Town of Angra do Heroismo in the Azores

登錄時間：1983年　遺產類型：**文化遺產**

英雄港坐落於亞速群島的特爾賽拉島(Terceira)，這座當地最古老的城市，是昔日亞速爾群島的首府，15世紀時隨著葡萄牙東印度公司的崛起，成為重要的貿易與軍事港口，鎮日帆船川流不息的盛況，直到19世紀輪船出現為止才停歇。

在這長達四個世紀的巔峰時期，英雄港市區出現大量宮殿、修道院、教堂與城牆，令人為這座小島上的小城能有此番發展規模而感到震驚，而它今日的名稱來自於瑪莉亞二世，這位葡萄牙皇后於1830~1833年間曾避居於此，因為當地勇敢奮戰的居民，於是賦予它「英雄」的名號。

© Ko Hon Chiu Vincent

②托馬爾的女子修道院
Convent of Christ in Tomar

登錄時間：1983年　遺產類型：**文化遺產**

托馬爾的基督教女修院位於里斯本東北方143公里處，其前身為創立於12世紀的聖殿騎士堡壘，由於聖殿騎士從伊斯蘭教徒手中收回了不少失地，因而在基督教世界的資助下擴建了顯赫一時的修道院，成為「收復失地運動」(Reconquest)中的象徵。

然而隨著14世紀聖殿騎士團的消失，1344年時該修道院改變了最初的設計結構，搖身一變成為基督教女修院，展現葡萄牙曼努埃爾時期(Manuel)對於外來文化開放的一面。除了融合羅馬、拜占庭風格以及堡壘和教堂式樣外，裝飾彩磚的哥德式迴廊和葡萄牙首座雙層迴廊，都說明它重要的文化與歷史價值。

© OUR PLACE The World Heritage Collection

③巴塔哈修道院 Monastery of Batalha

登錄時間：1983年　遺產類型：**文化遺產**

曼努埃爾式(Manueline)建築是葡萄牙在15世紀晚期到16世紀中期，因極力發展海權主義，而在藝術和建築上出現的獨特建築風格，其建築特色在於雕飾精細的窗框，同時運用大自然圖像，如貝殼、錨等。

以淡色石灰岩建造的巴塔哈修道院，佇立在巴塔哈鎮中心，除了建築本身是傑作外，還與葡萄牙14、15世紀的歷史息息相關。卡斯提亞國王朱安(Juan)與葡萄牙公主聯姻，但因對於葡萄牙國王的王位虎視眈眈，於是便在1385年派兵攻打葡萄牙。而當時身兼亞維斯騎士團指揮的若昂(Joào)發誓，如果贏得勝利，將興建一座紀念聖母的偉大修道院。最後，葡萄牙人贏得這場戰役，若昂也成為葡萄牙國王。修道院便於1388年開始興建，一直到1533年才大致完工。建築本體包括有教堂、皇家迴廊、創立者禮拜堂、修士大會堂等，都是以火焰形式的哥德風格在1434年完工的，不過在15、16世紀增添的曼努埃爾式建築，主導了整個修道院的風格。

④里斯本的傑羅尼摩斯修道院與貝倫塔

Monastery of the Hieronymites and Tower of Belém in Lisbon

登錄時間：1983年 遺產類型：**文化遺產**

為了紀念達迦瑪(Vasco da Gama)發現前往印度的航海路線，曼努埃爾一世(Manuel I)於1502年下令建造了這座修道院。整個設計起先是哥德式的風格，隨著設計師去世後，

接手的西班牙建築師加入了文藝復興式的色彩，以航海、風景、人物裝飾的精緻大理石壁雕，展現世界獨一無二的葡萄牙哥德風味。修道院完工後一直作為當時即將出海冒險和征戰水手的心靈祈禱聖地。達迦瑪等人的棺木停放於修道院的教堂裡，葡萄牙也是在此簽署加入歐洲聯盟。

離傑羅尼摩斯修道院不遠的貝倫塔，也是由曼努埃爾式一世下令所建造的，宛如城堡般的奇特造型與略具摩爾風格裝飾的貝倫塔，在1515~1521年間建造，這座便是葡萄牙航海冒險的時期，許多冒險家都是由此出發前往全球各地探險。

⑤艾芙拉歷史中心

Historic Centre of Évora

登錄時間：1986年 遺產類型：**文化遺產**

艾芙拉舊城被保存完整的摩爾城牆所包圍，15世紀時，成為葡萄牙王室的行宮，城裡石板街道和優雅的建築，有股濃濃的中世紀城鎮風味。當地的建築十分有特色，白牆、花磚，加上飾以花草動物花紋的鑄鐵陽台，營造出獨特的風貌，而這種建築特色在日後影響巴西的建築甚鉅。

⑥阿寇巴薩修道院

Monastery of Alcobaça

登錄時間：1989年 遺產類型：**文化遺產**

阿寇巴薩修道院是葡萄牙境內規格最大的中古建築群之一。葡萄牙首任國王阿方索‧亨里克(Afonso Henriques)曾向西妥隱士會(Cistercian)的創始人聖伯納(St. Bernard)發誓，

若能成功擊退摩爾人，將為西妥隱士會興建修道院。當阿方索於1147年成功地擊退摩爾人時，1178年便開始大興土木，直至1223年才完工。修士們在此過著自給自足和奉獻教會的生活，1269年起興辦學校回饋鄉梓。

教堂是葡萄牙現存最高大的哥德式建築。教堂裡有兩座石棺，訴說著佩德羅一世(King Pedro I)與英娜斯(Inês de Castro)之間的淒美愛情故事。修道院的迴廊的十分漂亮，1樓雕有花飾窗格的拱門，建於14世紀狄尼斯國王執政時，而2樓的曼努埃爾式建築則是在16世紀加上的。在迴廊西北邊有間國王廳(Sala dos Reis)，也就是現今的修道院入口處，這是在18世紀時所增添的，裡面有葡萄牙歷任國王的雕像，廳堂四周鑲有描述建造修道院故事的青色瓷磚。

⑦辛特拉人文景觀

Cultural Landscape of Sintra

登錄時間：1995年 遺產類型：**文化遺產**

辛特拉被森林與冷泉所圍繞，自古以來這裡就是葡萄牙國王最喜愛的夏季避暑勝地，再加上建築仍舊保有浪漫的風格，讓辛特拉成為一個暨懷舊又浪漫的古典山城。浪漫派的英國詩人拜倫(Lord Byron)也在他的遊記中讚美辛特拉有如「伊甸園」。

19世紀時，辛特拉變成歐洲第一個浪漫主義建築的中心，費迪南二世(Ferdinand II)把一處廢棄的修道院改造成一座城堡，內部融合了哥德、埃及、摩爾、文藝復興等各種建築風格，同時打造一座花園，裡面種植了在地及各種異國的樹種。而山坡周邊的住宅區，結合了花園和公園的設計規劃，也影響到後來歐洲城市建築景觀的發展。

⑧波爾圖歷史中心、路易一世橋和賽拉多皮拉爾修道院

Historic Centre of Oporto, Luiz I Bridge and Monastery of Serra do Pilar

登錄時間：1996年　遺產類型：**文化遺產**

葡萄牙的第二大城波爾圖坐落於杜羅河(Douro)河口，它是北部重要的文化與經濟中心，以生產且外銷葡萄牙最著名的特產波特酒(Port wine)聞名於世。

這座擁有傑出都市景觀的城市，名稱衍生自「港口」這個字，回溯其歷史，早在西元4世紀創立以來，就是一座重要的商業港口，今日錯落於區內的各式古蹟，從羅馬式唱詩班席、新古典主義的股票交易所，到曼努埃爾風格的教堂等等，都能看出它長達兩千多年的發展，以及對外與西方世界間的文化和貿易聯繫。

除了波爾圖的歷史中心區，該城市最顯眼的地標路易一世橋，以及杜羅河對岸、位於加亞新村(Vila Nova de Gaia)的賽拉多皮拉爾修道院，也納入世界遺產範圍。

⑨科阿峽谷和席爾加維德史前岩石藝術遺址

Prehistoric Rock Art Sites in the Côa Valley and Siega Verde

登錄時間：1998年　遺產類型：**文化遺產**

擁有現今全世界最重要的史前人類藝術活動遺跡的科阿峽谷，位於葡萄牙東北部的群山間。17世紀開始，當地再度興起岩石藝術，主題轉而與宗教相關，到了20世紀中這裡甚至出現飛機、火車和船隻等現代產物，見證人類藝術與文化的漫長發展。2010年聯合國教科文組織再度擴大遺產的範圍，把西班牙境內的席爾加維德也納進來，區域內包含654件岩刻藝術作品。

⑩馬德拉群島的月桂樹森林

Laurisilva of Madeira

登錄時間：1999年
遺產類型：**自然遺產**

15世紀初，葡萄牙航海家發現了位於該國西南方的馬德拉群島，這座幾百萬年前因地殼運動和火山噴發形成的島嶼，以分布廣闊且年代久遠的月桂樹森林聞名，為當今全世界最大的月桂樹林。

特別是其中將近近90%的面積都屬於原生林，也因此擁有

大量當地特有且珍貴的生物，像是馬德拉長趾鴿，以及稀少的苔蘚、蕨類和開花植物，與多達66種的維管束植物等等，有別於其他月桂樹森林的特色，此外，它更是許多無脊椎動物的家。

⑪上杜羅河葡萄酒區

Alto Douro Wine Region

登錄時間：2001年　遺產類型：**文化遺產**

杜羅河上游成為葡萄酒鄉的歷史已將近兩千年，根據考古證據顯示，早在西元3~4世紀的西羅馬帝國末年時，這裡已經開始釀製葡萄酒。17世紀下半葉波特酒的出現，讓該區的葡萄園不斷擴張，到了18世紀時，波特酒不但成為上杜羅河的主要產品，更以絕佳的品質躋身世界名酒之列。

上杜羅河當地的景觀因為這項人類長期發展的產業活動而形成獨特的面貌，葡萄園、酒莊、村落、教堂以及道路，勾勒出傳統歐洲葡萄酒區的景象，也反映出隨時間變遷的釀酒業，在技術以及社會等各方面的發展。

⑫吉馬萊斯歷史中心

Historic Centre of Guimarães

登錄時間：2001年　遺產類型：**文化遺產**

身為葡萄牙王國第一位國王阿方索一世(Afonso I of Portugal)誕生地的吉馬萊斯，是一座興建於西元4世紀的葡萄牙北方城市，至今其城牆上還有一段醒目的文字，訴說這個發源於12世紀的西歐國家歷史。吉馬萊斯在12~16世紀時進入發展巔峰，出現多座地標性建築和華美的別墅，16世紀時該城已出現水渠等大規模城市建設規劃，17世紀時還修築了沃邦式防禦工事。

如今這個各時期建築保存完善的城市，是中世紀聚落轉型現代城市的最佳發展範例，其中特別是15~19世紀的建築，展現了葡萄牙的傳統建築材料與技術。

⑬ 皮庫島葡萄園文化景觀

Landscape of the Pico Island Vineyard Culture

登錄時間：2004年　遺產類型：**文化遺產**

皮庫島是以島上火山、同時為葡萄牙最高峰皮庫山(Ponta do Pico)命名，是亞速群島的第二大島，面積447平方公里，密布著一小塊、一小塊的葡萄園，它們的周圍圍繞著以玄武岩塊堆砌、沒有加上任何水泥接合的護牆，使葡萄免受強風與海水的侵害。

皮庫島的葡萄酒文化起源於15世紀，從當地的葡萄園、石牆、房舍、莊園地主的宅邸、酒窖、教堂和港口等人文景觀，得以一窺當地如何以小規模的葡萄園區塊，發展出適合當地生活環境的作業型態，並生產出極具價值的美酒。

⑭ 艾爾瓦斯邊城及其防禦工事

Garrison Border Town of Elvas and its Fortifications

登錄時間：2012年　遺產類型：**文化遺產**

艾爾瓦斯城位於葡萄牙東南部的阿蓮特茹地區(Alentejo)，緊鄰西班牙邊界。自從1640年葡萄牙成功反抗西班牙的統治、恢復獨立開始，葡萄牙人就大規模地加強艾爾瓦斯城的軍事建築，使它成為在17到19世紀期間保衛葡萄牙的重要邊境城鎮。

艾爾瓦斯城擁有全世界最大的乾溝式防禦工事，設計者是荷蘭耶穌會神父佩卓．若昂．皮斯卡西歐．科斯曼德(João Piscásio Cosmander)，他依照荷蘭學派的堡壘工程理論，依山坡建造十幾座分布成不規則多邊形的堡壘，堡壘四周環繞著乾溝，外頭還有數座稜堡加以保護，是目前荷蘭式防禦工事中保存得最完善的典範。

除了軍營、教堂、修道院、城牆、護城河以及軍事堡壘之外，艾爾瓦斯城還有一座長達7公里的阿莫雷拉水道橋(Amoreira Aqueduct)，可以在長期圍城的狀況下供應足夠的水源。

⑮ 科英布拉大學—阿爾塔和索菲亞校區

University of Coimbra–Alta and Sofia

登錄時間：2013　遺產類型：**文化遺產**

科英布拉大學是葡萄牙歷史最悠久的大學，創建於1290年，擁有超過七百年的歷史。

校園坐落於山丘，能俯瞰整座城市，也因為歷時已久，建築物保有歷史韻味，其建築形式對於之後葡萄牙殖民地區的大學建設上，也有深刻影響。

科英布拉大學保有許多特色建築，其中著名的包括聖克魯茲大教堂(Cathedral of Santa Cruz)、由皇宮改建的學院建築，以及巴洛克風格、被譽為全世界最美圖書館之一的喬安娜圖書館(Joanine Library)。此外，科英布拉植物園、大學出版社、以及建於1728年的巴洛克式鐘塔，由義大利建築師所設計，成為日後歐洲大學鐘塔的表徵。

1940年代科英布拉大學逐漸發展成大學城，都市與大學緊密結合，體現教育與城市相輔相成的關係。

⑯ 馬夫拉皇室建築-宮殿、大教堂、修道院、塞爾科花園及塔帕達狩獵公園

Royal Building of Mafra – Palace, Basilica, Convent, Cerco Garden and Hunting Park

登錄時間：2019　遺產類型：**文化遺產**

馬夫拉皇室建築群位於里斯本西北方30公里處，為若昂五世(João V) 1711年所構思設計，具體展現葡萄牙的君主制和國家概念。這個宏偉的矩形建築包括國王和皇后的宮殿、以羅馬巴洛克風格大教堂為藍本建造的皇家禮拜堂、一座方濟會修道院、以及擁有36,000冊藏書的圖書館。該建築群還包括了幾何布局的塞爾科花園和皇家狩獵公園（Tapada）。馬夫拉皇室建築為意大利巴洛克風格的卓越範例之一，充分展示葡萄牙帝國的實力和影響力。

⑰ 布拉加山上仁慈耶穌朝聖所

Sanctuary of Bom Jesus do Monte in Braga

登錄時間：2019　遺產類型：**文化遺產**

山上仁慈耶穌朝聖所位於葡萄牙北部埃斯皮諾山的山坡上，俯瞰整個布拉加城和北部平原，朝聖之路沿山坡而建，再現基督教耶路撒冷的形象，宛如一座被教堂加冕的聖山。朝聖所歷經六百多年的發展，主體為巴洛克風格，展示16世紀天主教會在特倫托大公會議上所推廣的創建神聖山(Sacri Monti)傳統，以回應當時的宗教改革。現在的教堂本體建於1784年，是葡萄牙早期的新古典主義式風格。

抵達教堂前須經過三段階梯，其中第二段為之字形巴洛克式台階，每一層平台裝飾造型各異的聖人雕像和噴泉，噴泉水分別從眼、耳、鼻、口等不同部位流出，象徵五感，讓這裡成為辨識度最高的葡萄牙教堂。

Stay in a Castelo or Convento Pousada
在古堡與修道院住一晚 文‧攝影●陳蓓蕾

在葡萄牙，旅館不僅是一夜好眠的場所，也可以入住百年城堡、粉彩色宮殿、貴族宅邸、或者寧靜的修道院，體驗一段值得珍藏的旅行記憶。

Pousadas過去是葡萄牙特有的國營飯店體系，類似西班牙國營飯店Paradores，改建城堡、宮殿、莊園、修道院等具有歷史和文化意義的建築，融入現代化的舒適設施，變成奢華精品旅宿，與每一位訪客分享那些隱藏在百年石牆隙縫、葡萄園裡、曼努埃爾式迴廊間的故事。Pousadas於2003年轉型民營，交由Pestana集團管理，現在葡國境內共有40多間這樣的古蹟飯店，每一家都自成特色，但無論選擇何處入住，這些飯店都傲踞在風景如畫的地點，坐擁山城或海岸的最佳視野。

 ### 歐比多斯城堡飯店
Pousada Castelo Óbidos

位於山丘上的城堡是葡萄牙7大奇蹟之一，歷史最早可追溯於西元9世紀，目前所見的大部分建築則建於15世紀，這裡也是國王贈送給王妃的結婚禮物。房間內有厚重的石牆，歷史感十足，享用早餐時還能一邊俯瞰白色的村落，彷彿化身為皇室成員。

ⓜ P.123B1
ⓗ Paço Real, Óbidos

 ### 艾芙拉修道院飯店
Pousada Convento de Évora

由15世紀的修道院改建而成，就位於世界遺產艾芙拉的歷史中心，羅馬神殿旁，地理位置極佳，內部庭院的迴廊上佇立著曼努埃爾風格的石柱。漫步在寧靜祥和的走道上，在中世紀交誼廳裡喝杯茶，彷彿穿越時空，走入當初修士的日常生活中。

ⓜ P.191B1
ⓗ Largo do Conde de Vila Flor, Évora

吉馬萊斯莫斯泰羅飯店
Pousada Mosteiro de Guimarães

　坐落在葡萄牙第一任國王阿方索的出生地，也是世界遺產的吉馬萊斯歷史中心。建築前身是12世紀的奧古斯丁修道院(Augustinian Monastery)，有宛如宮殿的壯麗大門、寬敞的庭院、狹長的修道院走道、厚重的石頭拱門、美麗的迴廊。

🔺P.186B1
🏠Largo Domingos Leite de Castro, Guimarães

伊斯特雷摩斯城堡飯店 /伊莎貝爾王妃城堡飯店
Pousada Castelo Estremoz

　位於小山丘上的城堡，居高臨下，可俯瞰下城區的民房與田野，視野極佳。這裡曾是葡萄牙國王為迎娶西班牙的王妃而擴建的宮殿，歷史可追溯至13世紀，主塔樓歷經了三位國王的任期才終於建造完成。

🔺P.207A2
🏠Largo Dom Dinis, Estremoz

伊斯托依宮殿飯店
Pousada Palácio Estói

　阿爾加維不僅只有陽光、海灘，還有粉紅色的洛可可宮殿，華麗的宮殿建於18世紀，戶外還擁有一大片凡爾賽式的法式花園，遍佈石雕與藍白瓷磚畫，處處都是最佳拍照地點，充滿夢幻浪漫的氛圍，內部的房間設施與裝潢則十分現代化。

🔺P.218B1
🏠R. de São Jose, Faro

維亞納堡飯店
Pousada Viana do Castelo

　位於北部米尼奧(Mihao)的聖露西亞山(Monte de Santa Luzia)山頂上，雖然是將原本的老飯店重新翻修而成，但仍保留了原本莊嚴的特色，最驚人的在於它無敵的美景，能遠眺壯麗的群山、浪漫的維亞納堡(Viana do Castelo)和利馬河(Rio Lima)。

🔺P.149A1
🏠Monte de Santa Luzia, Viana do Castelo

Fado: the Soul of Portuguese Music
聆聽法朵的美麗與哀愁

文●李曉萍‧陳蓓蕾　攝影●陳蓓蕾‧墨刻攝影組

沒有現場聽過法朵歌手渾然忘我的吟唱，就不算真正接觸葡萄牙文化。

Fado來自拉丁文「fatum」，有命運之意，被認為是表達葡萄牙人宿命觀的音樂，又被稱為「命運之歌」。就如藍調音樂一樣，法朵是一種表達渴望和悲傷的音樂，葡萄牙文中有個單字「saudade」，詮釋著法朵音樂的精髓，參雜快樂與悲傷，對已經逝去的美好人事物，抱持著懷念、哀愁、惆悵與渴望交織的複雜情感。

關於法朵的起源有許多不同說法，可以確定的是，這種音樂型態以葡萄牙的傳統敘事民謠為基底，融合早期巴西及北非移民的音樂及舞蹈元素，之後舞蹈的比重逐漸淡去，僅以歌聲和唱腔表達激昂澎拜的情感。

法朵在19世紀初里斯本的社會底層開始流行，最初，這種抒發人民心聲的音樂僅受到水手、車伕等工薪階級的喜愛，演唱場所也多半在港口、街頭、酒吧和妓院，被稱為是「窮人之歌」。後來在多位詩人、藝術家及音樂家的投入下，讓皇宮貴族也難以抗拒法朵的魔力，並將其帶入主流社會。

法朵的演化與編制

法朵在里斯本和科英布拉分別演化流傳，里斯本的古典味較重，有些受到現代音樂的影響，也會將大提琴、小提琴加入編曲；科英布拉是個大學城，以民謠吉他為主要樂器，樂風有較重的民謠味，曲調也較輕快。音樂的主題可以是鄉愁、愛情、命運的捉弄等，就算不懂葡萄牙語，也能感受歌曲中戲劇化的豐富情感，聽者無不動容。

傳統的表演模式是一位歌手伴隨兩名樂手，一位葡萄牙吉他，一位彈奏西班牙吉他，有些還會加上班多林琴（Bandolim）和四弦小吉他（Cavaquinho）。

歌手Fadista

女性歌手傳統上穿著黑色披肩。在法朵餐廳通常有許

多歌手輪番上陣，每位歌手演唱3首歌曲，而科英布拉的演唱者只有男性。

葡萄牙吉他樂手Guitarra Protuguesa

6組12根弦的葡萄牙吉他負責演奏主旋律，偶爾會成為獨奏的主角。葡萄牙吉他是葡萄牙特有的文化，它的共鳴箱呈梨形，複弦能產生共鳴，展現清脆與甜美的音色，有些吉他上還會以精美的珍珠母貝裝飾。

西班牙式吉他樂手Viola Braguesa

一般的古典吉他，提供節奏伴奏，但吉他樂手永遠不會獨奏。吉他柔和音色與葡萄牙吉他相輔相成，演奏出時而明快，時而哀愁的法朵旋律。

法朵皇后Queen of Fado

「法朵皇后」阿瑪莉亞‧羅德里格斯(Amália Rodrigues, 1921-1999)是將法朵音樂帶入主流音樂世界的靈魂人物。

她雖出身貧苦，但歌聲動人心弦又極具個人魅力，一出道就已家喻戶曉，當時最好的作家與詩人都為她寫歌，她將法朵音樂成功地從酒吧轉移到了演奏廳，引領法朵樂壇近50年，也成為了現代法朵的主要靈感來源。當她79歲去世時，葡萄牙更以國葬禮遇，還宣布全國哀悼3日。

現代法朵音樂

不再拘泥於傳統的形式，現代法朵音樂採用了新的樂器，包括鋼琴、小提琴、手風琴等編制，曲風上也開始與其他音樂類型結合，其中新一代的法朵天后瑪麗莎(Mariza)在法朵原有的基礎上，結合了爵士、福音等詮釋方式，不但受歡迎，還得到許多世界音樂獎項的肯定。

里斯本的法朵之家
Casa de Fado in Lisbon

法朵可以在里斯本各種場合聆聽到，阿爾法瑪和阿爾圖區都有許多以演唱法朵為訴求的餐廳和酒吧，通常被稱為法朵之家(Casa de Fado)。以觀光客為主的餐廳多半可以一邊用餐一邊聽演唱，較為正式的法朵餐廳，則是用完餐後專心聽歌。價格從平價到高檔的都有，通常高檔的餐廳會邀請知名或演唱水準較高的歌手，週末熱門時段最好提前預約。演奏大約在21:00開始，一直到深夜2點前結束。

Restaurante Casa de Linhares (阿爾法瑪區)
⊿P.60E4
🏠Beco dos Armazéns do Linho 2
🌐www.casadelinhares.com

Clube de Fado(阿爾法瑪區)
⊿P.60E4
🏠Rua de Sao Joao da Praca 92
🌐www.clubedefado.pt

Tasca Do Chico(阿爾圖區)
⊿P.60B3 🏠R. do Dìario de Notícias,39

O Faia(阿爾圖區)
⊿P.60B3 🏠R. da Barroca 54-56
🌐www.ofaia.com

Adega Machado(阿爾圖區)
⊿P.60C3 🏠Rua do Norte 91
🌐www.adegamachado.pt

Café in Portugal
葡萄牙咖啡館 文●李曉萍 攝影●李曉萍 · 墨刻攝影組

翻開歐洲咖啡風雲榜，葡萄牙似乎總不在清單上，然而葡萄牙人愛喝咖啡的程度，大概和義大利人不相上下，不管再偏遠的小鎮，總會有幾家街角咖啡館。不同於義大利咖啡的經典、法國咖啡的浪漫、北歐咖啡的精品風格，葡萄牙人喝的是一杯閒話家常，在歐洲大陸最西端，發展出屬於自己的咖啡生活文化。

雖然咖啡的魅力早在17世紀中席捲歐洲，咖啡館出現在葡萄牙人生活中，卻是1755年里斯本大地震後的事。隨著地震後的城市重建工程，里斯本出現第一家咖啡館，彭巴爾侯爵(Marquês de Pomba)還曾經對咖啡館經營立下規定，要求店門口一定要掛上Café招牌，標示出咖啡館的身份。當時咖啡館提供知識份子和貴族們社交往來的空間，直到20世紀初，咖啡館中才首次出現女性身影，而琳琅滿目的甜點則是21世紀後才出現在咖啡館中。

葡萄牙咖啡館是當下社會的縮影，歷史古城孕育百年咖啡文化，璀璨的水晶吊燈下，曾是文學家和哲學家過招交手的場域，那股咖啡香浸泡出的文人氣息，至今仍棲息在深色皮椅的刻痕間；新式咖啡館悄悄在城市中崛起，明亮清新的設計空間，受到北歐咖啡影響的淺焙單品，開啟屬於年輕世代的輕盈與個性。

街角總有間不起眼的小咖啡店，門口隨意擺上幾張桌椅，取之不盡的伊比利陽光就是賣點，室內沒有特殊裝潢，只有甜點滿滿的玻璃櫃搭配色彩繽紛的磁磚牆，每個走進咖啡館的人似乎都認識彼此，氣氛輕鬆熱絡，不需要特別約定，每天陸續報到，那份隱形的默契在咖啡香裡精粹沈澱。在這裏，葡萄牙人喝的不是時髦，而是日常。

從AM到PM

葡萄牙人用一杯加了牛奶的Galão開啟一天；餐後當

然要來杯濃縮苦味的Bica；午休時間和朋友小聚聊天，少不了Pingada陪伴；而為忙碌的生活寫下句點，還有什麼比混合酒香的Café com Cheirinho更完美！對葡萄牙人而言，一天4~5杯咖啡不成問題。

大部分咖啡館的營業時間約08:00~22:00，幾乎和便利商店一樣；一杯濃縮咖啡大約€0.8~1，加了牛奶的Galão也只要€1.2~1.6，比便利商店的咖啡還便宜，葡萄牙咖啡館可說是社區的好鄰居。

即使看起來高級的文人咖啡館，也不需感到拘束，直接入內選一個喜歡的位置，服務生自然會前來點餐。同一種咖啡可能2~3種價格，這是「座位」和「站位」的差價，站在吧台前喝咖啡(Balcão)比較便宜，所以總能看到一排葡萄牙人站著聊天。有些咖啡館又分成室內座

(Mesas)和戶外座(Esplanada)，歐洲人熱愛陽光，戶外座當然比較高貴。

看懂葡萄牙咖啡

葡式咖啡的特點是苦，而且是加倍濃縮的苦，碳香味明顯，口感滑順，相較於深度烘焙的義大利咖啡豆，葡萄牙的咖啡多為中度烘焙，有些咖啡館會以肉桂棒代替小湯匙，咖啡的熱度釋出肉桂香味，風味更特殊。

葡萄牙人沒有野心又不從眾的個性，從咖啡文化能窺知一二。他們既不積極拓展葡式咖啡，也不願追隨主流，甚至發展出一整套咖啡命名，想在咖啡館中點一杯符合期待的咖啡，可得先記清楚以下名詞。

Bica：濃縮黑咖啡，Bica是葡萄牙南部的用法，北部直接稱café

Café duplo: 雙倍濃縮咖啡。

Cheio：稀釋後的黑咖啡，類似美式咖啡。

Pingado/Pingo：濃縮咖啡加入少量溫熱牛奶，用以降低咖啡裡的酸度，奶味又不會喧賓奪主，以濃縮咖啡杯盛載。

Meia de Leite：濃縮咖啡與牛奶的比例為1:1，裝在較大的咖啡磁杯裡。

Galão：用玻璃咖啡杯盛裝的奶咖啡，類似拿鐵，濃縮咖啡與牛奶的比例是1:3。

Garoto/Cortado：與Pingado正好相反，大量的溫牛奶加入少量咖啡，Garoto的葡萄牙文意思是男孩，代表這是給還不適合喝濃縮咖啡的孩子的飲料。

Carioca：第二遍萃取的黑咖啡，咖啡因含量較低。

Café com Cheirinho：濃縮咖啡加入葡萄牙生產的Bagaço或威士忌等烈酒。

櫥窗裡的點心百科

　　不管走進哪一家咖啡館，一定會先被玻璃櫃中多達30~40種的點心陣仗嚇到，然後陷入選擇困難症候群。

　　葡萄牙的傳統甜點不注重外觀精緻度，走一個親切樸實路線，最大特色就是甜。每個葡萄牙人都像螞蟻轉世，吃的一嘴甜膩，剛剛好搭配Bica的濃苦。在各大咖啡館獨佔鰲頭的當然非蛋塔(Pastel de Nata)莫屬，肉桂口味的米布丁(Arroz Doce)和巧克力慕斯也是受歡迎的甜點。不用擔心語言障礙，動動手指比劃一下就能點餐，重點是保持勇於嘗試的熱忱。

　　除了甜點，咖啡館中也提供鹹點，例如炸鱈魚球、炸

肉泥球、炸蝦泥球等，每顆大約只要€1~1.5，許多咖啡館也供應簡單的正餐，一天的活力，都可以在咖啡館中解決。

百年人文咖啡館

　　葡萄牙有許多充滿古典細節的百年咖啡館，推開門就有時光倒流的錯覺，彷彿回到布爾喬亞的年代。

　　百年咖啡館總是深不可測的狹長，新藝術風格的華麗吊燈及燭台造型壁燈照亮挑高空間，大量使用鏡面，增加空間的寬敞及亮度，胡桃木吧台後方排滿各式各樣的酒，深色鉚釘皮椅陷入歲月痕跡，冰涼的大理石桌觸感和入口溫熱的咖啡，既衝突又協調。

　　在這樣的咖啡館中，迷人的不是咖啡本身，而是文人雅士在咖啡香中淬鍊的作品，是曾經存在空間裡的時代風範，是那份時間洗鍊過的老派文青味。

巴西人咖啡館
A Brasileira

每個歐洲城市都有一間代表性的百年咖啡館，就像花神之於威尼斯、金杯之於羅馬、雙叟之於巴黎，在那個動盪而充滿希望的年代，匯集思想家和文人們的高談闊論，而里斯本無可取代的經典就是A Brasileira。

20世紀初期，巴西人咖啡館幾乎等於里斯本的文化中心，知識份子、詩人、作家和藝術家們聚集在此辯思哲學、議論時政、討論創作。葡萄牙最偉大的詩人費爾南多·佩索亞(Fernando Pessoa)也是這裏的常客，不過，據說詩人最愛點的是苦艾酒。為了紀念那個文思薈萃的年代，1988年在門口立了一座詩人雕像，現在成了最受歡迎的拍照景點，據說只要將筆放在銅像的手指間隙而不掉落，這隻筆就能讓你文思泉湧，寫出好作品！

自1905年開業以來，一直維持Art Deco裝飾藝術風格，燭台式吊燈、花草藤蔓的壁飾、深色胡桃木吧台以及雕刻花紋的原木皮椅，一層層堆砌古典歐洲氛圍。咖啡館使用巴西進口的咖啡豆，同時也是葡萄牙版濃縮咖啡Bica的發源地，對許多本地人而言，這杯Bica或許一喝就是數十年。

絡繹不絕的觀光客來了又走，急促又有效率，而巴西人咖啡館依然用同樣步調悠悠前行，日日上演老里斯本的生活故事。

Info
📍P.60C4
🏠R. Garrett 120, Lisboa
🕐08:00~00:00
🌐www.abrasileira.pt

 ## Café Majestic

裝飾藝術風格（Art Nouveau）的曲線鑄鐵門窗纏繞一室華麗，真皮原木座椅上雕刻細緻花紋，刻意斑駁的鏡面交互反射，讓空間更加深邃，穿著挺拔立領制服的侍者溫和有禮不失親切，波爾圖的Café Majestic曾被評選為世界十大最美咖啡館之一，每一處細節都講究。白色大理石桌上那只造型優雅的咖啡杯，盛裝的不只是咖啡，還有一份氣質。

Café Majestic創業於1921年，原名Elite Café，但這個帶點君主色彩的名字，在當時共和風氣和布爾喬亞階級盛行的葡萄牙不受歡迎，所以改名為Majestic，表現巴黎美好年代(La Belle Époque)的魅力。這間咖啡館從以前就是波爾圖的地標，吸引知識份子、藝術家、名人和名媛的聚會，J.K.羅琳在這裏低頭撰寫《哈利波特》的魔法世界，葡萄牙、巴西和法國總統也都曾是座上嘉賓。

Info
📍P.150上C1
🏠Rua Santa Catarina 112, Porto
🕐週一至週六09:00~23:00
🚫週日
🌐www.cafemajestic.com

Café Nicola

Café Nicola的歷史可追溯到18世紀，當時由一位叫做Nicola的義大利商人經營，曾是文學和政治圈菁英的聚會場所，著名葡萄牙詩人Manuel Barbosa du Bocage就是這裡的常客，因此吸引了一代又一代的文學愛好者和作家。現在咖啡館內還有一尊詩人雕像做為紀念，陪伴現代版的風流雅士喝咖啡。

接下來的百年時光幾經易主，1929年後重新裝潢改名，才成為現在看到的新藝術風格，有種介於現代與古典之間的曖昧。Café Nicola是間有態度的咖啡館，咖啡館內禁止拍照，一方面希望你能好好品嚐咖啡，另一方面也不願快門聲打擾了這一室優雅。

由於正對著羅西歐廣場，Café Nicola的戶外座位總是比室內更受歡迎，同時也供應正餐，以葡萄牙菜為主，包含牛排、螃蟹、海鮮飯等，不過餐點品質普通，有時週末晚上還會有Fado表演。

Info
- P.60D3
- Praça Dom Pedro IV 24-25, Lisboa
- 08:00~00:00
- www.restaurantenicola.pt

Pasterlaria Versailles

推開Pasterlaria Versailles大門的鑄銀手把，一時間會忘了找座位和點餐這回事，因為咖啡館的華麗程度會讓你誤以為走進凡爾賽宮內的房間。

Pasterlaria Versailles自1922年開業以來，就是里斯本上流社會的社交中心。內部空間相當寬闊，彩繪玻璃、圓弧造型的大鏡子、石膏雕花天花板垂下水滴吊燈，處處可見新藝術的影子，而穿著酒紅色背心搭配白色長圍裙的侍者往來穿梭，與同色調桌巾、印上店名的特製咖啡杯盤，共同打造古典咖啡館的節奏。

Pasterlaria Versailles有自己的烘焙室，蛋糕、麵包與各式甜點都源於自家食譜，有一定品質保證，這裏的熱巧克力香滑濃稠，特別受歡迎。

Info
- P.60D1
- Av. da República 15-A, Lisboa
- 07:15~22:00
- grupoversailles.pt

Confeitaria Nacional

熱鬧的無花果樹廣場旁，核桃木框玻璃門和老式磁磚招牌的背後，隱藏著19世紀的里斯本。

Balthazar Roiz Castanheiro於1829年創立這間店，專門為皇室成員提供糕點和麵包。這間咖啡館不只是百年糕餅店，也是城市歷史的一部分，建築本身就是里斯本大地震後重建的代表，至今店內依然維持當時的模樣，華麗的金色鏡面鋪滿天花板，圓弧造型的核桃木櫥窗寫著草創年代，白色雲彩大理石後方還留有傳統咖啡壺，典雅的迴旋木梯則通往二樓用餐空間。

傳承百年的配方依然是美味糕點的秘訣，店內有超過上百種的蛋糕、巧克力、甜派和麵包，光是蛋塔就有多種口味，最特別的是無花果內餡的蛋塔，味道相當奇妙。店內招牌是國王蛋糕(Fatia bolo rei)，口感類似扎實的五穀麵包。

Info
- P.60D3
- Praça da Figueira, 18 B, Lisboa
- 08:30~20:00
- www.confeitarianacional.com

分區導覽
Area Guide

How to Explore Portugal
如何玩葡萄牙各地

波爾圖與北部地區
Porto & Northern Portugal

葡萄牙第二大城，位於杜羅河的出海口、沿山坡而建的迷人城市，自古就是杜羅河上游葡萄酒產區的集散地，只有在此發酵的酒才有資格冠上「波特酒」的名字。橫跨杜羅河的路易一世鐵橋、以及舊城區的克萊瑞格斯高塔是城市最顯著地標，這裏有「世界最美書店」、「歐洲最美咖啡館」和「歐洲最美火車站」，似乎沒得到一點頭銜，很難在波爾圖立足。

鄰近地區也大有來頭，吉馬萊斯是葡萄牙第一任國王誕生地，布拉加有羅馬天主教徒的重要朝聖地。

科英布拉與歐比多斯 Coimbra & Obidos

葡萄牙西岸文化氣息濃厚，科英布拉以擁有「葡萄牙劍橋」美譽的科英布拉大學城為重心，繼承傳統又充滿活力。皇宮改建的舊校區，包含名列全世界最美圖書館之一的喬安娜圖書館、列入世界文化遺產的聖米歇爾禮拜堂。

南邊的「婚禮之城」歐比多斯，則是被城牆包圍的白色小鎮，它是狄尼斯國王送給新婚皇后的禮物，曾在世界十大浪漫結婚聖地中排名列前茅。雖然鎮上沒有非看不可的重要景點，但每個轉角都是可愛風景，漫步在石板街道，耽溺於中世紀小鎮的恬靜，就是最美麗的時光。

辛特拉 Sintra

辛特拉被鬱鬱蔥蔥的森林冷泉環繞，使它成為葡萄牙國王最喜愛的避暑勝地，浪漫派詩人拜倫更讚譽此地為「伊甸園」。除了作為國王夏宮的佩娜皇宮以外，鄰近地區還有許多貴族豪宅和修道院，此外，盤踞山頭的摩爾人城堡、煙囪造型奇特的國家王宮都是遊覽重點。繼續往西向太平洋前進，歐洲大陸最西端就在距離辛特拉不遠處的羅卡角。

里斯本 Lisboa

身為葡萄牙的首都，開啟大航海時代光輝繁榮的重要港口，里斯本有太多值得玩味的面向。摩爾人在山丘上修建聖喬治堡、傑羅尼摩斯修道院濃縮曼努埃爾式建築精華、各種花樣色彩的磁磚拼貼城市的外衣、百年電車穿梭城市，串連歷史、法朵婉轉激昂的樂音在小巷裡流竄。讓里斯本充滿韻味的不單單是景點古蹟，還有那似乎被凍結的生活步調。

蒙桑圖Monsanto

　　葡萄牙內陸地區遍布了許多城堡與防禦要塞，「巨石村」蒙桑圖也是其中之一，坐落在大自然鬼斧神工的巨石裡，清晨霧氣濛濛中，給人一種超現實感。當地居民物盡其用，就地打造與巨石融為一體的住家，曾當選葡萄牙最具代表性的村莊。

阿蓮特茹Alentejo

　　中世紀的村莊遍布，防禦邊界的山城馬爾旺、蒙薩拉、梅爾圖拉遺世獨立地矗立在山頭，每座都令人驚艷無比。

　　當然不可錯過的，莫過於世界遺產城市艾芙拉。石板巷道蜿蜒舊城，白牆點綴亮黃色彩，17世紀鑄鐵窗台圈繞出優雅氣息。

　　城市蘊藏交錯千年的歷史足跡，羅馬神殿旁，中世紀主教堂昂然聳立，毛骨悚然的人骨禮拜堂低語城市擴張的故事，談歷史太沈重，讓阿連特茹的美食撫慰心靈吧！

阿爾加維Algarve

　　陽光、海灘、令人驚嘆的美麗海岸線，葡萄牙南岸與其他地區截然不同，全年溫和的氣候，溫暖的海水，使其成為歐洲南部最受歡迎的度假勝地之一。法羅與拉古斯之間有各種面貌的海灘，水上活動多樣，乘船遊可以一一探索那些絕美的海蝕洞。

里斯本及周邊

Lisboa and Around

文●陳蓓蕾・李曉萍
攝影●李曉萍・周治平・陳蓓蕾

里斯本周邊

↑往◎Mafra

辛特拉Sintra
◎Praia Grande
Praia da Adraga
羅卡角
Cabo da Roca
里斯本機場
Aeroporto de Lisboa ✈
佩娜宮
Palacio
Nacionalda Pena
Queluz
◎哥倫布購物中心
里斯本
Lisboa
Cascais
大西洋
Atlantic Ocean
大耶穌像
Santuario Nacional de Cristo Rei

圖例 ◎景點 🛍購物 ◎海灘 ✈機場

里斯本及周邊之最
The Highlights of Lisboa and Around

傑羅尼摩斯修道院
Mosteiro dos Jerónimos

與貝倫塔共同被列為世界文化遺產，修道院是曼努埃爾式建築的經典，迴廊內繁複華美的浮雕纏繞每一吋圓拱窗廊，聖者、家徽、花鳥藤蔓、中世紀神獸都成了欄杆圓柱上的主角，令人大開眼界！(P.88)

28號電車與阿爾法瑪
Tram No.28 & Alfama

跳上穿梭於七丘之城的黃色電車，在上下起伏的舊城區老屋間移動，這不僅是當地居民生活的日常，也無疑是里斯本最著名的明信片風景之一。(P.66)

聖加斯塔升降梯
Elevador de Santa Justa

搭乘極富歷史韻味的木造電梯上升至頂端，擁抱360度的遼闊視野，美麗的羅西歐廣場和拜薩區傑比鱗次的建築蹲踞腳下，聖喬治城堡盤踞對面山丘頂端，還能遠眺特茹河上來往的渡輪。(P.71)

摩爾人在山丘上留下堡壘，雕刻家把海洋刻進修道院迴廊，白底藍紋磁磚拼貼歷史與故事，蜿蜒石板路的盡頭通往那片亮燦燦藍光，百年電車承載著里斯本的印象，穿越時間，也穿越里斯本人的生活日常。

里斯本位於廣闊的特茹河(Tejo)出海口，坐落在七座小山丘上，因此被稱為「七丘之城」，遊覽城市最好的方式，就是搭乘鮮黃色的古董車穿梭在上下起伏的舊城區，感受它混合華麗與凌亂的獨特魅力。落日時分，跟隨在地人腳步往特茹河畔前進，彩霞瞬息萬變，映襯4月25日大橋的雄偉，海口的風徐徐，氣溫舒適宜人，無所事事就是里斯本的浪漫。

里斯本往西不到一小時車程的辛特拉呈現截然不同的氣氛。鬱鬱蔥蔥的森林環繞童話中的城堡，摩爾人的城牆如巨龍盤據山頭守護城鎮，這處葡萄牙國王最愛的避暑勝地，連英國浪漫派詩人拜倫(Lord Byron)也在他的遊記中讚譽辛特拉為「伊甸園」！

佩娜宮Palácio Nacional da Pena

森林包圍的國王夏宮，用亮黃、赭紅、粉紫調配一場奇幻混搭的童話幻境，新哥德、曼努埃爾式、文藝復興、摩爾式建築元素都出席了這場盛宴，比迪士尼的城堡還不真實。(P.108)

辛特拉國家王宮Palacio Nacional de Sintra

辛特拉舊城區紅瓦白牆的屋舍中心，兩隻像冰淇淋餅乾圓筒倒放的大煙囪搶走視覺焦點，國家王宮用空間寫下辛特拉長達千年的歷史，也是聯合國於1995年指定的世界文化遺產。(P.110)

里斯本

里斯本
Lisboa

里斯本(英文名Lisbon)位於廣闊的特茹河(Tejo)出海口，城市分佈在七座小山丘上，被稱為「七丘城」。早在腓尼基人時期，這裡就是一個港口，之後歷經羅馬人統治、摩爾人佔領，直到1147年葡萄牙首任國王阿方索驅逐摩爾人後，里斯本才重回基督教世界。

1256年阿方索三世(Afonso III)宣布里斯本為葡萄牙的首都，從此躍升成為歐洲和地中海一帶重要的貿易城市。15世紀末的地理大發現是里斯本的黃金歲月，達迦瑪發現印度的海上航線、從殖民地巴西運來黃金，這個得天獨厚的航海起點，連接歐洲、北美和非洲大陸，航海家從這裡出發探險，各地的商人紛紛到此交易黃金和香料等物品。

1755年的大地震幾乎摧毀整個城市，雖然在彭巴爾侯爵(Marques de Pombal)的規劃下，

里斯本地鐵

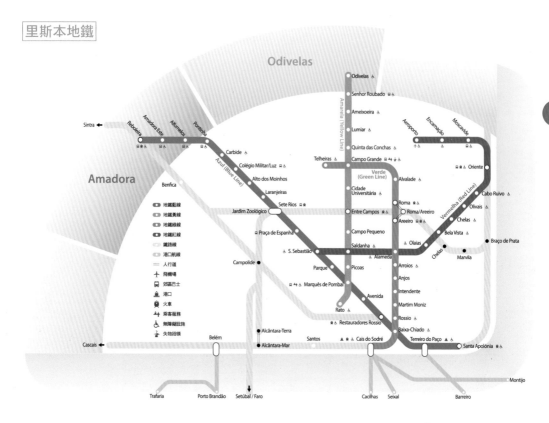

Odivelas

Sintra ← Reboleira Amadora Este Alfornelos Pontinha

Amadora

Benfica

Carbide
Colégio Militar/Luz
Alto dos Moinhos
Laranjeiras
Sete Rios
Jardim Zoológico
Praça de Espanha
Campolide
S. Sebastião

Belém
Alcântara-Terra
Alcântara-Mar
Santos

Cascais ←

Trafaria   Porto Brandão   Setúbal / Faro

Odivelas
Senhor Roubado
Ameixoeira
Lumiar
Quinta das Conchas
Telheiras   Campo Grande
Amarela (Yellow Line)
Cidade Universitária
Entre Campos
Campo Pequeno
Saldanha
Parque
Marquês de Pombal
Rato
Restauradores Rossio
Cais do Sodré

Aeroporto Encarnação Moscavide
Verde (Green Line)
Alvalade
Roma   Olivais   Cabo Ruivo
Roma/Areeiro   Chelas
Areeiro   Bela Vista   Braço de Prata
Olaias   Chelas   Marvila
Alameda
Arroios
Anjos
Intendente
Martim Moniz
Rossio
Baixa-Chiado
Terreiro do Paço   Santa Apolónia
Oriente

Vermelha (Red Line)

Cacilhas   Seixal   Barreiro   Montijo

圖例
地鐵藍線、地鐵黃線、地鐵綠線、地鐵紅線、鐵路線、港口航線、人行道、飛機場、郊區巴士、港口、火車、乘客服務、無障礙設施、失物招領

寬闊筆直的棋盤式道路和下水道網絡，讓里斯本成為當時歐洲最現代化的城市，但葡萄牙國力已一蹶不振。之後的里斯本經歷君主制度的解放、薩拉塞(Antonio de Oliveira Salazar)的獨裁政權、1974年4月25日推翻獨裁的軍事政變，葡萄牙國內外政局不安定，國民所得在歐盟會員國中偏低。但無可置疑的，過去20多年來藉由歐盟所提供的金錢援助，里斯本的建設進步許多，同時也讓它成為許多歐洲大型活動的舉辦地。

擺脫沈重的歷史和不景氣，這個似乎被歐洲遺忘百年的城市，又重新回到舞台，以混合華麗與凌亂的獨特魅力，吸引世界旅人。若要問為什麼選擇里斯本，陽光普照、氣候宜人、物價親切、食物美味、居民熱情，還需要更多理由嗎！

INFO

基本資訊
人口：567,131 (市區)、3,015,000(大里斯本地區)
面積：84.6平方公里(市區)、958平方公里(大里斯本地區)

如何前往
◎飛機
里斯本國際機場(Aeroporto Humberto Delgado，機場代號LIS)是葡萄牙的主要出入門戶，距離市區僅約7公里。從台灣出發，沒有航班直飛里斯本或葡萄牙任一城市，必須至法蘭克福、蘇黎世、羅馬、馬德里或歐洲任一主要城市轉機。
里斯本國際機場Aeroporto Humberto Delgado
www.aeroportolisboa.pt/en

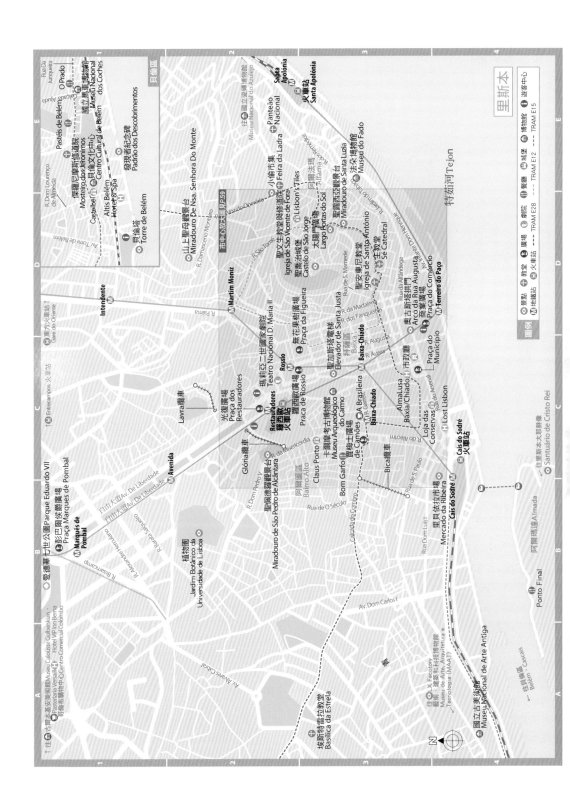

里斯本

貝倫區

E
- R.Da Junqueira
- O Prado
- 國立馬車博物館 Museu Nacional dos Coches
- 貝倫文化中心 Centro Cultural de Belém
- 傑羅尼摩斯修道院 Mosteiro dos Jerónimos
- Pastéis de Belém
- R.Don Lourenço de Almeida
- Altis Belém Hotel & Spa
- 貝倫塔 Torre de Belém
- 發現者紀念碑 Padrão dos Descobrimentos
- Av. Torre de Belém
- Castelbel

D
- Intendente
- R. Damasceno Monteiro
- R.Palma
- Martim Moniz
- 山上聖母觀景台 Miradouro De Nsa. Senhora Do Monte
- 市中心放大圖見P.59
- R.São Tomé
- 小偷市集 Feira da Ladra
- Lisbon's Tiles
- 聖文生教堂與修道院 Igreja de São Vicente de Fora
- 阿爾法瑪 Alfama
- 聖喬治城堡 Castelo de São Jorge
- 大陽門觀景台 Largo Portas do Sol
- 聖露西亞觀景台 Miradouro de Santa Luzia
- 法朵博物館 Museu do Fado
- 聖安東尼教堂 Igreja de Santo António
- Panteão Nacional
- 火車站 Santa Apolónia
- Santa Apolónia

C
- Entrecampos 火車站
- Gare do Oriente
- 東方/火車站
- Lavra纜車
- 光復廣場 Praça dos Restauradores
- Restauradores 羅西歐火車站
- 羅西歐廣場 Praça de Rossio
- 瑪莉亞二世國家劇院 Teatro Nacional D. Maria II
- Rossio
- 無花果樹廣場 Praça da Figueira
- 聖加斯塔電梯 Elevador de Santa Justa
- R. da Madalena
- R. dos Fanqueiros
- R. da Prata
- R. Augusta
- R. Áurea
- Baixa
- Baixa-Chiado
- 主教堂 Sé Catedral
- 奧古斯塔拱門 Arco da Rua Augusta
- 商業廣場 Praça do Comércio
- Ferreiro do Paço
- Rua da Alfândega

B
- 往古爾本基安美術館 Museu Calouste Gulbenkian、Pastelaria Versailles、哥倫布購物中心 Centro Comercial Colombo
- Hotel VIP Inn Berna
- 愛德華七世公園 Parque Eduardo VII
- 彭巴爾侯爵廣場 Praça Marques de Pombal
- Marquês de Pombal
- 自由大道 Av. De Liberdade
- R. Dom Pedro V
- R. Braamcamp
- R. Alexandre Herculano
- R.Barata Salgueiro
- 植物園 Jardim Botânico da Universidade de Lisboa
- Glória纜車
- 聖佩德羅觀景台 Miradouro de São Pedro de Alcântara
- 阿爾圖區 Bairro Alto
- Claus Porto
- 賈梅士廣場 Praça de Camões
- Bom Garfo
- 卡爾摩考古博物館 Museu Arqueológico do Carmo
- A Brasileira
- Baixa-Chiado
- Bica纜車
- AlmaLusa Báxia/Chiado
- Loja das Conservas
- Lost Lisbon
- Cais do Sodré 火車站
- Avenida

A
- 埃斯特雷拉教堂 Basílica da Estrela
- R. de O Século
- Calçada do Combro
- R. do Alecrim
- R. do Arsenal
- Cais do Sodré
- 市政廳
- Praça do Município
- Av. Dom Carlos I
- Rua Dom Luís I
- 里貝依拉市場 Mercado da Ribeira
- Ponto Final
- 往貝倫區 Belém、Cascais
- 阿爾瑪達 Almada
- 往里斯本太郎蘇菲 Santuário de Cristo Rei

特茹河 Tejon
阿爾瑪達 Almada

往：
X Factory
藝術・建築和科技博物館 Museu de Arte, Arquitetura e Tecnologia (MAAT)
國立古美術館 Museu Nacional de Arte Antiga

N

圖例
- 景點
- 教堂
- 火車站
- Ⓜ 地鐵站
- 廣場
- 餐廳
- 城堡
- 博物館
- 郵局
- 遊客中心
- TRAM E28
- TRAM E12 — — — TRAM E15

◎火車

市中心範圍內共有6個火車站,皆有地鐵連接市區各處。跨國列車及往來葡萄牙北部的國內線火車都會停靠Santa Apolónia車站及Gare do Oriente車站。搭乘從西班牙馬德里Chamartín車站出發的夜車(Trenhotel),約需時10小時15分。

Santa Apolónia火車站:位於阿爾法瑪舊城區(Alfama),距離市中心較近,也是跨國列車及南北向城際列車的發車站,車站內設有投幣式寄物櫃。

東方火車站(Gare do Oriente):里斯本的新門戶,國際高速列車及城際高速火車皆在此停靠,還能順便參觀西班牙知名建築師Calatrava設計的站體,現代化外觀和流暢線條令人印象深刻。

羅西歐火車站(Rossio):位於羅西歐廣場與光復廣場之間,前往辛特拉(Sintra)的火車由此搭乘。

Cais do Sodré火車站:位於特茹河河畔,主要為前往貝倫區(Belém)、濱海小鎮卡斯卡伊斯(Cascais)方向的列車。

Entrecampos 與Sete Rios火車站:兩站相距不遠,位於城市北邊的商業區。前往里斯本東南方的近郊火車,以及往艾芙拉(Évora)的火車由此出發。

葡萄牙國鐵(Comboios de Portugal,簡稱CP)
ⓘ www.cp.pt

◎長途巴士

葡萄牙境內長途巴士和連接西班牙的跨國巴士主要停靠於市區的西北邊的Terminal Rodoviário de Sete Rios,以及城市東邊的東方火車站(Gare do Oriente)。東方火車站本身就是地鐵紅線、巴士和鐵路共構的車站,最接近Terminal Rodoviário de Sete Rios的地鐵為藍線的Jardim Zoológico站。

機場至市區交通
◎地鐵

前往市區最便捷的方式是搭乘地鐵紅線,約20分鐘車程即可進入市中心,並可轉乘其他地鐵線到達市區各處。地鐵站入口位於入境大廳右側,可使用自動售票機或售票櫃檯購票,第一次購票需加上交通儲值卡Navegante卡的費用,並選擇加值單程票、24小時票或加值金額。若當天預計使用多次交通工具,如地鐵、電車、巴士以及聖加斯塔升降梯,建議直接購買24小時卡。24小時卡時間計算方式以進入地鐵閘口第一次感應時間起算。

🕐 06:30~01:00
💲 Navegante卡片€0.5、單程€1.8、24小時卡€6.8
ⓘ www.metrolisboa.pt

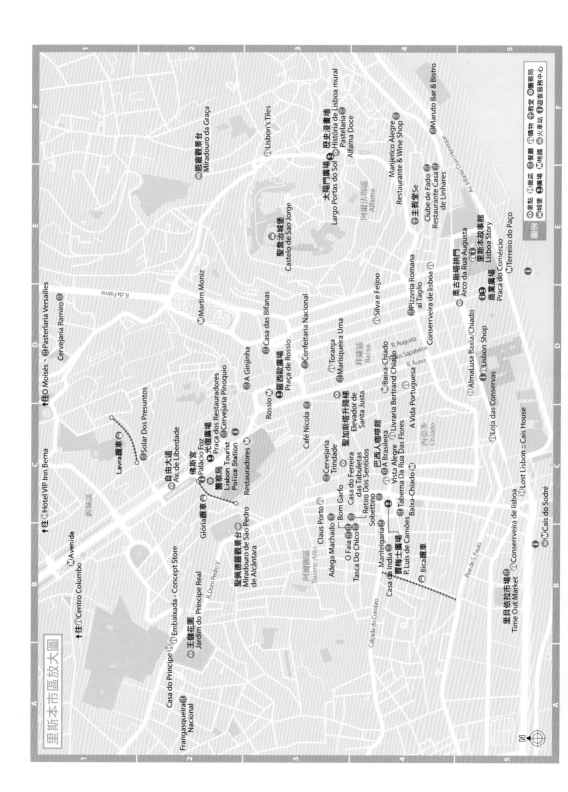

◎市區巴士

搭乘Carris經營的市區巴士744或783號都可前往市區，但市區巴士有行李大小限制，若行李箱大於50×40×20公分，只能搭乘計程車、地鐵或預約私人接駁車。

⏰約06:00~00:00
💰同地鐵，上車購票單程€2.1
🔗carris.transporteslisboa.pt

◎計程車

計程車需透過機場計程車服務櫃檯安排，或自行使用APP預約。計程車採用跳錶計費，起跳金額為€3.24，每公里€0.47，大型行李與夜間時段將額外收費，而由機場前往市中心價格視交通狀況和路程而異，含行李費用大約€10~15，建議事先確認司機按下計費錶，並於下車時索取收據，避免事後的車資爭議。此外，里斯本也可使用Uber的叫車服務，建議多利用。

Cooptaxis 📞21-793-2756 🔗cooptaxis.pt/en
Uber 🔗www.uber.com

◎租車

里斯本機場內可找到各家租車公司的櫃台，若事先於網上預訂，便可直接辦理租車手續並取車，相當方便。建議自駕遊時，應盡量避免開車進入里斯本市區，因為在地勢起伏，巷道狹小的市中心內開車並不容易，而且市區內多單行道，道路與電車車道共用，增加駕駛難度，並容易塞車。

Hertz
📞808-202-038 🔗www.hertz.com
Avis
📞808-201-002 🔗www.avis.com.pt
Europacar
📞21-940-7790 🔗www.europcar.pt

市區交通

大部分的景點都集中在市中心拜薩區(Baixa)及阿爾法瑪(Alfama)，步行是遊覽最好的方式，但若要前往較遠的貝倫區、國立瓷磚博物館、國立古美術館、LX Factory等地，還是有機會使用大眾運輸工具。

里斯本的大眾運輸包含地鐵、有軌電車、巴士、纜車，其中，巴士、電車、纜車和聖加斯塔升降梯皆由Carris公司負責營運。旅客比較常利用的是電車和地鐵，纜車則是節省爬坡力氣的好幫手。

搭乘大眾運輸最方便的方法是使用Navegante卡，這是一種可重複加值的IC卡，可搭乘包含渡輪和通勤火車在內的大眾運輸工具(儲值方案及適用範圍見下表)。Navegante卡可於地鐵站的自動售票機或是人工售票櫃檯購買，購卡可同時儲值，第一次購票的空卡費用為€0.5，有效期限一年，可儲存單程票、24小時卡、或是儲值金(Zapping)。值得注意的是，同一張卡，這3種方式不能同時混用，必須等前一種額度使用完畢或到期，才能選擇另一種儲值方式。使用時，進出地鐵站皆需刷卡，巴士和電車則於上車時感應刷卡即可。

儲值方式	價格(€)	說明	推薦
CARRIS/METRO	1.8	驗證後60分鐘內可無限次搭乘地鐵和Carris營運的交通工具，但不可連續搭乘地鐵。	當日乘車次數少於4次的旅客
24h CARRIS/METRO	6.8	第一次搭乘後起算，24小時內可無限次搭乘地鐵和Carris系統（包含聖加斯塔升降梯）。	希望無腦走跳里斯本市區的旅客
24h Carris/Metro/Transtejo (Cacilhas)	9.8	24小時內可無限次搭乘地鐵、Carris系統、以及連接Cais do Sodre和Cacilhas的渡輪。	想體驗特茹河風光或前往大耶穌像
24h CARRIS/METRO/CP	10.8	24小時內可無限次搭乘地鐵、Carris系統、以及國鐵部分通勤路段（包含辛特拉、Cascais、Azambuja和Sado線）。	預計拜訪辛特拉或卡斯卡伊斯(Cascais)的旅客
Zapping	單程1.61	類似悠遊卡的儲值方式，地鐵、巴士、電車、纜車的票價相同。使用售票機加值，最低儲值金額為€3或是€5的倍數。每次使用有效期為1小時，缺點是不能轉乘，每次換交通工具就會扣一次款項。	沒有太多計畫，希望保留行程彈性的旅客

◎地鐵Metropolitano

里斯本的地鐵站以紅底白色M字表示，共有4條路線，以4種顏色符號呼應這個航海國家，分別是藍線是海鷗、黃線菊花、綠色船帆與紅色羅盤。進出地鐵站時，不妨多留心各站風格，里斯本政府1980年代開始著手改建，邀請許多本土和國際藝術家，為地鐵站量身定做不同的主題，讓地鐵站成為城市的地下藝術展演場。

除了購買Navegante卡儲存車票，也可直接使用有效的銀行信用卡扣款，只要持感應式信用卡於地鐵進出站閘門感應即可，雖然有匯差問題，但若只搭乘1~2次，可省去購買Navegante空卡的費用。

🕐06:30~1:00
💲信用卡單程€1.8
🔗www.metrolisboa.pt

◎電車Eléctrico

負責營運里斯本有軌電車、巴士和纜車的Carris公司創立於1872年，為葡萄牙最早經營公共交通運輸的公司，一開始使用馬匹拉動軌道上的車廂，直到1901年才轉換成電車系統。大部份的電車路線已停駛，目前只保留5條復古電車路線（12E、18E、24E、25E、28E），以及新穎亮麗的雙節電車15E。

單節木質車廂的老電車是最經典的里斯本招牌風景，亮黃色的28號電車最受遊客青睞，穿梭拜薩區及阿爾法瑪舊城，幾乎連結所有主要景點；12E可以當作28E的替代方案，同樣行經拜薩及阿爾法瑪，但繞行的範圍較小；24E連接西亞多(Chiado)、

Príncipe Real和彭巴爾侯爵廣場附近，這也是乘客最少、最安靜的電車路線，如果只想體驗老電車風情，推薦搭這條路線即可；25E連接拜薩區和埃斯特雷拉(Estrela)，穿越一些里斯本最富裕的社區，大多是當地人搭乘。

15E則是從市中心(Cais do Sodré)前往拜倫區的最佳方式，途經LX factory和藝術、建築與科技博物館(MAAT)等。18E的前段（Cais do Sodré到LX Factory）與15E重疊，可紓解這段路繁忙的交通，後段前往位於市郊的19世紀皇室住所阿茹達宮(Palácio Nacional da Ajuda)。

🕐約06:00~23:30，每條路線略異，週末班次較少
💲上車購票€3.1
🔗www.carris.pt

◎巴士Autocarro

巴士站牌都會有時刻表及沿途停靠站，車上有電子看板顯示下一個停靠站，所以不用怕坐過站。深夜巴士共有9條路線。

🕐約05:30~00:30，週末班次較少
💲上車購票單程€2.1
🔗www.carris.pt

◎纜車Ascensor

在里斯本陡峭的山坡上上下下，需要好腳力，搭乘纜車爬山則是省力又特別的體驗。市區共有三條19世紀留下的纜車路線，也是由Carris經營，路線大約都只有200~300公尺，Gloria纜車連接光復廣場(Praça Restauradores)和阿爾圖區的聖佩德羅觀景

台(Miradouro de São Pedro de Alcântara)；Bica纜車往來São Paulo街和Calhariz廣場；Lavra纜車則在自由大道的東邊，連接Anunciada廣場和Câmara Pestana街。

🚠 Gloria 纜車07:15~23:55、Bica纜車07:00~21:00、Lavra纜車07:00~20:30，週六日均約09:00開始營運

💲 上車購票兩趟€4.1

🌐 www.carris.pt

◎渡輪TRANSTEJO

Transtejo是經營里斯本渡輪交通的主要公司之一，提供跨越特茹河的服務，對當地居民非常便利，也是欣賞里斯本及其周邊地區美景的好方式。對遊客來說，最推薦的航線是Cais do Sodré到Cacilhas的航程，連接里斯本的市中心和阿爾瑪達區(Almada)，Cacilhas是通往大耶穌像的門戶，航程約15至20分鐘，班次非常頻繁。

Cacilhas航線

🕐 05:00~01:20。現場售票櫃檯07:15~21:45

💲 單程€.15、交通卡加值(Zapping)單程€1.43

🌐 ttsl.pt

優惠票券

◎里斯本卡Lisboa Card

持有里斯本卡可於效期內無限搭乘市區大眾交通工具，包含地鐵、巴士、電車、纜車、聖加斯塔升降梯，可搭乘CP火車前往辛特拉和卡斯卡伊斯，免費參觀51處博物館及景點，並享有觀光行程優惠。部分博物館需在售票口出示卡片兌換票卷，搭乘交通工具只需在感應器上刷卡即可。

🏠 於遊客服務中心或旅遊局官網上購買

💲 24小時卡全票€27、優待票€18；48小時卡全票€44、優待票€24.5；72小時卡全票€54、優待票€30.5。網站購買享5%優惠

🌐 lisboa-card.com

觀光行程

◎步行導覽Walking Tours

想要深度了解城市歷史、舊城區不為人知的小故事、或是當地人喜愛的餐廳美食，不妨參加里斯本的步行導覽。貝倫、阿爾法瑪和阿爾圖區都有導覽行程，全程以英語解說，建議事先上網報名，出發時間提前15分鐘抵達集合點，找到穿著制服背心的導覽員就可參加。若選擇免費的導覽，行程結束後，可依滿意程度給予小費。

Sandeman Walking Tours Lisbon

🏠 賈梅士廣場(Camões Monument in Praça Luís de Camões)

🕐 每日11:00、14:00各一場英文導覽，行程約2小時

💲 小費制，無基本費用

🌐 www.neweuropetours.eu/lisbon/en/home

Lisbon Chill Out

🏠 賈梅士廣場(Camões Monument in Praça Luís de Camões)

🕐 10/1~3/31每日10:00、15:00；4/1~9/30每日10:00、16:30，行程約3小時

💲 小費制，無基本費用

🌐 lisbon-chillout-freetour.com

Lisbon Walker

🏠 賈梅士廣場的遊客中心門口(Praça Luís de Camões)

🕐 「舊城區徒步」每週四、週日10:00；「間諜故事徒步」每週二10:00、週五14:30；涵蓋所有主要景點的「啟示之旅」每週一、三、五、六10:00。以上行程皆約3小時

💲 €25，需提前網上預訂

🌐 www.lisbonwalker.com

Treasures of Lisboa

🕐 每週一至週六10:30、15:00、16:00，行程約4小時

💲 美食主題徒步€85，價格含18種當地小吃費用，須提前網上預訂

🌐 treasuresoflisboa.com

Follow Your Destination－Fado音樂饗宴

🕐 每週二、四、日19:00，行程約4小時

💲 €44.9起(包含表演及晚餐)，需線上預訂

🌐 www.lisbondestinationtours.com

◎觀光巴士City Sightseeing Portugal

露天觀光巴士有三種路線，紅線繞行新市區、阿爾圖區後前往貝倫區；藍線繞行阿爾法瑪外圍，並前往里斯本東邊的Gare do Oriente火車站等新興區域；綠線以市中心為主，經過聖喬治城堡和阿爾法瑪的幾個觀景台。提供包含中文在內的12種語言語音導覽，約每20~25分鐘一班次，效期內可無限次上下巴士，若中途不下車參觀任何景點，全程約1.5至2小時。此外，另有搭配卡斯卡伊斯(Cascais)觀光巴士和特茹河遊船的方案。

🏠 起點於彭巴爾侯爵廣場(Praca Marques de Pombal)

🕐 發車時間紅線09:30~18:00、藍線09:45~18:00、綠線09:30~18:00。冬季運行時間較短，詳見官網

💲 24小時任一路線：全票€24、優待票€12；48小時雙路線：全票€28、優待票€14；48小時三路線：全票€32、優待票€16

🌐 cityrama.pt/en/lisbon/hop-on-hop-off-lisbon-city

◎一日遊One Day Tours

由里斯本出發，有各式各樣的一日團體遊行程，其中最熱門的，莫過於前往近郊辛特拉、羅卡角、卡斯卡伊斯等地的一日遊行程，由當地人示範獨特的「山路駕車守則」，品嘗道地美食，並前往開車才能抵達的海灘秘密景點。

Keep It Local Tours
🌐辛特拉一日遊€65起(午餐自費)
🕐09:00集合，行程約8小時
🌐keepitlocaltours.com

We Hate Tourism Tours
🌐X–day Trip(含辛特拉、Cascais和周圍地區)€84.53
🕐約9:00集合，行程約7小時
🌐www.wehatetourismtours.com

旅遊諮詢

里斯本市中心的廣場、主要地鐵站和火車站都設有遊客服務中心(Ask Me Lisboa)，機場、貝倫塔和傑羅尼摩斯修道院對面也有詢問處，除了12/25、1/1以外，大多為每日開放，以下列出幾間功能較完整以及不同區域的遊客中心。
🌐www.visitlisboa.com

里斯本的治安

葡萄牙基本上算是治安良好，相對安全的國家。然而由於近年來旅遊業發達，在大城市中也常出現一些犯罪事件。最常見的就是扒手出沒的地鐵站、人滿為患的蛋塔店，還有由機場前往市區幾個主要的轉接站。搭乘電扶梯、擁擠的電梯時，務必小心身上與口袋的財物。在餐廳或咖啡廳內，包包與重要物品最好貼身攜帶，切忌掛在椅背或隨意放在椅子旁邊。若遇財務損失，可前往專門處理遊客事宜的警察局Tourist Police (PSP)報案。

警察局Lisbon Tourist Police Station
🏠Praça dos Restauradores ☎21-342-1623 🌐www.safecommunitiesportugal.com/psp/psp-lisbon-tourism-support

遊客中心	地址	地圖座標	交通	電話	時間
里斯本商店 (Lisboa Shop)	Rua do Arsenal, 5	P.60D5	地鐵藍線至Terreiro do Paço	21-031-2802	10:00~19:00
里斯本故事館 (Lisboa Story centre)	Praça do Comércio, 78-81	P.60E5	地鐵藍線至Terreiro do Paço	21-099-8597	10:00~19:00
羅西歐廣場(Rossio)	Praça D. Pedro IV	P.60D3	地鐵綠線至Rossio	910-518-004	週二至週六10:00~13:00、14:00~19:00
光復廣場 (Jardim do Regedor)	Rua Jardim do Regedor, 50	P.60C2	地鐵藍線至Restauradores	21-116-4797	週日至週四10:00~13:00、14:00~18:30
里斯本機場	機場入境大廳			21-845-0660	07:00~22:00
貝倫(Belém)	Mosteiro dos Jerónimos	P.58E1	傑羅尼摩斯修道院對面	910-517-981	週二至週日09:00~13:00、14:00~18:00

城市概略City Guideline

新舊城區交匯處的羅西歐廣場(Praça de Rossio)是認識里斯本的開始，廣場北緣連接的光復廣場(Praça dos Restauradores)就是自由大道(Av. de Liberdade)的起點，這條寬敞的林蔭大道沿途盡是名牌服飾及精品，有里斯本「香榭麗舍大道」之稱，自由大道向西北延伸，一路通往山丘上的彭巴爾侯爵廣場(Praca Marques de Pombal)，這一區是里斯本的

新城區(Praça Marquês de Pombal & Around)。

從羅西歐廣場向南至河畔商業廣場(Praca do Comércio)，是1755年大地震後重建的區域，棋盤式街道滿佈紀念品店、餐廳和旅館，稱為拜薩區(Baixa)。拜薩東邊山丘是里斯本最風情萬種的歷史區阿爾法瑪(Alfama)，西邊丘陵則是另一個舊城區阿爾圖(Bairro Alto)。而沿著特茹河向西前進，就會抵達發現者紀念碑和貝倫塔昂然佇立的貝倫區(Belém)。

里斯本行程建議
Itineraries in Lisboa

里斯本的景點大多分佈在拜薩區和阿爾法瑪，雖然地形上上下下，是腿力大考驗，但景點集中，加快腳步一天就能逛完，只是打卡式的趕行程未免太辜負里斯本的迷人風情，用慵懶閒散的南歐步調，才能細細探訪巷弄之間的舊時氛圍。

第1天可以跟隨散步路線走訪市中心，最後再搭乘電車28號上山，參觀聖喬治城堡並等待夕陽；隔日把一整天留給貝倫區，傑羅尼摩斯修道院、貝倫塔、發現者紀念碑都值得細細品味，當然別忘了葡萄牙的蛋塔始祖店。

第3~5天可以里斯本為中心，探訪周圍車程1~2小時的小城鎮，東邊有艾芙拉的人骨教堂、西邊有度假勝地辛特拉的三座宮殿、北方則是浪漫可愛的婚禮小鎮歐比多斯，若還有時間，世界文化遺產阿寇巴薩修道院和巴塔哈修道院也是一日遊的選擇。

里斯本散步路線
Walking Route in Lisboa

距離：約2.5公里　　**時間**：約3.5小時

這一條散步路線從拜薩區開始，到舊城區結束，幾乎可以走遍里斯本市中心的重要景點，還能用不同的高度欣賞這個城市。

認識里斯本最好的起點是**羅西歐廣場**①，廣場上鋪滿葡萄牙特色的波浪紋黑白地磚，周圍被露天咖啡館、餐廳與紀念品店圍繞，這裏永遠是城市最熱鬧的心臟。廣場的西北角銜接**光復廣場**②，搭乘一段百年歷史的Gloria纜車爬到山丘上，是相當有趣的體驗，而**聖佩德羅觀景台**③就在纜車終點，從雙層花園景觀台可以眺望拜薩區延伸到特茹河的景觀。

離開觀景台後，你可以選擇順著道路下坡，穿越

阿爾圖區到達有廢墟美感的**卡爾摩考古博物館**⑤，或是原路折返羅西歐廣場，前往**聖加斯塔電梯**④，電梯的上層出口正好與考古博物館相鄰，電梯頂端的觀景台，能夠近距離欣賞羅西歐廣場和對面山丘的聖喬治城堡。

再度返回拜薩區，隨意選擇道路亂逛，這裏有無數的紀念品店和潮牌服飾，棋盤式道路設計，不需擔心迷路，只要朝特茹河的方向，就能看到壯麗雄偉的**奧古斯塔拱門和商業廣場**⑥。接著朝另一邊山丘前進，一路上28號經典老電車穿梭身邊而過，沒多久**主教堂**⑦和**聖安東尼教堂**⑧就在眼前，而主教堂後方的**阿爾法瑪舊城區**⑨曲折蜿蜒，最能感受里斯本的老城氣息。行程最後來到河邊的**法朵博物館**⑩，若正好是晚餐時間，在阿爾法瑪選一間餐廳，聆聽現場版的葡萄牙靈魂之歌，是最完美的句點。

The Romantic Tram No. 28 Route in Lisboa
28號電車的浪漫懷舊

鮮黃可愛的單節電車緩緩行駛，在里斯本起伏的山丘間爬上爬下，在阿爾法瑪區的小巷弄間穿梭，傳統的古典木製車廂開始於20世紀初期，是歐洲現存最古老的電車系統，而今早已超越交通工具的角色，成為帶領旅人回到過去的浪漫領航者。

里斯本有5條復古電車路線，其中，28號電車最受遊客青睞，起迄點分別為城市西邊的廣大墓園Pç. Luis Camões，以及東邊鄰近唐人街的Martim Moniz，連接阿爾圖區、拜薩區、阿爾法瑪區和格拉薩區(Graça)，幾乎可以走遍里斯本主要觀光景點，例如：埃斯特雷拉教堂、西亞多區、商業廣場、主教堂、太陽門廣場、恩寵觀景台，以及附近的聖喬治城堡等等，全程約40分鐘至1小時，最適合當作認識里斯本的起點。（2024年7月起Pç. Luis Camões至Pç. Luís Camões之間路段整修，暫停服務。）

舊城區道路狹窄，很多地方甚至僅比一輛車身寬些，常常可以看到電車被左右房舍緊緊包夾的有趣畫面，乘客只要稍微伸手就能觸碰到民宅的牆壁，若是遇到路旁有人亂停車，就會讓交通大打結。有時後，會看到有人踩在車尾或後門的踏板上，身體懸掛在車箱外的有趣畫面，這種屬於里斯本人的「搭便車」方式，電車司機早就處變不驚，見怪不怪！

主要電車站名

①埃斯特雷拉Estrela

你可以選擇由最西邊的埃斯特雷拉教堂(Basilica da Estrela)為起點，由教堂對面埃斯特雷拉(Estrela)站上車。電車將一路東行，進入位於高地的上城區–阿爾圖區(Bairro Alto)。一路行駛於上上下下的陡坡。來到西亞多區。

②西亞多區Chiado

西亞多區可說是通往上城區的入口，附近有熱鬧的賈梅士廣場(Largo Camões)，這裡除了是許多徒步之旅的集合點，周遭還有最時尚的精品名店、咖啡廳、蛋塔點心小店，附近的巷弄內更有數不清的法朵餐廳與酒吧，人聲鼎沸直到深夜。

③孔瑟桑街Rua da Concelcao

電車由西亞多區進入舊城拜薩區(Baixa)，來到了市中心交通繁忙的孔瑟桑街。孔瑟桑街往北是知名的羅西歐廣場，另一側則是靠近特如河口的商業廣場和奧古斯塔拱門(Arco da Rua Augusta)，廣場附近商店與餐館林立。

28號電車路線圖

新城區

彭巴爾侯爵廣場
Praça Marquês de Pombal

國立瓷磚博物館
Museu nacional do Azulejo

阿爾圖區
Bairro Alto

聖喬治城堡
Castelo de Sao Jorge

恩寵站
Graça

⑥ 恩寵觀景台
Miradouro da Graça

Campo Ourique

① 埃斯特雷拉
Estrela

貨行唐人街
Martim Moniz

⑤ 太陽門廣場
Largo Portas do Sol

羅西歐廣場
Praça de Rossio

聖加斯塔升降梯
Elevador de Santa Justa

賈梅士廣場
Pç. Luis Camões

② 西亞多
Chiado

拜薩區-西亞多區
Baixa-Chiado

孔瑟桑街
Rua da Concelcao

③

④ 主教堂
Se

特茹河
Rio Tejo

商業廣場
Praca do Comércio

阿爾法瑪區
Alfama

圖例 ◉景點 ⑤廣場 ⑩博物館 ⑯城堡 ⑭路面電車

④主教堂Sé

　　離開拜薩區市中心後，電車接著繼續爬坡，在上坡路段會經過左側的聖安東尼教堂Igreja de Santo António，以及右側的主教堂，在這裡會看到無數遊客舉起相機與手機，為得是捕捉老電車與大教堂組成的經典畫面。

⑤太陽門廣場
Largo Portas do Sol

　　由主教堂往上繼續爬坡，就到了太陽門廣場，廣場中央佇立著里斯本的守護神「聖文森」的白色雕像與散落四周的咖啡座，旁邊則附有觀景台，可將舊城區阿爾法瑪與遠方的特茹河景緻一覽無遺。

⑥恩寵站Graça

　　由太陽門廣場繼續前行，會經過聖文森教堂(Basilica de San Vicente)，接著在恩寵站停靠(Graça)，從這裡可步行至有著松樹環繞的恩寵觀景台(Miradouro da Graça)，欣賞阿爾法瑪的風景，而不遠處即是聖喬治城堡。有些電車的終點站於此，有些也可繼續搭乘至貨行唐人街(Martim Moniz)。

搭電車攻略

　　熱門的28號電車總是擠滿觀光客，若想要有座位，建議從阿爾圖區的賈梅士廣場(Largo Camões)、最西邊的埃斯特雷拉教堂(Basilica da Estrela)或是Martim Moniz站上車。此外，盡量選擇非尖峰時段搭乘，比如清晨或傍晚時刻，更能避開人潮。值得注意的是，擁擠的28號電車有時也成為扒手活動的最佳場所，因此搭乘時請留意隨身財物，最好將背包抱在身前。

新城區Praça Marquês de Pombal&Around

MAP ▶ P.58A1

MOOK
Choice

古爾本基安
美術館

Museu Calouste Gulbenkian

國家水準私人收藏

🚇地鐵藍線或紅線至São Sebastião站下　🏠Av. de Berna, 45A　☎21-782-3000　🕐10:00~18:00　⛔週二、1/1、復活節週日、5/1、12/24~25　💲現代藝術中心€12，常設展＋現代藝術中心€14，全區(含特展)€16　🌐gulbenkian.pt　✱使用里斯本卡8折優惠，每週日14:00後免費

　土耳其裔美國人的石油大亨Calouste Gulbenkian在二次大戰期間被放逐至葡萄牙，過世後捐贈出歷年來的私人收藏，成立基金會，打造這個豐富程度媲美國家博物館等級的美術館。

　美術館由兩棟建築和佔地廣大的花園組成，分成現代藝術中心(Centro de Arte Moderna)和展示創辦人收藏的常設展館，建築使用大面積落地玻璃的設計，結合室內館藏與戶外光線綠意，讓觀賞者有一種在自然中欣賞藝術的舒適感。由日本建築師隈研吾重新設計的現代藝術中心於2024年10月啟用，運用日本傳統建築的「緣側」概念，更完美融合建築與自然環境的邊界。

　創辦人的收藏品依年代排列展出，包含埃及文物、希臘羅馬時代的雕塑和錢幣、波斯地毯、葡萄牙磁磚、中國和日本的瓷器漆器，在歐洲藝術館藏方面，有中世紀燙金手抄本、象牙和木製的雙折記事版、當然絕對不能錯過魯本斯(Rubens)、林布蘭(Rembrandt)、雷諾瓦(Rnoir)、莫內(Monet)與凡戴克(Van Dyck)的畫作；現代藝術中心則展出19世紀末到當代的葡萄牙藝術家作品。

《老人的肖像》
Portrait of an Old Man , 林布蘭, 1645

　17世紀的光影大師林布蘭被譽為是荷蘭最偉大的畫家之一，畫中人物的身份未知，但老年是他的作品中反覆出現的主題，畫作以老人脆弱的面容與強烈而戲劇性的燈光形成鮮明對比。

《海倫富曼的肖像》
Portrait of Helena Fourment, 魯本斯, 1630~1632

©Museu Calouste Gulbenkian

　法蘭德斯畫派的代表畫家魯本斯是將巴洛克藝術風格推向極致的大師，海倫富曼是他的第二任妻子，也是他許多畫作的模特兒。這幅畫呈現了魯本斯在渲染黑色緞面衣料的紋理和色調上的技術技巧。而另一幅半人之愛《Loves of the Contaurs》也不容錯過。

《蜻蜓》Dragonfly Broach, 雷內·拉利克 René Lalique, 1897~1898

法國新藝術珠寶設計大師雷內·拉利克被譽為「現代珠寶首飾發明家」，館藏中有許多讓人歎為觀止的收藏。他富於想像，自然、動物、昆蟲、花草、女體都是他的靈感來源，他的設計被稱為是超越時間限制的風格。蜻蜓與女人混合的形象，既美麗又奇異。他的另一件作品蛇型胸飾也十分讓人讚嘆。

《黛安娜》Diana, 讓·安東尼烏敦Jean Antonie Houdon, 1780

由18世紀法國雕塑大師讓·安東尼烏敦創作的精美大理石雕像，黛安娜女神被描繪成手拿弓和箭狩獵，以裸體與奔跑的優雅型態呈現，與之前穿著長袍作為童貞象徵的黛安娜型成了鮮明的對比。

《永恆之春》 L'Eternel Printemps, 羅丹, 1898

法國雕塑大師羅丹在創作《永恆之春》的初期，恰巧與才華洋溢的戀人卡蜜兒相遇，作品試圖將一對戀人交織纏繞在一起，傳達愛情中充滿激情又超越一切的永恆形象。

©Museu Calouste Gulbenkian

新城區Praça Marquês de Pombal&Around

MAP ▶ P.58B1

彭巴爾侯爵廣場
Praça Marquês de Pombal

紀念里斯本重建者

🚇 地鐵藍線或黃線至Marquês de Pombal站下

　　1755年里斯本大地震後，彭巴爾侯爵(Marguis Pombal)一肩扛起整建城市的重責大任，侯爵深具遠見，以整體都市計畫的概念規劃井然有序的街道和下水道系統，打造出拜薩區的榮景。自由大道最北端，侯爵的雕像昂然聳立於三十多公尺高的紀念碑頂端，在新市區的交通樞紐上，居高臨下，俯視他一手重建的城市。

　　環形廣場北面，大片法式花園順著斜坡展延，愛德華七世公園(Parque Eduardo VII)是為了紀念1902年和英葡結盟，英國愛德華七世訪問里斯本時所建造。沿著兩側步道往上走，至高點可眺望里斯本新城、自由大道延伸至舊市區和特茹河的景觀，共享侯爵視野。

`MAP ▶ P.58C2`

自由大道與光復廣場

Av. De Liberdade & Praca dos Restauradores

里斯本的香榭大道

🚇地鐵藍線至Restauradores站或Marquês de Pombal站下

　　每個首都都有引以為傲的那條門面街，在里斯本就是自由大道！自由大道又被稱為「里斯本的香榭麗舍」，寬達90公尺的林蔭大道，共十個車道，連接彭巴爾侯爵廣場和光復廣場。1879年建成以來一直是里斯本最寬敞的大道，是城市向北擴張的里程碑，兩旁精品店、珠寶店、高級旅館、銀行、電影院等林立。

　　南端的光復廣場是為了紀念1640年推翻西班牙統治，葡萄牙獨立而建，廣場中央豎立獨立紀念碑，雕刻象徵勝利的圖騰。廣場西側有一棟18世紀由義大利建築師設計的佛斯宮(Palacio Foz)，現在是遊客服務中心，旁邊則是Gloria纜車的乘車處。

拜薩Baixa

`MAP ▶ P.58C3`

羅西歐廣場

Praca de Rossio

掌握城市脈動的觀光中心

🚇地鐵綠線至Rossio站下或地鐵藍線至Restauradores站下

　　羅西歐廣場猶如里斯本的心臟，從前是舉辦鬥牛或嘉年華會的地方，現在是觀光客聚集的中心。擁有雙馬蹄形門扉，裝飾精緻雕花鑄鐵的羅西歐火車站位於廣場西北側，由此向北是自由大道和新城商業區，往南為拜薩區的起點，奧古斯塔街(Augusta)筆直通往商業廣場和奧古斯塔拱門(Arco da Rua Augusta)，東西兩側山丘各是歷史區域阿爾法瑪及阿爾圖。

　　充滿葡萄牙特色的波浪紋黑白地磚與巴洛克式噴水池，將廣場北側希臘神殿式立面的多娜瑪莉亞二世國家劇院(Teatro Nacional Dona Maria II)襯托得雍容大器，佩德羅四世雕像高高佇立於廣場中央紀念碑上，四周圍繞著18~19世紀建築，一整排速食店、餐廳和咖啡座從白天到深夜，總是人潮絡繹不絕。

　　與羅西歐廣場相鄰的無花果廣場(Praca da Figueira)原本是里斯本最大的露天市集，廣場旁的Rua da Prata被規劃為行人徒步街，是購物血拼的好地方。

MAP ▶ P.58C3

聖加斯塔升降梯

MOOK Choice

Elevador de Santa Justa

市中心最佳觀景點

🚇地鐵綠線至Rossio站下，步行約3分鐘 🏠Rua do Ouro 🕙10:00~19:00，每15分鐘一班次，13:00~14:00間休息 💲兩趟電梯＋觀景台€6 💻carris.transporteslisboa.pt/en/elevators ♿里斯本卡或Navegante 24小時卡免費

這座造型奇特的新哥德式升降梯啟用於1902年，由法國建築師Raoul Mesnier du Ponsard所設計，高45公尺的觀景台由雕飾華麗的鏤空鍛鐵架所支撐，乍看之下與周圍古典優雅的建築及卡爾摩教堂(Convento do Carmo)的石牆格格不入，不過現今卻成為拜薩區的重要地標。

搭乘極富歷史韻味的木造電梯上升至平台，平台另一端透過25公尺的空橋連接阿爾圖區的卡孟廣場(Largo do Carmo)，中央兩側則有螺旋梯通往頂端觀景台。這裡擁抱360度的遼闊視野，美麗的羅西歐廣場和拜薩區傑比鱗次的建築蹲踞腳下，聖喬治城堡盤踞對面山丘頂端，還能遠眺特茹河(Rio Tejo)上渡輪來往往。

聖加斯塔電梯觀景台是相當受歡迎的景點，旺

葡式碎石路Calçada Portuguesa

漫步在里斯本街道上，一定會被腳底下美麗的馬賽克鑲嵌碎石路吸引，其中自由大道上的黑白圖騰以及羅西歐廣場上的黑白海浪，是里斯本最具代表性的城市名片之一。

葡式碎石路由石灰岩和玄武岩鋪砌而成，工法源自羅馬時期，而里斯本鋪設碎石路最早起源於1842年整修聖喬治城堡時，當時城堡被當作監獄使用，獄中的囚犯正是第一批碎石路技師。關於葡式碎石路還有個有趣的傳說，據傳西元1173年時，里斯本守護聖人聖文森在兩隻烏鴉的守護下，將鋪路的石灰岩運達里斯本，配色上因此使用黑色象徵烏鴉與死亡，白色則象徵聖文森的聖潔。值得一提的是，碎石路為全手工製作，需由專業工匠磨出形狀大小適中的立方體石頭，排好圖案後並以木槌敲打鑲入地面，里斯本市政府為了招聘短缺的維修人手，甚至為此開設了一所學校！

季往往要排隊半小時以上，建議大清早前來，避開擁擠的排隊人潮。若不想等待電梯，也可步行上山至卡孟廣場，從卡爾摩教堂左側巷弄進入空橋，直接付門票費用登上觀景台。

拜薩Baixa

MAP ▶ P.58D3

奧古斯塔拱門與商業廣場

Arco da Rua Augusta & Praça do Comércio

迎向海洋的皇室氣派

🚇地鐵藍線至Terreiro do Paço站下

里斯本故事館Lisboa Story Centre
🏠Terreiro do Paço, 78-81　📞21-194-1027　⏰10:00~19:00　💲全票€7.5，半票€3.5　🌐www.lisboastorycentre.pt/en　🎫里斯本卡免費

里斯本人仍舊習慣稱這裡為宮殿廣場(Terreiro do Paço)，1511年曼努埃爾一世(Manuel I)將皇宮從聖喬治城堡遷移到這裡後，寬闊的廣場曾經是葡萄牙皇宮所在地達4百年之久。然而皇宮和附設的圖書館都在1755年里斯本大地震後摧毀，彭巴爾侯爵的新古典主義理念重塑了新宮殿，以馬蹄形迴廊圍繞廣場。1910年革命後，宮殿便轉換成政府行政機構，里斯本遊客中心、講述城市歷史的故事館、以及新成立的鱈魚歷史中心(Interpretative Centre of the History of Cod)則座落於東側迴廊。

廣場正中央豎立一尊荷西一世(Jose I)的騎馬銅像，由18世紀葡萄牙最好的雕塑家馬加多所雕刻，因此這裡被英國人稱作「黑馬廣場」。

凱旋門式樣的奧古斯塔拱門是廣場上最醒目的建築，紀念大地震後的災後重建。石砌拱門高達30公尺，柱頂雕像都是葡萄牙歷史上的重要人物，中間則是國徽，拱頂隱藏一個觀景台，持里斯本卡可免費登頂，俯瞰360度的城市景觀。

拜薩Baixa

MAP ▶ P.58B3

里貝依拉市場 (Time Out Market)

Mercado da Ribeira

美食集散地

🚇地鐵綠線至Caís do Sodré站下，步行約3分鐘　🏠Av. 24 de Julho 49　📞21-060-7403　⏰10:00~00:00　🌐www.timeoutmarket.com

如果暫時想不到要吃什麼，不如走一趟里貝依拉市場找靈感吧！

典雅的圓頂建築內，上午是傳統批發市場的主場，攤販吆喝叫賣聲此起彼落，販售生鮮蔬果、食材、花卉、乳酪等民生必需品；另一邊美食街

自2014年由英國Time Out雜誌接手經營，延攬在地名廚及代表性餐廳進駐，從中午喧囂至深夜。不管是傳統的葡萄牙餐點、當日最新鮮的海味、漢堡輕食、小酒吧、或是中式、泰式、義式等各國料理都能找到，滿足所有人的口腹之慾。

阿爾圖Bairro Alto

MAP ▶ P.58B3/C3

阿爾圖與西亞多區

Bairro Alto & Chiado

從流行尖端到夜生活

🚇 地鐵Baixa-Chiado站下步行約5分鐘

　　阿爾圖與阿爾法瑪同屬於里斯本最古老的區域。Bairro Alto的意思就是「上城」，位於羅西歐廣場西側的山丘上，16世紀曼努埃爾一世將宮廷從聖喬治城堡搬遷到商業廣場，城市範圍隨之擴充，才開始發展此區。阿爾圖區沒有太多觀光客必遊景點，最迷人的時刻是入夜之後，以賈梅士廣場(Largo Camões)為中心，鄰近巷弄裡餐廳、酒吧杯觥交錯，歌手激動吟唱法朵動人旋律，人聲鼎沸直到深夜不息。

　　拜薩區和阿爾圖之間的小區域被稱為西亞多，這裏有最時尚的服飾精品店，也有延續傳統的百年老店，特別是Rua Carret和Rua do Carmo兩條街，新舊混合的購物區總是吸引無數血拼遊客。

阿爾圖Bairro Alto

MAP ▶ P.58C3

卡爾摩考古博物館

Museu Arqueológico do Carmo

超現實廢墟之美

🚇 地鐵Baixa-Chiado站下步行約5分鐘　🏠 Largo do Carmo　☎ 21-346-0473　🕐 11~4月：週一至週六10:00~18:00；5~10月：週一至週六10:00~19:00　🚫 週日、1/1、5/1、12/25　💲 全票€7、優待票€5　🌐 www.museuarqueologicodocarmo.pt

　　卡爾摩教堂高聳的石柱在一片低矮房舍中顯得巨大，像鑲嵌在羅西歐廣場旁的山壁上，這裏曾被讚譽為里斯本最美的哥德式教堂，如今只剩主祭壇的廢墟，水滴形拱肋勾畫藍天為屋頂，另一種超現實美感。

　　建築前身是建於1389年的聖瑪莉亞卡爾摩教堂，傾毀於1755年的大地震，重建工程又因為1834年自由主義運動時期停止，此後一直維持著露天中殿和耳堂的特殊樣貌。目前內部設有考古博物館，展品除了原本教堂的遺跡，還包含史前青銅器時期文物、埃及石棺、秘魯木乃伊、以及9~17世紀里斯本的石雕和墓碑等。

阿爾圖周圍Bairro Alto Around

MAP ▶ P.58A3

埃斯特雷拉教堂

Basilica da Estrela

女王的還願教堂

📍搭乘28號電車於Estrela站下車步行約2分鐘　🏛Praça da Estrela　☎21-396-0915　🕐09:00~13:00、15:00~19:45　💲免費　ⓕwww.facebook.com/profile.php?id=100064790976952

18世紀的葡萄牙女王瑪麗亞一世曾向天許願，如果她能生下一個兒子並且成了王位繼承人，將建造一座教堂還願。她的願望得到了上天的應許，於是教堂於西元1779年動工，建設一直到1790年才完工，然而她的兒子卻不幸於1788年死於天花。

教堂位於阿爾圖區西邊的埃斯特雷拉廣場上 (Praça da Estrela)，巨大圓頂是此區地標，建築融合巴洛克和新古典主義風格，立面兩側是高聳的鐘樓，裝飾著精美的聖徒雕像。教堂外部與內部皆使用了粉色與黑色的大理石，祭壇的左側則放置著瑪麗亞一世的石棺，另外值得一看的是，由500個軟木和陶土製成的耶穌誕生場景。

阿爾法瑪Alfama

MAP ▶ P.58D3

主教堂

Sé Catedral

毅力不搖的信仰中心

📍地鐵藍線於Terreiro do Paço站下，步行約5分鐘；或搭乘28號電車於大教堂門口下　🏛Largo da Sé 1　☎21-886-6752　🕐11~5月：週一至週六10:00~18:00；6~10月：週一至週六09:30~19:00　🚫週日和宗教節日　💲全票€5、優待票€3　🌐www.sedelisboa.pt

亮黃色28號老電車與大教堂組成的畫面，已是里斯本的定番風景，而這座擁有堅固高聳雙塔的建築不只是地標之一，也是里斯本重回基督教世界的勝利象徵。

1147年葡萄牙建國之王亨利阿方索(Dom Afonso Henriques)從摩爾人手中奪回里斯本，在原本的清真寺上興建教堂。受到後來地震和火災的毀損，大教堂不斷地擴建和重修，混合各時期建築風格，阿方索四世期間(Dom Afonso IV)

將這裡作為皇家陵寢所在，擴建了哥德式耳堂，今日大教堂的規模則是自1930年修復工作結束而來的。舉例來說：正面兩側宛如堡壘般的鐘塔和大型玫瑰花窗屬於羅馬式風格，14世紀的哥德式迴廊擁有美麗的雙層拱門，祭壇和主殿高壇則呈現17~18世紀巴洛克式的華麗。

考古學家曾在這裡挖掘出一段羅馬之路、西哥德時期和清真寺的一些遺跡，另外寶物室則展示銀器、主教袍、雕像、手抄本和與里斯本守護神聖文森相關的遺物。

阿爾法瑪Alfama

MAP ▶ P.58D3/E3

阿爾法瑪舊城區

Alfama

一窺平民的生活日常

🚋搭乘28號電車於太陽門廣場(Largo Portas do Sol)站下車，即可由高處為起點，展開漫步　❗天黑後最好不要進入沒有路燈的小巷內

　　由拜薩區往東行，便會進入宛如迷宮般的阿爾法瑪。阿爾法瑪位於聖喬治城堡與特茹河中間的山坡地帶，這裡遍布錯綜複雜的巷弄、陡峭的階梯、土紅色屋頂與白色牆壁的房子，是里斯本摩爾文化的匯聚之地。

　　阿爾(Al)起源於阿拉伯語的字首，阿爾法瑪近似於Al-hamma，阿拉伯文中泉水或浴室的意思。早期北非摩爾人統治期間，這兒就是整個城區，然而在中世紀以後，居民因為害怕地震而往西移動，留下的只剩漁民與貧民。雖然在1755年里斯本大地震後，只有少部分的建築物留下來，但仍然保有原先摩爾城區的布局。

　　曾有人形容阿爾法瑪區像是從城堡下方展開的一大片魔毯，聖喬治城堡位於阿爾法瑪區制高點，佔據天然有利的防禦性位置，俯瞰整個舊城，山坡上分佈許多廣場與觀景台，以不同角度

小巷裡的黑白人像

　　漫步阿爾法瑪的巷弄中，一定會看到許多黑白的人物肖像掛在牆壁上。別訝異，這些人物都是當地的居民，也都還在世。原來政府為了促進當地社區更開放，與外界產生互動，因此將每個小區裡居民代表的畫像掛在門口，還標註了名字與年紀，有些是家庭主婦，有些是賣魚的老奶奶。倘若在巷弄散步時，很可能就會遇到這些熟悉的臉孔。

將大片美景盡收眼底。

　　這裡最大的魅力，是穿梭小巷間體驗當地人的生活日常，空氣中瀰漫陽光下晾衣的肥皂香、居民們閒話家常的談話聲，偶爾還有吟唱法朵的歌聲。雖然許多破舊的建築物仍在進行整修，但不妨隨意漫步在充滿橘子樹、小雜貨店、魚販與酒吧的巷弄間，累了就找間小餐館歇歇腳，品嘗道地的美食，或前往山腳下的法朵博物館，沉浸美妙的音樂中。

阿爾法瑪區

MAP ▶ P.58D3

聖安東尼教堂

Igreja de Santo António

城市守護聖人誕生處

🚇地鐵藍線於Terreiro do Paço站下，步行約5分鐘；或搭乘電車28號於大教堂門口下　🏠Rua das Pedras Negras　21-886-9145　🕐週一至週五08:00~19:00、週六日及假日08:00~20:00　💲免費　🌐stoantoniolisboa.com

大教堂旁這座供奉里斯本守護聖人的教堂，總有川流不息的虔誠教徒，因為根據傳說，教堂地下室的禮拜堂，就是聖人出生的地點。

聖安東尼是天主教方濟會的修士，出生於1195年里斯本的富有家庭，一生致力於救濟貧窮，他學識淵博、善於講道，當時教宗在聽過他講道後，讚美他為「活動的聖經文庫」。雖然他主要活動範圍都在北義大利帕多瓦一帶，但在葡萄牙人心目中，聖安東尼的崇高地位大約等同於台灣民間對觀世音的信仰，每年6月13日讓城市陷入狂歡的聖安東尼節就是聖人的逝世紀念日。

原本的小教堂在1755年大地震中傾毀，1767年重建為巴洛克－洛可可風格，主殿

聖安東尼節Festa do Santo António

葡萄牙每個大城市都有自己的守護聖人，並挑選一個與聖人相關的紀念日，作為該城市的獨特節日。

里斯本共有4位著名的守護聖人，其中以守護愛情與孩子的聖人聖安東尼最具人氣。對里斯本人來說，一年中最重要的日子就是6月13日，守護聖人聖安東尼的逝世紀念日，當天從聖安東尼教堂出發的遊行隊伍，浩浩蕩蕩繞行整個阿爾法瑪老城區。

其實慶祝活動從6月12日晚上就已開啟，里斯本變身一座不夜城，狂歡者個個盛裝打扮，高潮在自由大道上如嘉年華會般的大型花車遊行，從晚上9點開始，熱鬧喧騰一整夜。大街小巷都擠滿狂歡跳舞的民眾，家家戶戶在門口架起烤肉架，一手烤沙丁魚、一手Sangria酒，整個城市就是一場戶外大型烤肉派對，也因為處處彌漫烤沙丁魚的味道，所以又被稱為「沙丁魚節」。

Pedro Alexandrino的畫作和高壇上聖安東尼的鍍金雕像，以及聖器室中色彩鮮豔的大幅磁磚畫都值得欣賞。1982年教宗若望保祿二世也曾經來此拜訪，教堂內的拼貼磁磚還繪有當時教宗祝禱的情景。

阿爾法瑪Alfama

MAP ▶ P.58D3

太陽門廣場

Largo Portas do Sol

俯瞰里斯本全景

🚃搭乘電車28號於太陽門廣場(Largo Portas do Sol)站下車

　　太陽門廣場是進入阿爾法瑪舊城區的入口之一，廣場位於阿爾法瑪區的上坡，中央佇立著里斯本的守護聖人「聖文森」的白色雕像，他手中抱著一艘船，船上並有著兩隻烏鴉的守護。除了雕像外，這裡還有散落四周的咖啡座，旁邊並有觀景台，在此可眺望里斯本東部和特茹河的壯麗景色，包括城外的聖文森教堂與修道院，以及阿爾法瑪區的整片紅屋頂的經典風景。這裡也是欣賞夕陽落入特茹河口的熱門觀景點。

阿爾法瑪區Alfama

MAP ▶ P.60F3

歷史漫畫墙

História de Lisboa mural

看連環漫畫學歷史

🚃搭乘電車28號於太陽門廣場(Largo Portas do Sol)站下車，步行約2分鐘

　　被稱為新一代文青之都的里斯本，到處都看得到充滿創意的街頭藝術，然而，位於太陽門廣場旁邊的這座拱形門內，廁所外面壁畫，卻是由政府出資，邀請葡萄牙插畫家努諾·薩拉依瓦(Nuno Saraiva)創

作的漫畫藝術，目的是期望以生動的方式向世人介紹里斯本多災多難又戲劇化的歷史。

　　其中，最驚心動魄的莫過於1755年11月1日萬聖節當日發生的大地震，這是人類史上死傷最慘重，破壞性最劇烈的天災之一，根據現代地震學家估計，當時的地震規模高達9級，里斯本幾乎整個被摧毀，更慘的是還引發了海嘯與火災，當時死亡的人口多達6~10萬。在漫畫墙階梯旁的舊城牆牆面上，還能瞧見火災遺留下的痕跡。

MAP ▶ P.58D3

聖喬治城堡

MOOK Choice

Castelo de Sao Jorge

城市最佳眺望點

🚋電車12或28號於Miradouro Santa Luzia站下，步行約5分鐘；或於無花果廣場搭公車737於城堡門口下 📍R. de Santa Cruz do Castelo ☎21-880-0620 🕐3~10月：09:00~21:00、11~2月09:00~18:00 ⊗1/1、5/1、12/24~25、12/31 💲全票€15、優待票€7.5，里斯本卡免費 🌐castelodesaojorge.pt

即使卸下略為嚴肅的歷史意義，光是為了里斯本第一的360度景觀視野，就值得走一趟聖喬治城堡！

聖喬治城堡的歷史可追溯到5世紀，西哥德人選擇里斯本最高的聖喬治山丘，建立防禦碉堡，後來在摩爾人手進一步修築城牆高塔，1147年葡萄牙第一位國王阿方索收復里斯本後，就將此地作為皇室住所，13~16世紀是城堡的黃金年代，擴充修建工程不斷，這裏是接待外賓貴族和舉行多次加冕活動的場所，直到1511年曼努埃爾一世將皇宮搬遷至商業廣場。1580年後的西班牙統治時期，一直到20世紀初，居高臨下的戰略位置，讓城堡負擔起重要的軍事防衛功能。

城堡觀景台是俯瞰里斯本的最佳位置，腳下紅瓦屋頂的舊城區連接拜薩區的羅西歐廣場，視線繼續延伸，愛德華七世公園像綠色地毯，鋪在現代化大樓之間。建議選擇傍晚參觀，特茹河閃爍金光悠悠流向出海口，4月25日大橋優美的弧度畫出視覺焦點，隨著天色漸暗，城市燈火逐漸點亮，又是另一番讓人不捨離開的風景。

考古遺跡Sítio Arqueológico

這個不大的區域同時展示了三個不同時期的文化活動痕跡。以金屬屋頂覆蓋保護的部分是西元前7~3世紀的村落，鐵器時代的廚房灶台仍依稀可辨識，出土文物則大多收藏在展覽廳；以白牆模擬重建的則是11世紀的摩爾人住宅街區，可看到回教住宅注重隱私與中庭空間的建築特色；中間區塊只剩裸露的建築地基，是15世紀的前主宮殿遺址。此區需跟隨每日固定時段的免費導覽才能入內參觀。開放時間為4至9月每日10:30~18:00，10至3月10:30~17:00。

展覽廳Exposição Permanente

中世紀葡萄牙國王們都居住的阿爾卡克瓦宮(Paço de Alcaçova)，里斯本大地震嚴重損毀後，只能從花園和天井遺址一窺當時宮殿建築型式，現在是餐廳和展覽館。展覽館的入口處有16世紀皇宮的復原圖，內部展示西元前7世紀到18世紀的考古文物發現。

城堡與高塔Castelejo

11世紀摩爾人修築的防禦堡壘，主要為駐紮軍隊的用途，在必要時則作為城中精英階層的圍城。目前仍然留有11座高塔，其中財富塔是收藏皇家財寶和皇家檔案的所在，也是最適合眺望市區的位置，塔中設有投影室(Camera Obscura)，利用鏡像反射和凹凸鏡原理，合成360度的里斯本全景影像。高塔透過城牆彼此相連，中庭有沿著城牆修築的樓梯可攀爬上高塔參觀。

🔆 里斯本與共濟會圖案

漫步於西亞多區，很難不被這棟外觀鋪著黃色與橘色手繪瓷磚的建築吸引。樓房建造於大地震後的1864年，除了一樓外，立面與隔壁相鄰建築的啤酒廠(Cervejaria Trindade)內部，全由畫家路易斯·費雷拉(Luis Ferreira)所設計，因此被稱為費雷拉之家(House of Ferreira the Sign Painter)。

仔細觀察立面圖案，充滿著許多共濟會(Freemansons)符號與寓言，正中心放著三角形全視之眼(Eye of Providence)，古典人物分別代表著土地、水、工業、商業、農業、科學各個領域。此外，相鄰的啤酒廠內部目前已改裝成餐廳，內部也可看到類似的圖案。

Casa do Ferreira das Tabuletas
📍P.60C3 🏠R. Trindade 30
Cervejaria Trindade
📍P.60C3 🏠R. Nova da Trindade 20 C ☎21-342-3-506 🕐12:00~00:00 🌐www.cervejariatrindade.pt

MAP ▶ P.58E3

法朵博物館

MOOK Choice

Museu do Fado

唱出靈魂樂音

🚇地鐵藍線於Santa Apolónia站下，步行約7分鐘 ⬆Largo do Chafariz de Dentro, N.º 1 ☎21-882-3470 🕐週二至週日10:00~18:00(最後入場時間17:30) 🚫週一、1/1、5/1、12/25 💶全票€5、優待票€2.5，里斯本卡免費 🌐www.museudofado.pt

許多人對法朵的第一印象都來自文・溫德斯的電影《里斯本的故事》(Lisbon Story)，片中敘述一個老錄音師與葡萄牙國寶級樂團「Madredeus(聖母合唱團)」在里斯本發生的故事，這部電影也扮演將法朵音樂介紹給全世界的重要角色。

在法朵博物館中，音樂才是主角，參觀者會拿到一副導覽設備，入口處三層樓高的名人牆，就是開啟法朵世界的鑰匙，只要輸入照片旁的號碼，就能聽到不同歌手的吟唱。法朵的歌詞如詩，一首歌就是一個故事，描述對平實生活的渴求、對逝去親人的思念、以及愛情中的背叛、失望和忌妒。在法朵的演唱術語中有Saudade一詞，意思是渴望，就是指唱出歌者最深沈的靈魂，沙啞的歌聲傳達生命的刻痕，即使聽不懂葡萄牙文歌詞，也能感受那壓抑的力量間宣洩出豐沛情感，時而婉轉低迴，時而盪氣迴腸。

兩層樓的展覽空間以影片、圖片和音樂深入介紹法朵的發展歷史、演唱場合、傳播方式，可以看到彈奏法朵使用的不同樂器及各式吉他，聆聽著名歌手的名曲，包含「法朵皇后」Amalia Rodrígues的歌聲，以及近代最受歡迎的女歌手Dulce Pontes和Misia的詮釋。

將葡萄牙民謠推向國際的歌后
Amalia Rodrígues

出身阿爾法瑪貧民區的Amalia Rodrígues自4、5歲時即在街頭賣唱，為家庭賺取微薄收入，嚐遍人情冷暖。然而她天生的好歌喉終未被埋沒，從街頭到酒吧，最後於1930年代開始職業歌唱生涯，她那歷經生活磨練而成的深沉情感、寬廣的音域及完美的歌唱技巧，讓她一炮而紅成為法朵音樂的當紅歌手。但讓她名留青史的是她成功將傳統貧民區訴說哀傷的法朵音樂與學院裡流行的輕快民謠式法朵結合，以創新的形式擄獲各階層人們的心，更將法朵音樂推向國際！也難怪這位縱橫葡萄牙歌壇半世紀的天后於1999年逝世時，葡萄牙政府不但舉行國葬，還舉國哀悼3日，稱其為「葡萄牙的聲音」一點也不為過。

享受里斯本法朵之夜
Enjoy Fado in Lisbon

到葡萄牙旅遊，一定要體驗一次現場聆聽法朵音樂的魅力。阿爾法瑪、賈梅士廣場附近的巷弄內有數不清的法朵餐廳與酒吧，人聲鼎沸直到深夜，許多法朵樂手每天晚上輪流在各餐廳酒吧間趕場表演。中高檔的法朵餐廳大都以最低消€25以上起跳，表演大多安排在晚上8至9點開始，音樂與餐飲的品質兼具，當然也有較親民的選擇，消費一杯飲料就可以聽到動人心弦的歌聲。

Tasca Do Chico
🅟P.60B3 🚇地鐵綠線或藍線於Baixa-Chiado站下，步行約10分鐘 🏠R. do Diàrio de Notícias, 39 📞961-339-696 🕐19:00~02:00

這間店面雖小，但氣氛十足的法朵小酒館位於阿爾圖區，提供酒類飲品和下酒小食。每到了夜晚，這裡總是擠滿各色各樣的人，只要點一杯飲料，就可以免費欣賞法朵音樂。牆壁上掛滿了足球標語以及老闆與名人的合照，還包括已經過世的知名美食家安東尼波登(Anthony Bourdain)，因為小酒館曾在波登的節目中現身。法朵演唱大約在20:00以後才開始，由各種類型的法朵歌手輪番上陣，這裡的座位有限，又沒有限制時間，往往需要排隊很久，最好提早前往。

Retiro Dos Sentidos
🅟P.60B3 🚇搭乘地鐵於Baixa-Chiado站下，步行約6分鐘 🏠Rua Diário de Notícias 40 A 📞925-935-014 🕐10:00~02:00

錯過了用餐時間也不用擔心，精彩的阿爾圖和西亞多越夜越美麗！Retiro Dos Sentidos是間可以一邊用餐一邊欣賞法朵演出的葡式餐廳，位於知名法朵酒館Tasca do Chico的正對面，暫時擠不進總是大排長龍的酒館，不妨先進來安撫一下五臟廟。店內提供多樣化的葡國料理，餐點味道中規中矩，法朵歌手遊走於餐桌之間，時而激昂、時而婉轉的歌聲為道地庶民氣息加不少分。

Clube de Fado
🅟P.60E4 🚇搭乘電車28號於主教堂Sé站下，步行約5分鐘 🏠Rua de Sao Joao da Praca 92 📞21-885-2704 🕐19:30~01:00 🌐www.clubedefado.pt

Clube de Fado是阿爾法瑪區的知名法朵餐廳，老闆馬里奧(Mario Pacheco)是曾在國內外表演過的著名吉他手，大廳中擺滿著名歌手、名人與老闆的合照，還包括葡萄牙足球金童羅納度(Cristiano Ronaldo)拿著吉他的加持照。法朵音樂在圓頂的餐廳內演奏，可以一邊用餐一邊聆聽完整編制的法朵音樂，演唱約在21:30才開始。若已經用過晚餐，也可以付最低消費額度入場聆聽。

Restaurante Casa de Linhares
🅟P.60E4 🚇搭乘電車28號於主教堂Sé站下，步行約8分鐘 🏠Beco dos Armazéns do Linho 2 📞910-188-118 🕐20:00~02:00 🌐www.casadelinhares.com

位於阿爾法瑪舊城區的山坡下的老建築內，內部圍繞著石牆與壁爐，裝潢得古色古香，點上蠟燭後，有種讓人進入中世紀的氛圍。法朵音樂就在餐廳中央的空地開始，駐唱與伴奏的音樂家均為水準以上，哀怨的歌聲與音樂迴盪在偌大的空間中，是適合享受一頓高質量美食與音樂的好地方。聆聽演出的門票€15起，餐點和飲品另計，週末假日需要提前預訂。

MAP ▶ P.58D2

聖文森教堂與修道院

São Vicente de Fora

歷任君王的安息之地

🚃搭乘28號電車於São Vicente de Fora站下車,步行約1分鐘 🏠Largo de São Vicente Mosteiro de São Vicente de Fora 📞21-881-0559 🕐10:00~18:00(最後入場時間17:00) 🚫1/1、復活節週末、5/1、12/25~26、12/31 💲全票€8、優待票和持里斯本卡€6 🔗mosteirodesaovicentedefora.com

有著兩座鐘樓的聖文森教堂與修道院,最早是為了紀念1147年葡萄牙建國國王阿方索一世趕走摩爾人奪回里斯本而建造,西元1582年義大利建築師Filippo Terzi重新設計修建,最終於1627年完工,外觀是文藝復興風格的建築,內部入口處放著聖文森的雕像。當西元1173年聖文森被封為里斯本守護聖人時,他的遺物也從葡萄牙南部阿爾加維運送到這裡,所幸教堂旁的修道院在1755年的大地震也倖免於難。修道院內有安葬葡萄牙布拉干薩王朝(Bragança)君王的祠堂,迴廊裡的藍瓷也十分令人驚豔。

MAP ▶ P.58D2

小偷市集

Feira da Ladra

跳蚤市場尋寶趣

🚃搭乘電車28號於São Vicente de Fora站下車,步行約4分鐘 📞218-170-800 🏠Feira da Ladra, Campo de Santa Clara 🕐每週二、週六09:00~17:00 ❗市集扒手不少,需留意自身財物

離聖文森教堂不遠處的小廣場,每週二與週六一早就人聲鼎沸。小偷市集就是里斯本的二手市集,人們把平日用不著的東西拿出來賣,從各式陶瓷、餐具、衣服、手工藝品、古董、紀念品等等應有盡有,充滿驚喜。熱愛尋寶的遊客,最好早點前往,因為市集大概下午4點左右就會陸續收攤。如果有人很不幸地在市區被扒了手機與物品,據說來到小偷市集就有可能買回失物喔!

尋找城市象徵—烏鴉與船

傳說里斯本的守護聖人聖文森的遺體從阿爾加維運至里斯本時,船上有兩隻烏鴉徹夜守護,所以烏鴉和船(Two Ravens and a Ship)就成了里斯本市的象徵,市徽也因此而生。市區各公共建設如路燈、垃圾桶等都可見到這個圖案,眼尖的朋友不妨找一找喔!

壯麗的里斯本天際線Spectacular Skyline in Lisboa

紅瓦屋頂鱗次櫛比沿山壁層層疊疊，道路盡頭沒入波光閃閃的特茹河，各處教堂尖塔不甘隱沒地突破天際線。里斯本由七座丘陵組成，市區觀景台也特別多，不管是陽光普照、海風徐徐的白天，或是傍晚夕陽時分，層次豐富的都市景觀總能吸引當地人和遊客逗留。

市區觀景台大多集中於阿爾圖和阿爾法瑪舊城區，每個觀景台各有特色，瞭望角度也不盡相同。例如：聖喬治城堡擁有360度視野，但須付費進場，而鄰近主教堂的聖露西亞觀景台(Miradouro de Santa Luzia)有浪漫的花棚柱廊，是欣賞特茹河夕陽的好地點。

太陽門廣場觀景台Largo Portas do Sol

太陽門廣場除了是進入阿爾法瑪區的入口之一，能將舊城區的美景盡收眼底。廣場上設有咖啡座，雖然景色不如聖喬治城堡360度視野那麼壯觀，但能愜意的一邊喝咖啡、一邊觀賞日落，在阿爾法瑪逛累了，正好可以來這裡歇歇腳。

🏠阿爾法瑪Alfama 🗺P.60E3 🚃電車28號於Largo Portas do Sol站下車即達

恩寵觀景台
Miradouro da Graça

位於聖喬治城堡北方，恩寵聖母教堂附近的恩寵廣場上(Graça)，能盡覽阿爾法瑪區和聖喬治城堡。

觀景台四周有松樹環繞，比起其他觀景台更加涼爽，恩寵聖母教堂旁還有大片綠地、花園和咖啡座。

🏠阿爾法瑪Alfama 🗺P.60E2 🚃電車28號於Rua da Graça站下，步行約3分鐘

山上聖母觀景台Miradouro De Nsa. Senhora Do Monte

舊城位置最高、視野最廣的觀景台，位於聖喬治城堡後方的另一座山丘上，緊鄰純白小巧的山上聖母教堂(Capela de Nossa Senhora do Monte)，可以眺望整個拜薩區、阿爾圖區、聖喬治城堡、特茹河及4月25日大橋。這裡也是欣賞日出的好地點，建議於上午順光的時間前往。

🏠阿爾法瑪Alfama 🗺P.58D2 🚃電車28號於Rua da Graça站下，步行約5分鐘

聖佩德羅觀景台
Miradouro de São Pedro de Alcântara

里斯本最有人氣的觀景台之一，位在Gloria纜車站旁邊，還能順便體驗搭纜車的樂趣。觀景台本身設計成雙層公園，草地上躺著悠閒日光浴的歐洲遊客或本地人，總是有街頭藝人在此表演，可以欣賞拜薩區一路延伸到聖喬治城堡的里斯本東半部城市景觀。

🏠阿爾圖Bairro Alto 🗺P.58C2 🚃Gloria纜車站旁邊

拜薩Baixa
聖加斯塔電梯
Elevador de Santa Justa

和聖佩德羅觀景台的景觀類似，但更貼近市區，居高臨下俯瞰羅西歐廣場幾何地磚的最佳位置，建議一大早前往，可避開排隊的人潮，360度的視野讓人讚嘆。需買票進入觀景台，也可使用Navegante 24小時卡或里斯本卡。

🗺P.60D3 🚇地鐵綠線至Rossio站下，步行約3分鐘

愛德華七世公園 Parque Eduardo VII

前景是法式公園綠地，中景有昂然站立於紀念碑上的彭巴爾侯爵雕像和綠色腰帶一般的自由大道，遠景是閃爍藍寶光澤的特茹河。站在愛德華七世公園的頂端，有一種國王巡視領土的暢快感。

🏠新城區 Praça Marquês de Pombal&Around 🗺P.58B1 🚇地鐵藍線或黃線至Marquês de Pombal站下，步行約10分鐘

阿爾法瑪區周邊Alfama Around

MAP ▶ P.58E2

國立瓷磚博物館

MOOK Choice

Museu nacional do Azulejo

拼貼方寸藝術

🚇地鐵藍線於Santa Apolónia站下，轉乘巴士718、742、759號於門口下車 🏠R. Me. Deus 4 ☎21-810-0340 🕐週二至週日10:00~13:00、14:00~18:00(最後入場時間17:30) 🚫週一、1/1、復活節、5/1、6/13、12/25 💲全票€8、優待票€4。里斯本卡免費 🌐www.museudoazulejo.pt

對葡萄牙瓷磚發展史有興趣的人，千萬不可錯過坐落在聖母修道院(Convento da Madre de Deus)內的國立瓷磚博物館。在這裡可以好好欣賞從15世紀到現代，葡萄牙瓷磚發展的過程與花樣的演變。

博物館內的瓷磚依年代分區展示，15世紀的摩爾式磁磚色彩鮮豔、幾何圖案充滿回教風味；16世紀的瓷磚多由當代畫家繪製，以宗教題材和宮廷畫為主，筆觸細膩，藝術價值高；17世紀有許多民間工匠的作品，常民生活百態、動物花鳥、神話風俗都是瓷磚畫的常見題材；18世紀則加入街景、地圖等主題，其中最經典的是一幅里斯本市區全景圖，全長23公尺，描繪1755年大地震前的市容；而近代的瓷磚融入現代藝術創作元素，表現方式更多元。

聖母修道院是在1509年時由胡安二世(Joãn II)皇后雷奧諾爾(Dona Leonor)創立的，該建築最初的風格是採曼努埃爾式，後來又增加了一些文藝復興和巴洛克世的建築。除了各式各樣的瓷磚，美術館旁的聖安東尼奧禮拜堂(Capela de Santo António)，重建於1775年地震後，為葡萄牙代表性的巴洛克建築。

聖安東尼奧禮拜堂Capela de Santo António
禮拜堂內部金碧輝煌，天花板上鑲著金框的畫作，包括國王胡安三世和(JoãoIII)和皇后凱薩琳(Catherine of Austria)的肖像。教堂裡的其他幾幅輝煌的畫作則描繪了聖母以及聖徒的生活，四面牆壁皆是經典的大型藍瓷藝術。大地震後又增添了華麗的洛可可風格祭壇。

用磁磚說故事

在葡萄牙各地旅行，無時無刻都可見到瓷磚的影子，從火車地鐵站、餐廳、教堂、修道院到一般房舍的外牆、路標等，磁磚無疑是建構葡萄牙文化印象的重要元素。

葡萄牙瓷磚(Azulejo)來自於阿拉伯語的az-zulayj，意思是磨亮的石頭，指的是大小約11~18平方公分，畫滿圖案的小磁磚，也就是摩爾人的馬賽克藝術。15世紀時，磁磚藝術在西班牙的安達魯西亞地區發展，1503年，葡萄牙國王曼奴埃爾一世(Manuel I)造訪西班牙塞維亞(Seville)，帶回磁磚彩繪，大量運用於辛特拉宮的裝飾，此後，葡萄牙人融入自己的藝術和技巧，將磁磚變成畫布，發展出屬於葡式風格的瓷磚。

葡萄牙瓷磚最早是承襲摩爾人的形式，顏色以白底藍色為主，兼有黃、綠、褐等色彩。16世紀時義大利人發明了majolica工法，可直接將顏料塗在濕陶土上，帶動17世紀的葡萄牙瓷磚風潮，他們大量的在公共場合以瓷磚裝飾建築物，尤以修道院和教堂最為顯著。到了18世紀，全歐洲沒有一個國家像葡萄牙般地生產多樣化的瓷磚！其中巴洛克式的藍白瓷磚被公認為是最好的品質。

里斯本全景Panorama of Lisboa

國立瓷磚博物館內最吸引人的亮點之一，館藏位於建築物頂樓，這幅長達3.6公尺的里斯本全景瓷磚畫由1,300幅瓷磚組成，不僅長度驚人，還生動地描繪了1755年大地震發生前的里斯本。

特茹河沿岸

MAP ▶ P.58A4

Lx Factory

MOOK Choice

文青與創意的集散地

🚋 搭乘15E電車至Estação de Santo Amaro站下，步行約6分鐘 📍 R. Rodrigues de Faria 103 🕐 週一至週五10:30~22:30，週六日09:00~22:30 🌐 lxfactory.com/en

4月25日大橋下方，佔地23,000平方公尺的區域，19世紀曾是紡織工業園區、印刷廠和食品加工廠，隨著工業衰退、工廠歇業，偌大廠房變成被遺忘的角落。2008年重新開發，轉型為一個充滿創意的藝術文化園區，為藝術家、設計師和創業者提供展示和工作空間，並結合時尚、設計、音樂、潮流選物、書店、餐飲酒吧、小型藝廊等進駐，吸引了許多當地人和遊客，宛如里斯本版的台北松菸和高雄駁二。

頹廢殘舊的工業建築下，色彩繽紛的塗鴉和裝置藝術注入鮮活生命力，其中，被選為全球20間最美書店之一的Ler Devagar，早已成為LX Factory的地標式存在，高達二十幾層的書牆陳列各類書籍，二樓則有大量黑膠唱片，滿足愛書與愛樂者的探索，懸浮空中的自行車裝置藝術，為空間注入另類創意和想像。此外，集合設計品、時尚配件及生活用品的概念店Wish Concept Store，以及專售軟木鞋及軟木相關配件的Rutz也都值得一逛。

特茹河沿岸

MAP ▶ P.58A4

國立古美術館

Museu Nacional de Arte
Antiga(MNAA)

葡萄牙國家寶藏

搭乘電車15E、18E於Cais Rocha站下，走階梯向上，或巴士713、714、727號於R. Janelas Verdes站下車即達 R. das Janelas Verdes 21-391-2800 週二至週日10:00~18:00 週一、1/1、復活節週日、5/1、6/13、12/25 全票€10、優待票€5。特展票價不定 www.museudearteantiga.pt

位在十七世紀阿維爾宮殿(Palácio Alvor)內的國立古美術館，收藏有葡萄牙最豐富的繪畫藝術品，最突出的是葡萄牙早期的宗教藝術珍品。館內大多數展品主要來自1834年葡萄牙自由運動驅逐宗教時，沒收各修道院和教堂的藝術品，大量雕塑品、銀器、陶瓷器收藏品可以一覽葡萄牙12~19世紀的藝術，此外，來自歐洲、非洲和東方的裝飾藝術和傢俱也值得欣賞。

其中最精采的作品之一是由努諾(Nuno Conçalves, 1450~1491)所繪的《聖文森版畫》(Painéis de São Vicente, 1470)，努諾是15世紀受到法蘭德斯畫派影響深遠的葡籍畫家，這幅集體肖像畫在歐洲繪畫中相當特別，可一窺當時社會各階層的葡萄牙人。由左而右是來自阿寇巴薩修道院的西妥會修士、穿著綠色大衣的漁夫、穿著紅色禮服跪在地上的伊莎貝爾皇后、帶著帽子的航海家亨利王子、伊莎貝爾皇后對面的國王阿方索五世、戴紅帽的葡萄牙守護神聖文森、戴鋼盔的摩爾國王、乞丐老人等。此外，館藏亮點還包括聖經故事中的《莎樂美與施洗約翰的頭》(Salomé com a Cabeça de São João Batista)、紀錄16世紀葡萄牙探險家抵達日本後的《南蠻屏風》(Nanban Screen)。

怪名大橋紀念和平抗爭

形似舊金山金門大橋的4月25日大橋(Ponte 25 de Abril)是特茹河上最優雅的線條。這座連接里斯本與對岸阿爾瑪達區(Almada)的橋樑於1966年通車，原名薩拉查大橋(Ponte Salazar)，後來為了紀念1974年以和平手段推翻軍政府的康乃馨革命，便以發起政變的4月25日為大橋改名。在這場革命運動中許多民眾與軍人將康乃馨插在槍管上，象徵以和平手段代替暴力抗爭，這個經典畫面也成為「康乃馨革命」命名由來。

特茹河沿岸

MAP ▶ P.58A4

藝術、建築 與科技博物館

Museu de Arte, Arquitetura e Tecnologia(MAAT)

連結城市與河流的前衛文化地標

🚋搭乘電車15E於Rua Pinto Ferreira站下車，經人行天橋穿越鐵道，步行約10分鐘抵達 🏠Av. Brasília, Belém ☎21-002-8130 ⏰週三至週一10:00~19:00 💲全票€11、優待票€8 ⓦwww.maat.pt/en

　藝術、建築與科技博物館隸屬葡萄牙電力基金會(EDP Foundation)，在充滿歷史感的貝倫區河畔掀起一道前衛浪潮。

　文化園區包含建於1909年的特茹發電廠(Tejo Power Station)、嶄新的當代藝術展館以及戶外公園。藝術館外型優雅流線，呼應波光粼粼的特茹河，如岸邊濺起的水波。英國建築師阿曼達‧萊維特(Amanda Levete)從葡萄牙傳統瓷磚工藝汲取靈感，以15,000片三維切割的陶瓷磚片拼貼立面，反映水色天光的變化，嵌入河畔地景。

　紅磚外型的發電廠改造成電力博物館(MAAT Central)，內部為常設展，透過互動展示和大型工業設備介紹葡萄牙電力發展的歷史。當代藝術館提供一個激發創意、開啟思維的空間，展示全球藝術家的創作，包含使用新媒體和數位技術創作的藝術作品、對環境的反思、對建築的創新見解和未來趨勢的探索等主題。展覽內容時常更換，每次到訪都能啟發不同感受。

特茹河沿岸

MAP ▶ P.58C4

阿爾瑪達與大耶穌像

Almada & Santuário de Cristo Rei

悠閒漫步特茹河南岸

🚢從Cais do Sodré碼頭搭乘渡輪前往Cacilhas，航程約15分鐘
大耶穌像Santuário de Cristo Rei
🚌Cacilhas碼頭旁的巴士站搭乘3001號至Largo Cristo Rei站下 🏠Av. do Cristo Rei, Almada ☎21-275-1000 ⏰7月下旬~8月底：09:30~19:30；7月上旬和9月：09:30~18:45；10~6月：09:30~18:00 💲全票€8、優待票€3 ⓦcristorei.pt/en

　漫步特茹河畔，一定會被對岸高高在上、俯瞰世人的大耶穌像吸引，而大耶穌像所在的南岸，即是里斯本的衛星城市阿爾瑪達。

　這裡氣氛悠閒，古老而狹窄的街道兩旁，維持傳統的葡萄牙建築。你可以漫步其間，感受濃郁的小城歷史魅力，或沿著河岸散步，遠眺里斯本舊城的美麗天際線。晚風徐徐下，選一間河岸小餐廳或酒吧，享受海鮮與愜意。

　阿爾瑪達最重要的景點無疑是屹立山丘頂點的大耶穌像，這座雕像的靈感來自於巴西里約熱內盧著名的基督救世主像，落成於1959年，紀念第二次世界大戰期間葡萄牙的和平。紀念碑高約110公尺，包括高度約28公尺的基座，內部有一座小教堂和紀念品店，搭乘電梯至頂部的觀景台，可以飽覽里斯本市區及特茹河的360度壯麗全景。

貝倫區Belém

MAP ▶ P.58E1

傑羅尼摩斯修道院

MOOK Choice

Mosteiro dos Jerónimos

曼努埃爾式建築典範

🚃 從Cais do Sodré火車站前搭乘電車15號，於Mosteiro dos Jerónimos下 🚇Praça do Império 📞21-362-0034 🕐修道院迴廊：週二至週六09:30~19:30；教堂：週二至週六10:30~17:00，週日及宗教節日14:00~17:00 🚫週一、1/1、復活節週日、5/1、6/13、12/25 💰全票€12、優待票€6。里斯本卡免費，但需要持卡排隊換票 🌐www.museusemonumentos.pt ❗排隊人潮眾多，建議於網站事先購票，並於指定時間前往參觀

走進修道院迴廊的那一刻，除了讚嘆，也找不到第二種情緒了！蜂蜜色石灰岩在雕刻家的手中，竟如工筆畫一般細緻、如蕾絲般優雅。傑羅尼摩斯修道院堪稱曼努埃爾式（Manueline）建築典範，同時也在1983年被聯合國教科文組織列入世界遺產。

為了紀念達迦瑪發現前往印度的航海路線，曼努埃爾一世（Manuel I）下令建造這座偉大的建築，原本是皇室家族舉行葬禮的陵寢，完工後也

作為當時即將出海冒險和征戰水手的心靈祈禱聖地。修道院的興建從1501年開始，直到1572年才完工，建築材料來自當地盛產的石灰岩，設計之初極具曼努埃爾式風格，由西班牙人João de Castilho接手後，轉為早期的文藝復興建築特色，而後在19世紀時又加上了新曼努埃爾式的西翼和鐘塔。精雕細琢的龐大工程需要大量精力與財力，曼努埃爾一世投入當時印度航線的香料稅收，才得以支付工程款項。

當1833年葡萄牙的自由主義運動發生時，所有宗教都被驅逐，一直到1940年以前，傑羅尼摩斯修道院都被當作孤兒院和學校使用。

迴廊Cloister

　　前後歷經三任建築師，1541年才完工的修道院迴廊是傑羅尼摩斯修道院的精華。上下兩層四方迴廊圍繞中庭，繁複華美的浮雕纏繞每一吋圓拱窗櫺，細細欣賞，宗教聖者、皇室家徽、花鳥藤蔓、中世紀神獸、以及曼努埃爾式設計中獨有的航海元素都成了欄杆圓柱上的主角，著實令人大開眼界！

南方大門Portal Sul

　　南方大門是João de Castilho最傑出的作品，層層疊疊的山形牆和小尖塔堆砌華麗細緻，高32公尺、寬12公尺的石灰岩牆面遍佈繁複的雕刻，正上方弧形頂飾的半浮雕描述聖傑羅尼摩斯的故事，左邊雕刻聖傑羅尼摩斯拔出獅子腳上的荊棘，並和獅子成為朋友；右邊是他在沙漠中苦行。大門上方佇立抱著聖嬰的貝倫聖母像，兩扇門之間的柱頂則是恩里克王子。

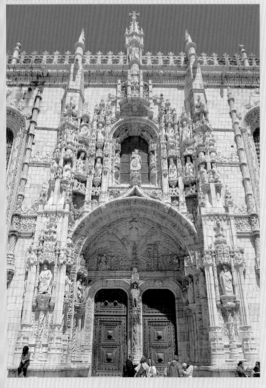

西門

　　出自法國雕刻家尼古拉尚特雷特(Nicolau Chanterene, 1470~1551)之手，大門口左側是國王曼努埃爾一世的雕像，右側是皇后瑪麗亞的雕像。門口上方雕刻著三則聖經故事：天使預告瑪麗亞、耶穌誕生、以及東方三博士的朝拜。

聖瑪莉亞教堂Igreja Sta. Maria Belém

　　教堂內共由一個正廳與兩個側廳組成，廳內的柱子像極了椰子樹般長進了屋頂，並在屋頂上交織出無數幾何圖形網絡，煞是美麗，柱子上雕刻以大海為主題的華美雕飾，交錯的拱門為教堂內部創造了獨特的空間感。

石棺 Tombs

　　葡萄牙歷史上的兩位著名人物沈睡於教堂第一根樑柱下，六隻石獅子托起他們的靈柩，接受世人瞻仰，左側是1489年開闢東方航線，抵達印度的航海家達・伽馬(Vasco da Gama)，右側是創作史詩《盧西塔尼亞人之歌》的16世紀詩人賈梅士(Luís Vaz de Camões)。中殿祭壇內由石象托負的則是國王曼努埃爾一世和瑪莉亞皇后、若昂三世和卡達琳娜皇后的石棺。

貝倫區Belém

MAP ▶ P.58D1

貝倫塔

MOOK Choice

Torre de Belém

探索海洋的起點

🚊從Cais do Sodré火車站前搭乘15號電車,於Largo da Princesa站下 🏠Torre de Belém, Av. Brasília 📞21-362-0034 🕐週二至週日09:30~18:00 ⊘週一、1/1、復活節週日、5/1、6/13、12/25 💲全票€8、優待票€4。里斯本卡免費 🌐www.museusemonumentos.pt

同樣被列入曼努埃爾式(Manueline)建築典範和世界文化遺產的貝倫塔,也是由曼努埃爾一世下令所建造的,宛如中世紀城堡般的造型,略具有摩爾風格裝飾的貝倫塔,其實是一座擔任扼守特茹河口的五層高防禦塔,走進貝倫塔大門,首先看到的就是可安置16個大砲的壁壘,宣告它的防衛功能。

貝倫塔在1514~1520年間建造,這是屬於葡萄牙的輝煌大航海時代,許多冒險家都是由此出發,前往世界各地探險,因此貝倫塔也成為海上冒險的象徵建築物。1580年,貝倫塔不敵西班牙人的攻擊,往後的日子在西班牙人掌控下變成監獄,海水漲潮時,許多關在底層的犯人還因此淹死。拿破崙戰爭時期被毀去一截,1845年才又重修成現在的樣子。

貝倫塔的外觀來的比內部精采,混合著早期哥德、北非阿拉伯和曼努埃爾式風格,塔身上能找到許多曼努埃爾式的裝飾,例如環繞塔身的粗繩索和繩結雕刻,耶穌十字和動植物的裝飾等。北邊角落的小塔下方,可以找到一個特別的犀牛石雕,據推測可能是當時蘇丹國王送給曼努埃爾一世的動物。壁壘的上方是開放式平台,上面佇立著一尊勝利聖母像,這是保護航海士兵的象徵。

貝倫塔附近空曠無遮蔽物,夏季較為炎熱,且內部空間有限,螺旋梯採上下時間管控方式,旺季參觀人潮多,建議一大早就前往排隊。

國力與自信的展現——曼努埃爾式建築

顧名思義,曼努埃爾式(Manueline)建築當然源於葡萄牙國王曼努埃爾一世(Manuel I)時期,15世紀末至16世紀初,曼努埃爾一世透過海外殖民擴張運動使葡萄牙成為歐洲最富有的國家之一,輝煌成果影響建築上的雕刻裝飾,形成葡萄牙特有的建築風格。

曼努埃爾風格是哥德式建築的變體,結合了文藝復興和摩爾建築的影響,以複雜細緻的石雕、富裝飾性且充滿象徵意義的設計著稱,例如繩索、羅盤、地球儀、魚、貝殼、海洋植物等符號常出現在廊柱或門框裝飾上,反映葡萄牙大航海時代的繁榮和探索精神。植物、藤蔓和幾何圖形等也是尖頂拱門和廊柱常見的主角,表現出文化自信和雕塑藝術的技藝。

貝倫區Belém

MAP ▶ P.58E1

發現者紀念碑

MOOK Choice

Padrão dos Descobrimentos

大航海時代的見證

🚊 從Cais do Sodré火車站前搭乘電車15號，於Mosteiro dos Jerónimos下 🏠 Av. Brasília ☎ 21-303-1950 🕐 3~9月：10:00~19:00；10~2月：10:00~18:00 🚫 1/1、5/1、12/24~25、12/31 💲 觀景台與展覽全票€10，優待€5；展覽全票€5，優待票€2.5。里斯本卡免費 🌐 www.padraodosdescobrimentos.pt/en

高56公尺、純白船身造型的發現者紀念碑，是特茹河口最醒目的焦點。航海大發現時期的航海家和貢獻者望向海洋，像凝視著那段不能抹滅的榮光歷史，也像似要提醒葡人繼續探險未來。

佇立在傑羅尼摩斯修道院正前方的發現者紀念碑，是1960年為紀念國王航海家亨利(Infante Dom Henrique, 1394~1460)逝世500週年而建，紀念碑上除了葡萄牙的國徽，昂然為首引領眾航海家的，就是手抱三軌帆船的亨利王子。登上發現者紀念碑頂端，不僅能觀望廣場地面上的大羅盤全貌，還能俯瞰傑羅尼摩斯修道院、貝倫塔、4月25日大橋以及整個特茹河流向大西洋的全景。

航海家雕像

紀念碑東側的重要人物由左而右依序為，半跪著的阿方索五世(Afonso V, 1432~1481)，他首將非洲納入了葡萄牙帝國、第三位則是開拓印度航線的探險家達迦瑪(Vasco da Gama, 1460~1524)、第四位是發現了巴西的佩德羅卡布拉爾(Pedro Álvares Cabral, 1467~1520)、而第五位則是首渡太平洋，完成世界航行的航海家麥哲倫(Magellan)，最後一位跪坐雙手合十的則是前往國外宣教的傳道士法蘭西斯科沙維爾。

航海羅盤圖

紀念碑前方的廣場地面上，有一個大型的航海羅盤圖案，這是1960年由南非贈送給葡萄牙的禮物，羅盤正中央則有代表葡萄牙在15和16世紀航海發現的路線圖，仔細找找，還能在地圖上找到以比例尺來說面積過大的台灣。

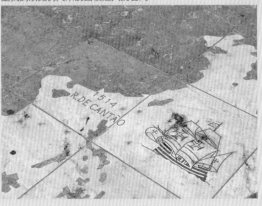

貝倫區Belém

MAP ▶ P.58E1

國立馬車博物館

Museu Nacional dos Coches

金碧輝煌馬車大觀園

🚋 從Cais do Sodré火車站前搭乘電車15號，於Belém下 🏛 舊騎術學校Av. da Índia 136；新館Praça Afonso de Albuquerque ☎ 21-073-2319 ⏰ 舊騎術學校：週三至週一10:00~18:00；新館：週二至週日10:00~18:00 ❌ 1/1、復活節週日、6/13、5/1、12/25 💲 博物館全票€8、騎術學校€5 🌐 www.museudoscoches.gov.pt/en 🎫 里斯本卡免費

國立馬車博物館原本位於隸屬貝倫宮的皇家騎術學校內，為了容納更多館藏，於對街增設嶄新的大型展覽空間，除了展示世界上最豐富的古馬車收藏，也增加特展空間、保存及修復中心、圖書館和餐廳等功能。

博物館展品包含16~20世紀以來葡萄牙、法國、義大利、奧地利及西班牙等國王公貴族所乘坐過的華麗四輪馬車，皇冠造型馬車、遊行專用和節慶專用馬車，甚至有教皇遠從羅馬到里斯本所乘坐的馬車。此外，也展出當時的各種消防設備和消防車。

最古老的是17世紀西班牙國王飛利浦二世和葡萄牙國王使用的馬車，最華麗的是若昂五世送給教宗克勉11世(Pope Clement XI)的馬車，這三輛馬車於1716年在羅馬製造，都有炫目的金漆神話雕像，表現義式巴洛克風格。其中，名為

Oceanos的馬車中間是阿波羅，左右分別為春神和夏神，下面握手的雕像分別代表大西洋和印度洋。在一輛19世紀的黑色馬車上還能找到兩處彈痕，這輛車被稱為Landau do Regicidio，見證了1908年國王卡洛斯一世及王儲回宮途中遭暗殺身亡的歷史。

吃一口就上癮——正宗葡式蛋塔

到底是什麼樣的美味，讓嗜甜如命的挑嘴葡萄牙人鍾愛這家店？又是什麼樣的魔法秘方可以讓世界各地的旅客甘願為此排隊？

葡萄牙自由運動解散許多修道院和教堂之際，原本在修道院負責製作甜點的修士和修女為了討生活，便在市場上販賣蛋塔，其中最著名的一種蛋塔秘方式來自傑羅尼摩修道院西妥會的修士。1837年一位商人多明哥(Domingos Rafael Alvés)當機立斷的買斷蛋塔秘方，在修道院旁開啟這家葡式蛋塔創始店。

貝倫蛋塔體型較小，塔皮不似台式蛋塔酥脆，稍有筋性的塔皮散發麵粉香氣，微微溫熱的內餡入口即

化，濃濃的蛋黃與奶味在口腔內爆炸，足以顛覆你對蛋塔的認知。品嚐原味後，別忘了撒點桌上提供的肉桂粉，讓味覺層次提升至另一個境界！

Pastéis de Belém

📍 P.58E1 🏛 Rua de Belém 84-92 ☎ 21-363-7423 ⏰ 08:00~21:00 🌐 pasteisdebelem.pt

Where to Eat in Lisbon
吃在里斯本

阿爾圖 Bairro Alto

MAP ▶ P.60B3 　　**Bom Garfo**

🚇地鐵綠線或藍線於Baixa-Chiado站下，步行約6分鐘
🏠R. do Diário de Notícias 51 　📞21-594-4881 　🔽
18:00~01:00 　🌐www.bomgarfobairroalto.com

　阿爾圖區是里斯本餐廳酒吧的一級戰場，連續數條街區都是法朵餐廳，可以一邊享用餐點、一邊聆聽里斯本傳統歌謠的現場演唱。Bom Garfo雖然不算最特別的餐廳，但價格平實，提供美味的葡式傳統菜，如烤沙丁魚、海鮮飯等，頗受旅客青睞，看不懂葡萄牙文也沒關係，門口有大張的附圖菜單，動動手指就能點餐。

阿爾圖 Bairro Alto

MAP ▶ P.60C4 　　**Taberna Da Rua Das Flores**

🚇地鐵綠線或藍線於Baixa-Chiado站下，步行約5分鐘 🏠
Rua das Flores 103 　📞21-347-9418 　🔽週一至週六
12:00~16:00、18:00~23:30

　營業時間還沒開始，門口已經有好幾組人排隊，想要了解這家本地人和美食雜誌都推薦的餐館，沒有一點耐心還真的品嚐不到！小餐館充滿濃濃的老式酒館風味，一入座，服務人員立刻搬來小黑版，熱情的解說今日提供的餐點，能吃到什麼就看當天拿到哪一種當季新鮮食材，主要提供葡萄牙從南到北的傳統料理，又以海鮮料

理為主，餐點和調味不訴求創新，卻能感受到主廚面對食材的用心。

阿爾圖 Bairro Alto

MAP ▶ P.60B4 　　**Manteigaria**

🚇搭乘地鐵於Baixa-Chiado站下，步行3分鐘 　🏠Rua do Loreto 2 Largo de Camões 　📞21-347-1492 　🔽08:00~00:00 　🌐manteigaria.com

　里斯本三大蛋塔名店之一，總店位於賈梅士廣場旁，Time Out Market和聖加斯塔升降梯附近也各有一間，此外貝倫、波爾圖也有分店。Manteigaria是受到當地人推薦的蛋塔店，口味上較甜，塔皮酥脆，內餡蛋香與奶油都較濃郁，口感如卡士達般濃稠。狹長型的店面沒有座位，只能立食，可以點杯咖啡，一邊吃一邊隔著玻璃欣賞蛋塔製作過程。

阿爾圖 Bairro Alto

MAP ▶ P.60C4 　　**Sorbettino**

🚇搭乘地鐵於Baixa-Chiado站下，步行3分鐘 🏠Rua da Misericordia 23 　📞21-197-5349 　🕐13:00~23:00 　🌐www.sorbettino.com

　位於賈士梅廣場附近的上坡路段，老闆Selma每日手工製作各種口味的冰淇淋與水果冰沙，廚房就在正後方，以天然與當季食材為賣點，最受歡迎的口味包括芒果、椰子、百香果、海鹽焦糖、開心果、榛果等等。如果不知該如何選擇，Selma會針對你的需求親切地介紹每一種口味的特色。

阿爾圖Bairro Alto

`MAP ▶ P.60B4` **Casa da India**

🚇搭乘地鐵於Baixa-Chiado站下，步行約3分鐘 🏠Rua do Loreto 49 ☎21-342-3661 🕐週一至週六12:00~11:00 ⓕwww.facebook.com/Casadaindiarestaurante

歷史悠久的老店印度之家(Casa da India)賣的不是印度菜，而是道地的葡式料理。餐廳位於上城區賈梅士廣場附近，走在狹小的人行道上，往往會被窗內排滿的燒烤食物吸引，內部裝潢樸實，菜色多樣，從葡式烤雞(Piri-piri Chicken)、各式海鮮如魚、蝦、章魚，以及肉類等等各種選擇，最大賣點為價格實惠、上菜迅速，因此總是客滿。

西亞多Chiado

`MAP ▶ P.60C3` **Cervejaria Trindade**

🚇地鐵綠線或藍線於Baixa-Chiado站下，步行約12分鐘 🏠R. Nova da Trindade 20 C ☎21-342-3506 🕐12:00~00:00，週五及週六至01:00 ⓦwww.cervejariatrindade.pt

葡萄牙最美麗的啤酒餐廳，里斯本大地震後的1836年重新建造於13世紀的修道院遺址上(Santissima Trindade Convent)。餐廳曾經是修道院僧侶的食堂，內部手繪瓷磚與相鄰的費雷拉之家(Casa do Ferreira das Tabuletas)都由畫家路易斯·費雷拉(Luis Ferreira)設計。

西亞多Chiado

`MAP ▶ P.60C4` **A Brasileira**

🚇地鐵線於Baixa-Chiado站下，步行1分鐘 🏠R. Garrett 120 ☎21-346-9541 🕐08:00~00:00 ⓦwww.abrasileira.pt ❗單品價格根據吧台、店內座位和室外座位而異

每個城市都有一間代表性咖啡館，里斯本的首席無疑是巴西人咖啡館。1905年開業以來，一直維持Art Deco裝飾藝術風格，當時，Brasileira就是里斯本的文化中心，知識份子、詩人、作家和藝術家們聚集在此辯思哲學、議論時政、討論創作。葡萄牙最偉大的詩人Fernando Pessoa也是這裏的常客，為了紀念那個文思薈萃的年代，1988年在門口立了一座詩人雕像，現在已成了最受歡迎打卡景點。店內使用巴西進口的咖啡豆，同時也是葡萄牙加強版濃縮咖啡Bica的發源地。

阿爾圖周邊Bairro Alto & Around

`MAP ▶ P.60A2` **Frangasqueira Nacional**

🚇可搭乘巴士202、758、773或電車24E於Príncipe Real站下，步行約4分鐘 🏠Travessa Monte do Carmo 19 ☎936-224-182 🕐週二至週日11:00~15:00、18:00~22:00 ❌週一 ⓕwww.facebook.com/Frangasqueira

隱藏在小巷中的BBQ燒烤店，提供各種肉類如肋排、香腸、雞、豬等選擇，還可另外搭配沙拉、橄欖、飯等小點。師傅現點現烤，並淋上獨家醬汁，價格實惠，員工態度友善，因此受到當地人的歡迎。店內座位僅能容納5人，且充滿濃厚的燒烤味，因此大部分的顧客都以外帶為主，不遠處的王儲花園正好適合野餐。此外，這裡的手工現炸薯片也是一絕。

拜薩Baixa

MAP ▶ P.60D3　**Casa das Bifanas**

🚇地鐵綠線至Rossio站下，步行約3分鐘　📍Praça da Figueira 7A　📞21-342-3184　🕐週一至週六06:30~00:00　🌐casadasbifanas.eatbu.com

別小看這間無花果樹廣場旁的小店，從早上到深夜，都被里斯本人當作自家廚房。Casa das Bifanas的意思就是「豬扒堡的家」，招牌餐點當然就是大剌剌擺在玻璃櫥窗前迎客的豬排。正宗葡萄牙豬扒堡最能看出簡單中的深蘊，切開外脆內軟的白麵包，豪邁地夾上兩三片厚切豬排，滷過的豬排軟嫩入味，與吸飽醬汁的麵包一起入口，簡直是天作之合，庶民價格、五星美味，怎麼能抗拒再點一個的誘惑！

拜薩Baixa

MAP ▶ P.60D3　**A Ginjinha**

🚇地鐵綠線於Rossio站下，步行約5分鐘　📍Largo São Domingos 8　📞21-814-5374　🕐10:00~22:00　💲一杯€1.5　🌐ginjinhaespinheira.com

Ginjinha是一種葡萄牙傳統的櫻桃利口酒，以葡萄牙白蘭地aguardente為基底，加入酸櫻桃、糖和肉桂等配方浸漬，經過四至五個月發酵，釀出濃烈的櫻桃風味，通常作為餐後消化酒來飲用，在里斯本和奧比多斯（Óbidos）地區非常受歡迎。

羅西歐廣場旁的A Ginjinha據說是Ginjinha創始店，其歷史可回溯至1840年，90年代初期搬遷至現址，早已成為數代里斯本人的集體記憶，無論哪個時刻經過，店外人潮總是絡繹不絕，人手一杯紅寶石般的酒液，小口啜飲著，最後吃下一顆酸櫻桃，感受酒精和香甜直衝腦門的過癮。

拜薩Baixa

MAP ▶ P.60D3　**Confeitaria Nacional**

🚇地鐵綠線至Rossio站下，步行約1分鐘　📍Praça da Figueira, 18 B　📞21-342-4470　🕐08:30~20:00　🌐www.confeitarianacional.com

位於無花果樹廣場旁的的Confeitaria Nacional不只是間百年糕餅店，也是城市歷史的一部分。推開核桃木框玻璃門，就是踏進里斯本的19世紀，華麗的金色鏡面天花板、圓弧造型的櫥窗搭配典雅的迴旋樓梯，店內依然維持Balthazar Roiz Castanheiro於1829年創立時的模樣。玻璃櫃中各式各樣的鹹甜點心疊放得整齊誘人，除了百年配方的傳統糕點，最特別的是無花果口味的蛋塔，勇於嘗試的人可以試試。

拜薩Baixa

MAP ▶ P.60D3　**Marisqueira Uma**

🚇搭乘地鐵於Baixa-Chiado站下，步行約5分鐘　📍R. dos Sapateiros 177　📞962-379-399　🕐11:00~22:30　🌐marisqueirauma.eatbu.com　⚠擺在桌上的麵包、橄欖等小菜價格稍高，若不需要可請服務生收走

與聖加斯塔升降梯僅隔一條小巷，位居市區中心的絕佳地點。這間家族經營的小餐館以澎湃的海鮮飯 (Arroz de Marisco/Seafood rice) 聞名，還未達營業時間往往就可看到排隊人潮，通常需等待10~20分鐘左右才能入座。餐廳空間不大，海鮮份量不手軟，以大蝦、螃蟹、淡菜等材料烹煮，再加上煮的像飯湯的米飯，飽足感十足，也有一人的份量。頗受亞洲遊客青睞，網路評價兩極，菜單也有韓文、中文版本。

MAP ▶ P.60D3 | **Café Nicola**

🚇搭乘地鐵於Rossio站下，步行1分鐘 🏠Praça Dom Pedro IV 24-25 ☎21-346-0579 🕐08:00~00:00

Café Nicola的歷史可追溯到1787年，當時由一位叫做Nicola的義大利商人經營，曾是文學和政治圈菁英的聚會場所，詩人Manuel Barbosa du Bocage就是這裡的常客，現在店內還有詩人的雕像做為紀念。接下來的百年時光幾經易主，1929年後重新裝潢改名，才成為現在看到的新藝術風格。正對羅西歐廣場的戶外座位區是遊客的最愛，Café Nicola也供應正餐，以葡萄牙菜為主，包含牛排、螃蟹、海鮮飯等，有時週末晚上還會有Fado表演。

拜薩Baixa

MAP ▶ P.60D4 | **Pizzeria Romana al Taglio**

🚇搭乘28號電車於Rua da Conceição下，步行1分鐘 🏠Rua da Conceição 44 ☎21-886-2715 🕐11:00~23:00 🌐www.romanapizza.it

里斯本處處是美食，就連大街旁的披薩店也讓人為之驚艷。這裡的創新披薩尺寸是約手掌大小的長方形，餅皮酥脆又有嚼勁，餡料包含雞肉、火腿、乳酪、蘑菇、番茄、茄子、彩椒與芝麻葉等各種經典組合，還有專門為素食者設計的菜單。一片披薩約€3~4間，價格實惠，無論當作點心或正餐都很適合。店內狹小，座位僅能容納4人。

拜薩Baixa

MAP ▶ P.60B5 | **里貝依拉市場 (Time Out Market)**

🚇地鐵綠線至Caís do Sodré站下，步行約3分鐘 🏠Av. 24 de Julho 49 ☎21-060-7403 🕐10:00~00:00 🌐www.timeoutmarket.com

2014年由英國Time Out雜誌接手後改造的里貝拉市場(Mercado da Ribeira)共有超過50間的攤位，從酒吧、海鮮、漢堡、乳酪、甜點到各類紀念品如沙丁魚罐頭等等應有盡有。

市場邀來里斯本在地的餐廳與食鋪進駐，最大亮點莫過於兩大名廚Henrique Sá Pessoa的24小時慢烤乳豬、Miguel Castro e Silva的改良葡式傳統菜、Manteigaria Silva肉鋪的伊比利火腿、牛排名店Cafe de Sao Bento、蛋塔名店 Manteigaria等等。如果在里斯本不知道吃什麼，來這邊最能一網打盡美食精華，隨心所欲的搭配所有想吃的種類。

里斯本美食Tips

◎在里斯本想品嚐道地葡萄牙料理一點都不難，拜薩區(Baixa)的羅西歐廣場周邊，往商業廣場方向到Rua da Vitoria之間的幾條街區內，餐廳非常密集；阿爾圖區(Bairro Alto)大多是酒吧、當地人喜愛的小餐館和可欣賞法朵(Fado)演唱的觀光客餐廳；阿爾法瑪(Alfama)的大教堂後方，較多頗有歷史與聲譽的法朵(Fado)演唱餐廳；新城區只要離開自由大道，幾乎都是當地人光顧的餐廳。
◎快餐店和咖啡館通常都從早上營業到深夜，除了咖啡、甜點、早餐以外，也供應各種簡餐，價格平實、上菜速度也比較快，是午餐的好選擇。
◎在餐廳一入坐，服務生就會提供麵包和橄欖、起士，有時還會有炸鱈魚球等小菜，這些都要額外收費，若不需要可請服務生直接收走。

新城區Praça Marquês de Pombal & Around

MAP ▶ P.60D1 ## Cervejaria Ramiro

🚇搭乘地鐵於Intendente站下，步行約5分鐘 📍Av. Alm. Reis nº1 – H ☎969-839-472 🕐週二至週日 12:00~00:00 🌐www.cervejariaramiro.com

以海鮮料理為主的名店，也是里斯本的人氣排隊餐廳之一，特別受當地人與遊客的青睞。餐廳的料理大都以橄欖油、焗烤方式料理，然而海鮮新鮮，口味濃郁，是海鮮控必訪之地。

必點菜單包括焗烤橄欖油老虎蝦(Gamba Tigre Gigante)，價格以秤重計費，巨大的老虎蝦僅以橄欖油和鹽調味，肉質鮮甜，蝦醬濃郁，讓人難忘。此外，橄欖油泡大蒜蝦仁(Amêijoas à Bulhão Pato)、白酒炒蛤蜊(Gambas a la aguillo)也是必點料理，就連桌上沾有橄欖油的烤麵包，也讓人驚奇於其平凡的美味。這裡竟提供八種語言的選擇，可見有多熱門，建議事先透過網站訂位，避開排隊久候。

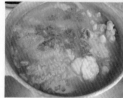

新城區Praça Marquês de Pombal & Around

MAP ▶ P.60C2 ## Cervejaria Pinoquio

🚇搭乘地鐵於Restauradores站下，步行約4分鐘 📍Praca dos Restauradores 79 ☎21-346-5106 🕐12:00~23:00 🌐www.restaurantepinoquio.pt

位於光復廣場與自由大道附近的餐館，地理位置優越，因此用餐時間總是人滿為患，大部分以遊客居多，因此價位也稍高些。這裡提供各式海陸葡式料理，比較值得推薦的有海陸雙拼的蛤蜊炒豬肉(Pork with Clams)、葡萄牙海鮮飯(Seafood rice)。

新城區Praça Marquês de Pombal & Around

MAP ▶ P.60C1 ## Solar Dos Presuntos

🚇搭乘地鐵於光復廣場(Restauradores)站下，步行5分鐘 📍R. das Portas de Santo Antão 15 ☎21-342-4253 🕐週一至週六12:00~15:30、18:30~23:00 🌐www.solardospresuntos.com

如果你想在舒適的空間內享受一頓美食，當地人推薦的葡式料理老店，絕對是首選。Solar Dos Presuntos位於Lavra纜車的起點，店內空間舒適，牆上更是掛著許多顧客與名人合照的照片。經營達45年的餐廳以葡萄牙北方Minho地區菜系為主。雖然天花板上掛著一隻隻的煙燻火腿很誘惑人，但這裡是以出色的海鮮、魚類以及烤肉而聞名，必點菜色包括海鮮飯、烤大蝦、烤鱸魚等。

97

新城區Praça Marquês de Pombal & Around

MAP ▶ P.60D1 | **Pasterlaria Versailles**

🚇地鐵紅線或黃線於Saldanha站下　🏠Av. da República
15-A　☎21-354-6340　🕐07:15~22:00　🌐
grupoversailles.pt

　　走進Pasterlaria Versailles，一時間幾乎忘了點餐這回事，
因為咖啡館的華麗程度會讓你以為來到凡爾賽宮內的房
間，新藝術裝飾、大面積鏡子、水滴吊燈、彩繪玻璃，
細細堆砌出歐洲古典咖啡館的氣氛，從1922年開業以
來，就是里斯本上流社會的社交中心。Pasterlaria Versailles
有自己的烘焙室，蛋糕麵包都是自家食譜，有一定品質
保證，這裏的熱巧克力香滑濃稠，特別受歡迎。

新城區Praça Marquês de Pombal & Around

MAP ▶ P.60D1 | **O Moisés**

🚇地鐵紅線或黃線於Saldanha站下　🏠Av. Duque de Ávila
121　☎21-314-0962　🕐9:00~15:00、19:00~22:00
📘www.facebook.com/omoisesrestaurante

　　想融入在地人飲食生活，O Moisés不會讓你失望！店內
大多是街坊鄰居，熱鬧寒暄的氣氛倍感親切，O Moisés
供應葡式家常菜，新鮮的海鮮魚貝，現點現做的菜餚，
簡單美味。點一盤肥美的烤沙丁魚Sardinhas Assadas，或
是經典的香煎牛里肌配半熟蛋和薯條(Bitoque de lombo
frito)，滿足大口吃肉的慾望，再來杯品質不錯又順口的
House Wine，旅行的疲憊都被療癒了。

阿爾法瑪Alfama

MAP ▶ P.60F3 | **Pastelaria Alfama Doce**

🚋搭乘電車28號於太陽門廣場站(Portas do Sol)下，往下坡
步行5分鐘　🏠R. da Regueira 39　☎933-143-460　🕐週
一至週六08:00~18:30

　　每家糕餅店都有自己獨特的蛋塔配方，位於小巷內的
阿爾法瑪糕餅店也不例外，在蛋塔中加入了些許檸檬
汁，使得其蛋液內餡更爽口不膩，塔皮香脆。這裡也是
當地人日常生活常去消費店家之一，除了獨家配方的蛋
塔外，還包括各種葡式鹹甜手工糕點：椰蓉塔、乳酪蛋
糕等等，與給遊客的觀光區店家相比，價格相對便宜。

98

阿爾法瑪Alfama

MAP ▶ P.60F4 — **Maruto Bar & Bistro**

🚌搭乘巴士206、210、728、773、735、759、794號於Alfândega站下，步行3分鐘 ⬆Rua Cais de Santarem 30 ☎21-594-0993 ⏰週日至週三12:00~22:30、週五和週六營業至凌晨23:30 f www.facebook.com/marutoalfama

距離法朵博物館不遠處的小區幾乎都被當地的小酒館、餐館給佔滿了。小而迷人的Maruto Bar & Bistro就在馬路旁，室內座位雖然不多，但氣氛滿分，是其中最受歡迎的小酒館之一。點杯冰鎮啤酒，搭配經典葡萄牙下酒菜：各式醃製火腿、鹽醃鱈魚、山羊奶酪、蒜腸、章魚沙拉、三明治等等小食，價格實惠，是個值得歇歇腳短暫逗留的好地方。

阿爾法瑪Alfama

MAP ▶ P.60F4 — **Manjerico Alegre Restaurante & Wine Shop**

🚌搭乘巴士206、210、728、773、735、759、794號於Alfândega站下，步行2分鐘 ⬆Rua do Terreiro do Trigo 94 ☎21-053-2846 ⏰週一至週六09:00~23:30 f www.facebook.com/Manjerico-Alegre-Restaurante-Wine-Shop-333682317088607

位於法朵博物館附近的小酒館，適合品嘗各式葡萄酒、啤酒，以及體驗道地葡式點心如炸鱈魚餅(Pastéis de bacalhau /Cod fish cake)，油漬沙丁魚配麵包(Sardine on bread)，或者也可以在這裡享用海鮮與肉類料理，值得一提的是，這裡的沙丁魚使用葡萄牙北部特定地區生產的小批量橄欖油醃製，魚肉完整肥美，絲毫沒有魚腥味，十分美味，許多在地導覽也會把參加美食漫遊的旅客帶來這裡。

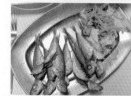
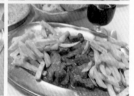

貝倫區Belém

MAP ▶ P.58E1 — **O Prado**

🚋從Cais do Sodré火車站前搭乘電車15號，於Belém下 ⬆Rua Da Junqueira 474 ☎21-364-2412 ⏰週一至週六09:00~02:00 🌐oprado.pt

O Prado是一家貝倫宮旁邊的小餐館，稍微遠離傑羅尼摩斯修道院，不難發現光顧的當地人比例較高，熱情的店員也是一大賣點。位於特茹河出海口的貝倫區容易取得新鮮魚獲，螃蟹、蛤蠣、貝類等都是受歡迎的菜色，此外，燉煮入味的小牛肉(Vitela Estufada)、炸的酥酥脆脆的小鯖魚(Carapauzinhos fritos)也是值得推薦的葡萄牙傳統菜。

貝倫區Belém

MAP ▶ P.58E1 — **Pastéis de Belém**

🚋從Cais do Sodré火車站前搭乘電車15號，於Belém站下 ⬆Rua de Belém 84~92 ☎21-363-7423 ⏰08:00~21:00，7至9月中延長至22:00 🌐pasteisdebelem.pt

創立於1837年的葡萄牙蛋塔始祖，遠遠就可看到大排長龍的隊伍，每日製作上萬個蛋塔，滿足無數從世界各地慕名而來的遊客們，但不用擔心等太久，店面看似不大，內部如平面化的蟻穴迷宮，可同時容納上百人。

正宗的葡式蛋塔必須手工製作，火侯的拿捏必須靠烘培師的經驗，貝倫蛋塔的配方，也是這個行業的機密，蛋塔師傅們必須簽屬終生保密協定。貝倫蛋塔塔皮酥脆，稍有咬勁與麵粉香氣，微微溫熱的內餡入口即化，濃濃的蛋黃與奶味。

拜薩Baixa

MAP ▶ P.60D5 | **Lisbon Shop**

地鐵於Terreiro do Paço站下，步行約3分鐘 🏠Rua do Arsenal, 5 📞21-031-2802 🕙10:00~19:00 🌐www.visitlisboa.com

里斯本旅遊局的官方紀念品商店，位於商業廣場上的旅遊諮詢中心(Ask me Lisboa)正後方。商品項目眾多，從設計感十足的文具用品、精美的瓷磚、沙丁魚造型的紀念品、陶瓷餐盤、花果茶葉、音樂CD、書籍等應有盡有，相較於街上的紀念品店，品質還算不錯。持有里斯本卡部分商品享有10%的折扣。

拜薩Baixa

MAP ▶ P.60E4 | **Conserrveira de lisboa**

地鐵藍線至Terreiro do Paço站下，步行約4分鐘 🏠R. dos Bacalhoeiros 34 📞21-886-4009 🕙週一至週六10:00~19:00 🌐www.conserveiradelisboa.pt

可愛的店面就在距離奧古斯塔拱門不遠處，從1930開業至今已有近90年的歷史，早期以販賣蜜餞的雜貨店起家，之後漸漸轉型成為販賣各式魚罐頭為主的店舖，阿爾圖區也有另一家分店。販賣的魚罐頭種類有上百種之多，沙丁魚、鯖魚、鮪魚，並有原味、辣味、檸檬等各式各樣調味。目前店內販售三種品牌Tricana、Minor、Prata do Mar，如果太多選擇不知如何下手，詢問友善的店員是最快的方法。

拜薩Baixa

MAP ▶ P.60C5 | **Loja das Conservas**

地鐵綠線至Cais do Sodré站下，步行約5分鐘 🏠Rua do Arsenal 130 📞911-181-210 🕙10:00~20:00 📘www.facebook.com/lojadasconservas

Loja das Conservas像是一間收藏魚罐頭的博物館，超過300種的魚罐頭穿上五顏六色的外包裝，讓人眼花撩亂，不知從何下手。Loja das Conservas網羅葡萄牙從南到北的知名魚罐頭品牌，以精品的規格陳列，搭配各自的品牌故事，繞店一圈，就像完成了一趟葡萄牙縱貫旅程。最受歡迎的是沙丁魚和魚卵罐頭，其他還有鮭魚、鯖魚、鰻魚，又依照不同調味方式，分為橄欖油漬、鹽漬、茄漬等。

拜薩Baixa

MAP ▶ P.60D4 | **Silva & Feijóo**

地鐵綠線或藍線於Baixa-Chiado站下，步行約3分鐘 🏠R. Nova do Almada 72 📞21-346-5073 🕙10:00~21:00，週五、六延長至22:00 🌐www.ovalordotempo.pt

活靈活現的懸絲木偶吸引人走進這家創業於1919年的老雜貨店，如果正為了伴手禮煩惱，Silva & Feijóo能提供不少靈感。店內販售許多加入葡萄牙傳統文化元素的雜貨，例如沙丁魚圖案的布織品、花磚等，設計風格復古繽紛，或是在魚罐頭、果醬、橄欖油、櫻桃酒組成的牆面前流連，挑選葡萄牙的在地滋味，無論如何，很難空手離開。

拜薩Baixa

MAP ▶ P.60D3 | **Toranja**

地鐵綠線Rossio站下，步行約3分鐘 🏠R. Augusta 231 🕙10:00~22:00 🌐toranja.com

想入手一些具原創性、獨特性的紀念品，Toranja不會讓你失望。Toranja在葡萄牙各大城市都有分店，專注於與當地藝術家和設計師合作開發原創商品，展現出葡萄牙文化的創新活力和繽紛藝術感。商品種類繁多，從精緻手工飾品、趣味文具、插畫T-Shirt、到獨具匠心的家居裝飾，而且價格合理，滿足各類遊客的購物需求。

西亞多Chiado

MAP ▶ P.60C4 **Vista Alegre**

🚇地鐵於Baixa-Chiado站下，步行約3分鐘 🏠Largo do Chiado, 20-23 ☎21-346-1401 ⏰10:00~20:00 🌐vistaalegre.com

葡萄牙國寶品牌的歷史要從1824年說起，創辦人José Ferreira Pinto Basto獲得國王若昂六世頒發的皇家許可證開設工廠，很快成為皇家御用瓷器，得到皇家工廠的頭銜。Vista Alegre的瓷器如藝術品精緻，手繪圖樣細膩典雅，英國的伊莉莎白女皇與西班牙國王胡安•卡洛斯也都是愛用者。除了高不可

攀的天價系列，Vista Alegre還是有一些平價商品，例如以里斯本和波爾圖為主題的城市系列，就很適合入手。此外，葡萄牙北部阿威羅的近郊小鎮Ilhavo還設有Vista Alegre的博物館，可以深入了解品牌200年的歷史及發展（詳見P.133）。

西亞多Chiado

MAP ▶ P.60C4 **Livraria Bertrand Chiado**

🚇地鐵綠線或藍線於Baixa-Chiado站下，步行約2分鐘 🏠R. Garrett 73-75 ☎21-030-5590 ⏰09:00~22:00 🌐www.bertrand.pt

這是一間被列入金氏世界紀錄的書店，創立於1732年，歷經1755年的里斯本大地震、19世紀內戰，至今依然屹立不搖，是世界上最古老的書店之一。拱形天花板和木製書架之間，無論遊客或居民，各自找到靜謐舒適的閱讀角落，時間在這裡彷彿未曾移動。店內書籍以葡萄牙文和英文為主，也販售自有商品和文具，挑一本喜歡的書，還能蓋上特別的藏書章：「本書購買於全世界最古老的書店。」。

西亞多Chiado

MAP ▶ P.60D4 **A Vida Portuguesa**

🚇地鐵綠線或藍線於Baixa-Chiado站下，步行約3分鐘 🏠Rua Nova do Almada 72 ☎21-346-5073 ⏰週一至週六10:00~19:30，週日11:00~19:30 🌐www.avidaportuguesa.com

A Vida Portuguesa是一個里斯本生活風格品牌，源於創辦人Catarina Portas對傳統葡萄牙產品的熱愛。店內選物包含當地傳統手工藝品、數十年來保持同樣包裝的經典產品等，彷彿葡萄牙傳統生活的縮影，此外，也與眾多優質本土品牌合作開發自有商品，例如：肥皂來自著名的Ach. Brito和Confiança，Bordalo Pinheiro的特色陶瓷燕子等。

A Vida Portuguesa在里斯本有4間分店，除了Time Out Market的櫃位以外，每間店皆選址有歷史的商業空間中，西亞多區這間店曾是里斯本第二古老的書店，A Vida Portuguesa接手百年老店舖，加以整理修復，重回市民生活。在這裡，不僅能挑選獨特紀念品，還能收藏對葡萄牙文化的深刻印象。

阿爾法瑪Alfama

MAP ▶ P.60F3 **Lisbon's Tiles**

🚇電車12號於São Tomé站下 🏠Rua do Salvador 56 ⏰10:00~20:00

如果工廠大量製作的紀念品磁磚已不能滿足你，聖喬治城堡旁邊的小店Lisbon's Tiles，就是那顆點燃興奮感的靈藥。Lisbon's Tiles由一對藝術家姐妹共同經營，裡面陳列的都是獨一無二的手作紀念品，陶土是她們的創意畫布，逗趣小貓、蕾絲圖案的沙丁魚、細緻綻放的花朵都成了牆壁上的主角。

阿爾圖Bairro Alto

MAP ▶ P.60C3 | **Claus Porto**

地鐵綠線或藍線於Baixa-Chiado站下，步行約10分鐘；或搭電車24E於Lg. Trindade Coelho站下車 Rua da Misericórdia 135 917-215-855 10:00~19:00 clausporto.com

在Claus Porto尋找一縷獨特而屬於自己的味道，是一種身心舒暢的購物體驗。Claus Porto是1887年創始於波爾圖的香氛品牌，以香氣調和和產品包裝區分為四大產品線，依照香氣屬性的不同製成香水、乳液、手工香皂、芳香蠟燭等。這間店為品牌在里斯本的第一間直營店，老宅的前身曾是藥局，一樓為商品展示區，地下室的沙龍於每週固定時段為購買香水的男士服務，還有一個小夾層展示品牌歷史。

阿爾圖周邊Bairro Alto & Around

MAP ▶ P.60A2 | **Embaixada - Concept Store**

可搭乘巴士202、758、773號於王儲花園Príncipe Real站下，步行約2分鐘 Praça do Príncipe Real 26 965-309-154 週一至週六12:00~20:00、週日11:00~19:00 www.embaixadalx.pt

王儲花園附近的時尚街區中，最具代表性的建築莫過於這座20世紀的新阿拉伯宮殿(Ribeiro da Cunha Palace)，如今搖身一變，改造成兼容設計品牌、藝廊、中東風情咖啡館與餐廳的複合式時尚購物中心。圍繞著中庭的店家包括了男裝、女裝、精品珠寶、皮件、童裝等各種領域近20種品牌。在古蹟中逛街購物，就算空手而返也是一種享受，每個角落都很好拍。

貝倫Belém

MAP ▶ P.58E1 | **Castelbel**

搭乘電車15E於Centro Cultural Belém站下車 Centro Cultural de Belém, R. Bartolomeu Dias Loja nº 7 912-111-919 10:30~19:00 castelbel.com

Castelbel是創立於1999年的波爾圖香氛品牌，由波爾圖大學的化學教授帶領生化研發技術團隊共同開發，運用「有機物質分離提煉技術」萃取花朵中的香精精華，以天然優質的原料為居家和身體保養增添一抹優雅芬芳。Castelbel不僅品質受肯定，也是顏值擔當，將葡萄牙風景和文化融入產品設計和包裝，「Azulejo」系列從葡萄牙傳統藍白瓷磚汲取靈感，「Olá Portugal」系列呈現城市地標，「Sardinha」的沙丁魚造型洗手皂更是紀念品或伴手禮的熱門首選。

其他區域

MAP ▶ P.60B1 | **哥倫布購物中心 Centro Colombo**

地鐵藍線於Colégio Militar/Luz站下 Av Lusíada 21-711-3600 08:00~00:00，品牌商店於10:00~00:00間營業 www.colombo.pt

喜歡逛街的人，最好留下充分的時間給里斯本規模最大的哥倫布購物中心，超過340間商店，將葡萄牙、西班牙、以及國際知名品牌一網打盡，而Hypermarket等級的大型超市CONTINENTE商品種類齊全，相當適合採購伴手禮，當然，退稅服務已是必備條件。不同於一般購物中心的現代時髦裝飾，哥倫布購物中心結合許多航海主題的佈景，例如葡萄牙航海路徑的地球儀、懸掛天空的飛艇等，血拼之餘不妨欣賞一下。

里斯本購物Tips

紀念品商店大多集中在羅西歐廣場周圍、商業廣場旁的Rua do Arsenal；而品牌店則分佈在西亞多(Chiado)的Rua Carret、王儲花園周圍、拜薩區的Rua Augusta和自由大道；想要找個性化商品，就要在阿爾法瑪的巷子裡繞繞。

Where to Stay in Lisboa
住在里斯本

拜薩Baixa

MAP ▶ P.60D5 **AlmaLusa Baxia/Chiado**

🚇 地鐵綠線或藍線至Baxia-Chiado站下，步行約7分鐘 🏠 Praça do Município 21 ☎ 21-269-7440 🌐 www.almalusahotels.com

光亮的石頭地板鋪陳百年歷史，天花板上木頭橫樑被歲月洗鍊出溫潤色澤，樸拙花磚腰飾圈繞出葡萄牙文化底蘊，AlmaLusa特意保留18世紀的靈魂與骨架，注入當代時尚的新血脈，像市政廳廣場(Município)旁一本值得細細閱讀的精裝書，有職人精雕的封面和溫暖旅人的故事。

AlmaLusa屬於1775年里斯本大地震後重建的建築物，鄰近商業廣場和熱鬧的拜薩區，只要3分鐘就能漫步特茹河畔，地理位置是天生的優異條件，而風格則是AlmaLusa創造的獨特住宿體驗。

傳統與現代的融合，體現在公共空間到房間的每個角落，一樓的歷史可追溯至500多年前，曾是特茹河口到舊城之間的水道，柱子上甚至留有化石遺跡，裸露的石柱旁，幾何黑白桌燈以俐落簡潔的線條點亮一方；客房內原本的壁爐空間置入42吋高畫質電視，搭配古典沙發，變身舒適小客廳，色彩繽紛的花磚則靜靜見證AlmaLusa的前世今生。

精品飯店的格局僅有28間客房，以黑、白、灰、棕定調沈靜質感，仿素描筆觸的壁紙和出自名設計師之手的仿古家俱串連舊空間與新概念，AlmaLusa讓旅客感受歷史，司時享受現代化的舒適，例如：提供葡萄牙高級天然手工皂品牌Castelbel Skin的衛浴用品、英國Revo的床頭音響、Delta的膠囊咖啡、Pedras Salgadas的礦泉水和氣泡水，Deluxe Suit的房型還準備了微波爐及簡易的餐具設備。

在明亮的餐廳享用豐盛早餐是入睡前最大的期待，

AlmaLusa的早餐絕不讓你失望。除了隨意取用的新鮮沙拉吧及各式各樣的麵包，廚房現點現做的培根和蛋，咖啡館品質的義式咖啡，滿意度大大升級。

最貼心的是，每間客房都配備一隻智慧型手機，AlmaLusa已為旅客準備好sim卡，不但可以上網、免費撥打當地電話，甚至包含國際電話服務。AlmaLusa將服務與完美的講究表現在每個細節中，所以總是能創造評價極高的顧客滿意度。

拜薩Baixa

MAP ▶ P.60C5 **Lost Lisbon :: Cais House**

🚇 地鐵綠線至Cais do Sodré站下，步行約5分鐘 🏠 Tv. Corpo Santo 10 ☎ 936-954-426 🌐 www.lostlisbon.pt

Lost Lisbon藏身在靠近特茹河畔的19世紀公寓，入口有點難找，打開木門，天窗照亮老公寓的旋轉樓梯，彷彿走進電影場景。進入三樓的接待區，瞬間豁然開朗，挑高空間裡，大片窗戶灑進一室明亮，深色木樑與木地板為Lost Lisbon的溫暖定調，不同風格的二手傢俱與現代藝術創作混搭得恰到好處，最棒的是，用餐區24小時提供免費的咖啡、茶、優格和水果。Lost Lisbon屬於Hostel，衛浴共用，廚房設備齊全，當地藝術家為每個房間繪製不同主題的壁畫，唯一缺點是沒有電梯，若攜帶大型行李就要衡量方便性。

貝倫Belém

MAP ▶ P.58E1 **Altis Belém Hotel & Spa**

🚋電車15號至Centro Cultural de Belém站下，步行約5分鐘 🏠Doca do Bom Sucesso ☎21-040-0200 🌐www.altishotels.com

16世紀的葡萄牙航海家們從貝倫的港口出發前進世界，現在只要用最輕鬆愜意的姿態，就能共享大航海時代的視野。獲得無數獎項肯定的Altis Belém Hotel & Spa是一間5星級設計旅館，地理位置絕佳，50個房間都擁有大面落地窗或陽台，引入發現者紀念碑、4月25日大橋、貝倫塔等特茹河景，藝術壁畫以非洲、東方和美洲為主題，引領旅客追尋航海家的路徑，米其林一星餐廳Restaurant Feitoria開啟了另一場味覺探險。

新城區

MAP ▶ P.60C1 **Hotel VIP Inn Berna**

🚇地鐵黃線於Entre Campos站下，步行約3分鐘 🏠Avenida António Serpa 13 ☎21-781-4300 🌐www.viphotels.com

Hotel VIP Inn Berna雖然距離觀光舊城區稍遠，但交通方便，緊鄰Entrecampos火車站和黃線地鐵站，不遠處就是大型購物中心Campo Pequeno，房間乾淨，設備齊全，價格也平易近人，是許多團體或商務旅客的選擇。最大特色是飯店的早餐吧相當豐盛，若下榻於此別錯過。

阿爾圖區周邊Bairro Alto & Around

MAP ▶ P.60A2 **Casa do Principe**

🚌搭乘巴士202、758、773號於王儲花園Príncipe Real站下，步行約2分鐘 🏠Nº23, 1 st floor, Praça do Príncipe Real ☎935-743-078 🌐casadoprincipe.com

如果想體驗在阿拉伯宮殿生活的感覺，位於王儲花園附近的Casa do Principe就能滿足這樣的想像。與宮殿改造成購物中心的Embaixada-Concept Store相鄰，Casa do Principe也是一棟類似摩爾式宮殿建築，有著華麗浮雕的天花板裝飾，挑高的空間，大片落地窗，美麗的壁畫與瓷磚。這間高質感B&B僅提供10間客房和4間套房，分別以國王、皇后的名字取名，客房設計古典優雅，飯店位置極佳，附近是充滿生活氣息的時尚街區。

里斯本住宿Tips

◎由於市中心大多是18、19世紀建築，大型飯店和連鎖商務旅館都分佈在新城區和自由大道周邊。拜薩區有不少精品飯店和設計旅店，舊城區則以民宿、背包客棧和公寓為主。

◎公寓是葡萄牙相當盛行的住宿型態，空間大小從附設小客廳的套房，到兩房兩廳的一整層樓都有，特色是獨立進出門戶、擁有可煮食的廚房，感覺上多了一個里斯本的家。

◎公寓住宿價格範圍相當廣，簡易型的就像走進葡萄牙人的中產家庭，高級版如同住進室內設計雜誌。一般訂房網站都能找到出租公寓訊息，比較麻煩的是，沒有接待中心的獨立出租公寓大多需要和屋主或管理者約定抵達時間，離開當天若還要在市區停留，也無法寄放行李。

辛特拉
Sintra

辛特拉坐落在辛特拉山脈的北邊,辛特拉-卡斯卡伊斯自然公園(Parque Natural de Sintra-Cascais)的區域內,被森林與泉水圍繞,自古以來伊比利人對就這片蔥綠森林和絕佳山景愛不釋手,成為宗教的祭祀中心,接續而來的羅馬人和摩爾人也是如此。涼爽的氣候更讓辛特拉成為葡萄牙國王最喜愛的避暑勝地,這裡除了有專給國王居住的夏宮,同一片山區還有許多15~19世紀之間貴族興建的豪宅花園與隱世的修道院。聯合國教科文組織在1995年將此地定為世界遺產城市,也讓辛特拉成為里斯本近郊最受歡迎的一日遊景點。

辛特拉的旅遊重點集中在以辛特拉國家王宮為中心的舊城(Sintra Vila),一般遊客時間有限下,僅能探訪佩娜皇宮、摩爾古堡、摩爾水池(Fonte Mourisca)和舊城內的博物館與商家。如果預計停留兩天,還能搭乘巴士繼續造訪神秘的雷加萊拉莊園、美麗的Monserrate Gardens、Convento dos Capuchos等宮殿花園呢!

INFO

基本資訊
人口：26,193人　**面積**：319.23平方公里

如何前往
◎火車
從里斯本出發前往辛特拉，最方便的方式就是火車，出發站於羅西歐火車站(Rossio)，搭乘通勤火車，直達車約40分鐘，約每20分鐘一班次，假日班次較少。車票單程€2.4，也可直接使用里斯本卡或交通卡Navegante Zapping扣款（詳見P.61）。

火車站在舊城區東方1.5公里的Estefânia區域，步行前往舊城約15分鐘，也可搭乘觀光巴士434號前往。
葡萄牙國鐵 www.cp.pt

市區交通
辛特拉國家王宮周圍的舊城區相當適合徒步逛街，但前往佩納宮或摩爾人城堡的路途較遠，且沿途都是上坡路段，需要一點體力，可選擇搭乘Socctturb營運的循環觀光巴士434號。

巴士434號繞行於火車站、辛特拉國家王宮、摩爾

圖例 ●景點 ◉火車站

搶先上山！避開觀光人潮
辛特拉的道路狹小，夏季觀光人潮常常把唯一的上山道路擠的水洩不通，光是排隊搭上公車就要花掉不少時間，更別論路上的塞車狀況了。想盡可能避開觀光人潮，最好能搭09:00的第一輛公車，一口氣直接前往山頂的佩納宮，參觀完佩納宮後，再步行至摩爾人城堡，最後可選擇從摩爾人城堡內的健行小路散步30分鐘回舊城區，或是搭乘公車下山。

城堡、佩納宮之間，營運時間為09:00~19:00，每5分鐘1班次，單程票€4，24小時票券€13.5，效期內可隨意上下車，車票同時適用前往雷加萊拉莊園或Monserrate Gardens的435號巴士。車票可在火車站售票櫃檯購買，或直接向司機購買。

當地有許多業者提供嘟嘟車Tuk Tuk遊程，可上網詢價預約，若現場洽詢，建議先談妥價格、地點和時間再上車。搭乘Tuk Tuk的好處是比較不會塞車，且可以趕在人潮前提早抵達佩納宮。
Socctturb巴士 www.scotturb.com

優惠票券
◎辛特拉一日交通券Train & Bus
這是葡萄牙國鐵與Socctturb巴士聯合發行的交通票，儲值在Navegante交通卡內。包含無限次搭乘里斯本羅西歐車站往來辛特拉的火車、里斯本Alcântara–Terra至Oriente間的火車、以及辛特拉區域的434和435號巴士。購票可利用里斯本任一火車站的售票機儲值（Sintra line），或於售票櫃台購買。
$€14　www.cp.pt

旅遊諮詢
◎火車站遊客中心
⌂Av. Miguel Bombarda　☎21-193-2545
🕐10:00~12:00、14:00~18:00
visitsintra.travel、www.sintraromantica.net
◎舊城遊客中心
⌂Pç. da República, 23　☎21-923-1157
🕐09:30~18:00，8月延長至19:00
◎羅卡角遊客中心
⌂Cabo da Roca　☎21-923-8543　🕐10~4月：
09:00~18:30；5~9月：09:00~19:30

MAP ▶ P.106B2

摩爾人城堡
Castelo dos Mouros

葡萄牙版小長城

🚌火車站前搭巴士434號至摩爾人城堡下，由國家王宮沿健行步道前往約2公里，沿途為上坡，步行約1小時；由佩納宮步行前往約5分鐘 ☎21-923-7300 ⏰09:30~18:00 ⊗1/1、12/25 💲全票€12、優待票€10 🌐www.parquesdesintra.pt

從佩納宮望向摩爾人城堡，像一條盤踞山頭的巨龍，修築在峭壁巨岩之上，擁有極佳防禦功能。

摩爾人佔領伊比利半島後，大約於10世紀在此興建碉堡，1147年第一任葡萄牙國王阿方索(Afonso Henriques)擊退摩爾人時，也收復了這塊領域，目前看到的城堡結構大多是當時修築的。1775年的里斯本大地震毀壞主要建築，僅留下蜿蜒的石牆、碉堡和階梯，19世紀費迪南二世開始修復工程，1910年被列為葡萄牙國家古蹟保護。

攀爬沿著山稜線而建的城牆，對體力是一大考驗，陡峭的階梯上上下下，有幾分迷你版萬里長城的樣貌，沒一點膽量還真不敢回頭向下看。登上至高點御風眺望，腳下是國家王宮和辛特拉舊城，翠綠的樹林與農田向遠方延展，連接蔚藍廣闊的大西洋。

通往城堡入口的石板小路上，可以看到不少考古遺址，包含12世紀的教堂、摩爾人的住宅、以及中世紀基督教墓地等。

MAP ▶ P.106A2

羅卡角

MOOK Choice

Cabo da Roca

歐洲大陸最西端

🚌火車站前搭乘巴士1253號於Cabo da Roca站下，車程約45分鐘，每20~30分鐘一班次，營運時間約6:30~20:00；或是搭乘往來 Portela de Sintra火車站和 Cascais的1624班於Cabo da Roca站下，車程約35分鐘，約每半小時一班次。💲單程€4.5，上車購票

羅卡角位於北緯38度47分，西經9度30分，這組數字代表歐洲大陸的最西端，而這個140公尺高的海涯上方，除了一大片生態保護區和壯觀的海岸懸崖以外，佇立著一座燈塔和一座紀念碑，面對廣闊無際的大西洋。大老遠從辛特拉來到羅卡角的人，多少都帶點前往「天涯海角」的浪漫情懷吧！

在航海時代發現新大陸以前，這裏曾被認為是世界的最西端，紀念碑頂端是面向大洋的十字架，下方以葡萄牙文雕刻一句詩人卡蒙斯(Camões)的名言：「陸止於此、海始於斯」(Onde a terra se acaba e o mar começa)。

有趣的是，羅卡角雖然是歐洲大陸的最西點，卻不能說是葡萄牙的最西端，因為葡萄牙最西邊的國土其實是亞速爾群島。如果想為這趟旅程留下證明，可以在遊客中心內購買歐洲最西端的到此一遊證明書。此外，從停車場出發，這裡還有一條通往山區以及沿海的步行路線，單程約30分鐘左右。

MAP ▶ P.106B3

佩娜宮

Palácio Nacional da Pena

浪漫魔幻宮殿

🚌火車站前搭巴士434號至皇宮售票口下；或經國家王宮沿健行步道前往約2公里，沿途為上坡，步行約1小時 🏠Estrada da Pena ☎21-923-7300 ⏰皇宮09:30~18:30、公園09:00~19:00 ❌1/1、12/25 💰全區全票€20、優待票€18；公園全票€10、優待票€9。三天前網路購票享15%優惠 🌐www.parquesdesintra.pt ❗購票需指定參觀時間和日期，並於指定時間準時前往，逾時無法進入；里斯本卡9折

色彩飽和的亮黃、赭紅、粉紫宮殿佇立山頭，搭配葡萄牙湛藍澄淨的天空，像頑皮的精靈在森林中打翻了調色盤，邀請遊人走入一場色彩繽紛的魔法幻境。佩娜宮的奇幻混搭風格，比迪士尼城堡還不真實。

佩娜宮建於19世紀，由當時年輕的瑪莉亞二世皇后(Maria II)的夫婿費迪南二世(Don Fernando II)和德國建築師Baron Von Eschwege所設計。原址是一座聖母禮拜堂，西元1503年，曼努埃爾一世(King Manuel I)非常喜歡這裡，於是下令擴建成一座修道院，1755年的里斯本地震將修道院變成廢墟，直到費迪南在1838年將它買下後，才開始整修並增建新宮殿。佩娜宮的修建工程持續到1860年代中期，隨著1910年葡萄牙宣布為民主國家之際，政府將佩娜宮收回做為博物館，讓民眾有機會欣賞到這裡百餘年的宮廷生活與家具。

費迪南本身即是一名水彩畫家，同時十分熱衷新事物和藝術，受到萊茵河畔Stolzenfels和Rheinstein城堡的靈感啟發，加上天馬行空的想像力，完成這座綜合德國新哥德、曼努埃爾式、文藝復興、摩爾式元素的建築風格萬花筒，浪漫主義建築的典範實至名歸。

皇宮的裝潢也同樣風格混搭到不可思議的程度，例如Amélia皇后精雕細琢的房間，摩爾式花紋填滿天花板和牆壁，卻搭配巴洛克式傢俱；由修道院食堂改建的餐廳內，可以看到珍貴的曼努埃爾式天花板搭配19世紀磁磚。

此外，不可錯過的還有擁抱皇宮最美視野的皇后露台(Terraço da Rainha)、鋪滿阿拉伯磁磚的16世紀修道院迴廊(The cloister)、阿拉伯室(Sala dos Árabe)、宴會廳(Salão Nobre)、禮拜堂(Chpela)和接待大廳(Sala de Recepção)。

除了皇宮建築本身，包圍佩納宮的廣闊森林都屬於皇室後花園，85公頃的山丘包含數個浪漫主義式花園、湖泊、溫室、農場等。從售票口到皇宮入口會經過一小段花園，可搭乘接駁車(來回€3)，散步前往約10分鐘，沿途綠蔭遮蔽，相當舒服。參觀皇宮要遵循規劃的動線，旺季時可能需要排隊30~60分鐘。

入口拱門 Entrance Arch

帶有鋸齒狀鉚釘裝飾的拱門，迎接著宮殿入口處的遊客。後方的建築物被漆上了水仙花鵝黃的美麗顏色，穿過拱門就是前往露臺的通道。

阿拉伯室 Sala dos Árabe

宮殿中最吸睛的房間之一，華麗與奇妙的線條覆蓋了天花板與牆壁，造成了一種視覺錯覺，東方元素也是浪漫主義的靈感來源之一。

皇家廚房 Kitchen

用來籌備宴會的廚房中仍留有原始的銅製器具，上面並標示有PP佩納宮縮寫字母，遠方的角落可看到烤箱與爐灶。

崔萊頓拱門 The Triton Arch

新曼努埃爾風格的拱門上方有著兇猛的崔萊頓守衛著，崔萊頓是希臘神話中人身魚尾的海神，周圍裝飾著貝殼、珊瑚的造型。

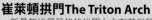

接待大廳 Hall

富麗堂皇的寬敞大廳，搭配著德國的彩色玻璃窗，珍貴的東方瓷器，最初被用來做為接待各國使節使用。

辛特拉國家王宮

Palacio Nacional de Sintra

輝煌歷史見證者

🚌火車站前搭巴士434號至國家皇宮門口下，或火車站步行前往約15分鐘 🏛Largo Rainha Dona Amélia ☎21-923-7300 🕐09:30~18:30 🚫1/1、12/25 💰全票€13、優待票€10；里斯本卡9折 🌐www.parquesdesintra.pt

辛特拉舊城區紅瓦白牆的屋舍中心，兩隻像冰淇淋餅乾圓筒倒放的大煙囪搶走視覺焦點，國家王宮用空間寫下辛特拉長達千年的歷史。

國家王宮原本是摩爾人建給居住在里斯本政府首長的住家，當時稱為Chão da Oliva，1147年第一任葡萄牙國王阿方索(Afonso Henriques)收復里斯本後，這裡就成了葡萄牙國王的宮殿，幾乎每一位葡萄牙的國王和王后都曾在這裡居住過一段時間。1281年狄尼斯一世(Dinis I)開始第一次的修建，之後一直到16世紀中葉前，又陸續經由若昂一世(Joän I)和曼努埃爾一世(Manuel I)的擴建，才造就今日的規模。也因為其歷史定位的重要性，聯合國UNESCO在1995年將此地列為文化遺產。

它除了是葡萄牙僅存的中世紀皇宮，同時也紀錄著輝煌的歷史大事，當初若昂一世為了於1415年派兵到修達(Ceuta)擴建這座皇宮，之後他3歲大的兒子薩巴斯提奧(Sebastião)在這裡加

冕為王；阿方索六世(Afonso VI)被他的胞兄佩德羅二世(Pedro II)禁錮於此6年之久…

仔細一覽國家王宮內部，可以看到摩爾式和曼努埃爾建築的風格，回顧15、16世紀的葡萄牙家具與瓷磚等設計，最精采的包括有保存葡萄牙最古老瓷磚的阿拉伯室(Sala dos Árabes)、摩爾風格禮拜堂中的馬賽克瓷磚地板、以及穆德哈爾風格的橡木雕刻天花板。此外，王宮的另一個特別之處需要抬頭欣賞，每個廳室的天花板圖騰各有玄妙之處，與主人生活息息相關。

皇后的禮物

1287年，國王狄尼斯一世將辛特拉的宮殿、小鎮和周圍土地賜予伊莎貝爾王后(Saintly Queen Elizabeth)，雖然產權仍屬於王室，但王后成為受益者，有權收取地區稅收。一世紀後，將辛特拉王宮和小鎮贈予王后成為一種慣例，葡萄牙的王后們成為廣袤土地的主人，其收入確保她們能夠維持一個「王后府」的開支。

天鵝廳Sala dos Cisnes

　　直到19世紀，天鵝廳都是舉辦宴會、音樂會、公開接待、宗教儀式、甚至是葬禮儀式的地方。天鵝廳繪製了27隻姿態各異的天鵝，據傳若昂一世十分寵愛的女兒伊莎貝爾公主(Isabella)在27歲那年遠嫁勃艮第公爵，若昂一世思女心切，因此於此廳天花板繪製了27隻公主最喜愛的白天鵝以為慰藉。

美人魚廳Sala das Sereias

　　美人魚廳因天花板裝飾得名，曾做為若昂一世及王后(Queen Philippa of Lancaster)使用的皇家更衣室，這間房用來存放衣物、珠寶、銀器等的重要物品。

　　美人魚是宮殿內少見的裝飾圖案主題，另一個裝飾古帆船的房間也相當特別。長型房間據推測是畫廊，天花板邊緣繪製了葡萄牙、鄂圖曼帝國和荷蘭的槳帆船。

鵲廳Sala das Pegas

　　鵲廳的功能是接待權貴和各國大使，每個三角格紋中都有一隻手繪鳥鵲。「鵲廳」背後典故更有趣，相傳是若昂一世與一位宮女接吻被皇后抓到，宮裡開始流言蜚語不斷。國王不堪其擾，就找畫師在天花板畫上與宮女人數一樣的146隻喜鵲，喜鵲爪上抓著一朵皇后菲利帕娘家英國蘭開斯特王朝(House of Lancaster)的家徽紅玫瑰、嘴上啣著寫有「POR BEM(For Good)」的絲帶，以此表達對皇后的重視，希望這些愛嚼舌根的宮人們別再議論此事了，但若昂一世恐怕沒想到他的這個舉動反而讓這則八卦流傳後世啊！

徽章廳Sala dos Brasões

　　金碧輝煌的徽章廳是曼努埃爾式改建的代表，鑲有葡萄牙72個貴族家族的徽章和葡萄牙皇室徽章。

MAP ▶ P.106A1

雷加萊拉莊園

MOOK Choice

Quinta da Regaleira

神秘豪宅的地下迷宮

🚌火車站前搭乘巴士435號，在雷加萊拉莊園(Quinta da Regaleira)站下車後即達；或從火車站步行約25分鐘抵達 🏠 Quinta da Regaleira 9 ☎21-910-6650 🕐4~9月：10:00~19:30；10~3月：10:00~19:30。最後入場皆為17:30 🏠1/1、12/24、12/25、12/31 💲全票€12、優待票€7 🌐www.regaleira.pt/en ❗購票需指定參觀時間和日期，並於指定時間前30分鐘抵達；里斯本卡有8折優惠

雷加萊拉莊園可說是辛特拉最具神秘色彩的地方。19世紀時，這裡曾被富有的雷加萊拉(Regaleira)家族購入，成為名字的由來。然而真正讓它登峰造極的，是1892年買下它的巴西咖啡大亨安東尼·奧古斯多·卡瓦列·蒙特羅(António Augusto de Carvalho Monteiro, 1848-1920)，他還連帶把周遭4公頃的土地一併購入，並聘請義大利建築師路易吉·馬尼尼(Luigi Manini)遵照他的夢想改造，將這偌大的莊園塑造成了一個充滿神祕符號，展現其深奧興趣與熱情的世界。

整個莊園約於1910年翻修完工，包含一棟豪宅、一座小教堂、啟蒙井、以及一座擁有地下迷宮的花園。

五層樓高的豪宅外觀融合了哥德、曼努埃爾、文藝復興等建築風格，外牆上雕刻著卡瓦列·蒙太羅(Carvalho Monteiro)名字縮寫的華麗雕飾，內部則可看到有著巨大壁爐的狩獵室(請留意地板上美麗的馬賽克地磚)、國王室、圖書館、還有可覽盡辛特拉全景的陽台。安東尼奧去世後，莊園於1946年被出售，並多次轉手易主，其中包括一家日本公司，直到1997年，才被市政府購回，並於隔年向大眾開放。

整座莊園宛如一個寓意深奧的遊樂園，隱藏許多讓人推敲的符號，參觀的亮點，莫過於連接大宅與花園的地下迷宮，尤其是利用高低地勢落差設計的啟蒙井(Poço Iniciático/Initiatic Well)。抵達井底後，小型的地下迷宮正式展開，沿著微亮的小燈泡，可以沿著地下通道走出去，象徵了人生起伏，柳暗花明，然而最終仍有走向光明的一日，十分耐人尋味。

外界對安東尼奧與神秘組織的關係有許多猜測，無論如何，他顯然對煉金術、共濟會、聖殿騎士團、玫瑰十字會、塔羅、自然與神祕主義有著濃厚的興趣。在花園各處的設計中，都能看得到神話的象徵符號與聖殿騎士團標誌頻頻出現。如果你也愛熱衷於探索，最好多留點時間探索這座有著神奇又神秘氛圍的莊園。

啟蒙井(Initiatic Well)

啟蒙井深27公尺，一共9層、139階，在迴旋樓梯間，還有20多個以上的神秘壁龕，井底畫著一個八角羅盤，有著不同顏色與中心紅點，據說與煉金術的過程和階段有關。

雷加萊拉小教堂(Chapel)

位於大宅前方的羅馬天主教教堂，內部有華麗的玻璃窗與壁畫，地上有聖殿騎士團的標誌。值得注意的是入口處上方，可以看到的三角形全視之眼(All-seeing Eye)，在1元美金上也找得到，被視為共濟會的標誌。

辛特拉名產與名店

外皮脆薄，內餡帶有甜味與淡淡鹹味的起士塔(Queijada)是辛特拉最知名的點心，從13世紀就開始流傳下來，使用新鮮起士、糖、麵粉製成，口感香甜，很受當地人的喜愛。而另一種杏仁枕頭酥(Traveseiro)也有很高的人氣，以摺疊七次的酥皮包裹蛋黃杏仁餡，再灑上糖粉。市區周圍有許多口味正宗、受到當地人喜愛的名店。

Café Saudade
P.106B1 Av. Dr. Miguel Bombarda n06 21-242-8804 週三至週日08:00~18:00 www.saudade.pt

Casa do Preto
P.106B2 Estrada Chao de Meninos 40 21-923-0436 週一至週五07:00~20:00，週六至週日08:00~20:00

中部地區

中部地區

Central Portugal

文●陳蓓蕾・李曉萍
攝影●周治平・陳蓓蕾

中部地區

A　B

阿威羅 Aveiro
維塞烏 Viseu
阿爾梅達 Almeida
瓜達 Guarda
埃斯特雷拉山
自然公園
Serra da Estrela
Natural Park
科英布拉 Coimbra
蒙桑圖 Monsanto
貝拉 Beira
大西洋 Atlantic Ocean
布蘭可堡 Castelo Branco
巴塔哈修道院 Mosterio da Batalha
托馬爾 Tomar
阿寇巴薩修道院 Mosteiro de Alcobaça
馬爾旺 Marvão
西班牙 Spain
埃斯特雷馬杜拉 Estremadura
歐比多斯 Obidos

圖例 ●景點

中部地區之最
The Highlights of Central Portugal

科英布拉Coimbra

有「葡國劍橋」美譽的大學城，是充滿活力、優雅大器的文化之都，也是葡萄牙中世紀的首都。每年6月畢業季，隨處可見穿著黑色斗篷的學生們在廣場上、酒吧裡歡樂揮灑青春。(P.116)

中部地區是葡萄牙的核心地帶，主要由埃斯特雷馬杜拉省(Estremadura)與貝拉省(Beira)兩區構成。埃斯特雷馬在葡萄牙文中有「邊疆」的意思，自11世紀起，一直是葡萄牙王國與穆斯林對峙的前線，12世紀後，葡萄牙兩次大型的獨立抗爭都在這裡發生，意義非凡。埃斯特雷馬杜拉省平原廣闊肥沃，這裡有著名的婚禮小鎮歐比多斯、被列為世界遺產的巴塔哈修道院與阿寇巴薩修道院，還有被用來關政治犯的大貝倫加島海邊要塞。而身為商業、防禦重地的貝拉省，則顯得地勢崎嶇且多變。由西往東，從緊鄰著大西洋沿岸的細緻沙灘、歷史悠久的科英布拉大學城，穿越中部高原，抵達宛如仙境的巨石村蒙桑圖，繼續向東，前進離西班牙僅25公里的阿爾梅達星狀防禦堡壘，讓人宛如走入葡萄牙高潮迭起的歷史故事。這裡的多元文化豐富迷人，遊覽之際，別忘了品嘗有名的羊奶起士(Serra da Estrela)、烤豬、山羊料理與當地特產的葡萄酒。

歐比多斯Óbidos

歷代王妃們最鍾愛的婚禮小鎮，夏季時四處開滿色彩繽紛的花朵，漫步在鵝卵石的街道上，耽溺於中世紀小鎮的恬靜，就是最美麗的時光。(P.122)

巴塔哈修道院
Mosterio da Batalha

葡萄牙史上最了不起的建築之一，不僅是伊比利半島最迷人的哥德式建築，也是曼努埃爾式建築的極致，精緻的雕刻環繞，彷彿進入了另一個世界。(P.126)

蒙桑圖Monsanto

最具葡萄牙特色的村莊，雲霧繚繞的村子建於半山腰，在圓滾滾的巨石群中，居民就地取材，與環境共存，直接在花崗岩間築屋，奇石美景，整座村落就是個完美的藝術品。(P.144)

科英布拉
Coimbra

這是一座古老的城市，葡萄牙第一任國王阿方索·亨里克(Afonso Henriques)於12世紀將首都從吉馬萊斯(Guimarães)搬遷至此，接著6位國王誕生於此，被列為世界文化遺產的最古老大學也坐落於此。

這也是個充滿活力的城市，一半以上的人口是大學生，青春歡鬧洋溢在廣場、酒吧與街頭巷尾。葡萄牙命運之歌法朵(Fado)在此發展出另一種版本，由學生主唱的法朵更偏向輕盈的民謠，正如科英布拉的特質，以年輕的思維傳承古老傳統。

科英布拉擁有葡萄牙的「牛津」美譽，1290年創立至今仍保持最高學府的姿態，16世紀若昂三世提供皇宮作為大學，從此改寫城市的命運，確立科英布拉在葡萄牙的文化地位。大學盤踞在小山丘的頂端，順著階梯拾級而上，或許有許多穿著黑色學士服的大學生迎面而來，或許你會隨著他們的背影走到舊大學，遊覽舊教堂、新教堂和國立雕像博物館。回到市區後，順著主要購物街R. Ferreira Borges一路開

逛下去，最後在聖十字修道院前的五月八日廣場喝杯咖啡，走入當地人的日常。

黃昏時刻漫步聖克拉拉橋(Ponte de Santa Clara)，橫跨蒙德古河(Rio Mondego)，沿著山丘而建的大學城在夕陽下閃耀玫瑰色澤，而法朵的樂音已不經意從小酒館悄悄流溢到街上…

INFO

基本資訊

人口：約106,582人　**面積**：319.4平方公里

如何前往

◎火車

從里斯本Santa Apolonia火車站出發，搭乘城際快車IC(Intercidade)或高速火車AP(Alfa Pendular)約2.5小時，每小時1~2班次。或從波爾圖Campanhã火車站出發，車程約1.5~2小時，每小時2班次。

科英布拉共有2個火車站，科英布拉火車站A(新站)就在市中心，但科英布拉火車站B(舊站)在市區3公里外遠。IC列車和AP長程高速火車僅停靠B站，可在對面月台轉搭區間車至A站，通常高速火車到站後，都能剛好銜接區間車。

葡萄牙國鐵 🌐www.cp.pt

◎長途巴士

從里斯本巴士總站Terminal de Sete Rios出發，搭乘Rede Expressos營運的巴士，車程約2.5小時，約每30~60分鐘一班次。長途巴士站大約位於火車站A和B之間，步行至市中心約15分鐘。

Rede Expressos

🌐www.rede-expressos.pt

市區交通

舊城區面積不大，除了新聖克拉拉修道院以外，其他景點集中於蒙德古河右岸，可以步行方式遊覽。觀光區集中在大學所在的丘陵處。

旅遊諮詢

◎遊客服務中心

🏠R. Ferreira Borges 20　☎239-488-120

🕐週一至週五09:00~12:30、14:00~18:00

🌐turismodocentro.pt

燃帶節Queima das Fitas

每年五月畢業季就是科英布拉陷入狂歡的日子，為期一週的畢業節慶，每天都是屬於不同系所的畢業日。畢業生穿著學士服、披著像哈利波特中霍格華滋的黑斗篷，在校園、廣場、酒吧和街上聚集歡呼，而最後的高潮就是將代表系所的彩色緞帶丟入火爐中。

這項傳統的緣由是在大學初創時，為了要區別學生所研讀的科目，便在學士服繫上有顏色的緞帶，以紅色代表法律系、黃色代表醫學系、深藍色代表文學系，畢業時各系所會以不同顏色的花車遊行慶祝，最後將緞帶丟入燃燒的火爐中，象徵學生生涯的結束。

科英布拉

聖十字教堂
Igreja de Santa Cruz

科學博物館
Museu da Ciência

卡斯特羅國家博物館
Museu Nacional
Machado de Castro

新主教堂
Sé Nova

Coimbra A
火車站

Praça do Comércio

舊主教堂
Sé Velha

城門
Porta de Barbacã

Largo da
Portagem

往巴士站

Av. Fernão de Magalhães

R. Visc. da Luz

R. São João

R. Estudos

R. Ferreira Borges

R. Alegria

Av. Emídio Navarro

Ponte de Santa Clara

科英布拉大學舊校區
Universidade de Coimbra

喬安娜圖書館
Biblioteca Joanina

往 新聖克拉拉修道院
Convento de Santa Clara-a-Nova

圖例　🔲廣場　✝教堂　🏛博物館
🚉火車站　🚌巴士站　🎓學校

MAP ▶ P.117B

科英布拉大學舊校區

MOOK Choice

Universidade de Coimbra

葡萄牙歷史最悠久的大學

🚶火車站A步行約15分鐘可達 🏠Largo da Porta Férrea ☎239-242-744 ⏰售票處和舊皇宮區09:00~18:00，化學實驗室09:00~13:00、14:00~18:00（鐘塔目前不開放） 休1/1、12/24~25、12/31 💰舊皇宮校區全票€13.5（包含喬安娜圖書館、聖米歇爾禮拜堂、舊皇宮和化學實驗室）。優待票€6.75。門票2日之內有效 🌐visit.uc.pt ❗喬安娜圖書館有參觀人數管制，需預約時段，內部禁止拍照。可在Porta Férrea門口附近的大學訊息中心購票

　科英布拉大學是歐洲最古老的大學之一，1911年以前，也一直是葡萄牙語區的唯一一所大學。

　葡萄牙第一所大學由狄尼斯國王(King Dinis)成立於1290年，直到若昂三世(Joán III)在1537年將大學遷移到科英布拉以前，大學的位置一直在里斯本和科英布拉之間輪替，若昂三世的舉動改寫了大學的歷史並奠定城市的地位。現今大學的中庭露台(Patio das Escolas)，仍可見到若昂三世的雕像面對著大學。

　在摩爾人佔領的時代，舊大學校區是當時城市長官居住的碉堡，葡萄牙第一位國王阿方索(Afonso Henriques)於1130年選擇科英布拉為首都，這裏就順理成章的成為皇宮(Paço Real de Coimbra)，也是葡萄牙最古老的皇宮。

　從12~15世紀以來居住著歷任君王，除了佩德羅一世以外，第一個朝代的君王都在此誕生。此外，在1385年時這裡也是葡萄牙第一次成立國會的地方。在阿方索五世之後，皇宮便被荒廢了許久，一直到了曼努埃爾一世(Manuel I)才開始大肆整修這座被遺棄的皇宮，進而成為當時在歐洲數一數二的皇宮呢！

　最古老的曼努埃爾式大門(Porta Férrea)是進入大學主要門戶。精華參觀區域集中於中庭四周，包含舊皇宮內部的部分區域、建於1728年被大學生暱稱為「山羊」的巴洛克式鐘塔(Torre)、喬安娜圖書館和聖米歇爾禮拜堂。

　若時間充裕，可再步行前往東邊的校區參觀科學博物館，這裡的化學實驗室是葡萄牙最重要的新古典主義建築之一。

儀式大廳Sala dos Capelos

原本是皇宮宴會廳，於1544年改成大學舉辦重要儀式的場所，包含授命教長、開學典禮、博士榮譽勳章等。四周牆面掛滿了歷年來葡萄牙國王的肖像，而精致的天花板也十分的壯觀。

考試廳
Sala do Exame Privado

原是皇宮內國王的臥室，在1544年改建成用來舉辦不對外公開的莊嚴儀式場合。現今的設計是在1701年所做的改變，主要是增加了18世紀修道院院長的肖像，和增加了由José Ferreira de Araújo所繪的精緻天花板。

喬安娜圖書館Biblioteca Joanina

喬安娜圖書館堪稱是世界上最華麗的葡萄牙式巴洛克圖書館，得名源於捐贈人若昂五世，圖書館內懸掛他的肖像，大門口則雕有皇家家徽。

這棟建築於1728年完工，從1777年至20世紀中以前，都作為大學圖書館使用。天花板有三幅以知識、學問為主題的巨型彩繪，書架、木梯都雕飾著複雜的花紋，看的令人眼花撩亂，超過6萬本16至18世紀的藏書極具歷史價值。圖書館的中間層以前是特別藏書區，只開放給特定人士借閱，最底層則是學生違反紀律時，用來處罰的學術監獄。

聖米歇爾禮拜堂Capela de São Miguel

現在的禮拜堂大約建於15~16世紀，大門為曼努埃爾式的設計，內部裝飾則是17~18世紀的風格，以覆蓋所有牆面的藍白瓷磚、天花板上裝飾繁複的繪畫、祭壇和巴洛克式的管風琴最有看頭。

愛吃書蟲的蝙蝠！？

喬安娜圖書館有許多珍貴的百年藏書，為了保護這些脆弱的書籍，除了室內放滿除濕機嚴格控制濕度外，消滅書蟲也成一大重點。據說館方便想出一個奇特的妙招──在圖書館裡養起「吃蟲的蝙蝠」，讓書蟲成為夜行蝙蝠們的宵夜，而書以外的區域則由布蓋起來防止被蝙蝠的排泄物弄髒；參觀時，或許有機會發現那些少數沒睡覺的蝙蝠喔！

bar

舊主教堂

Sé Velha

葡萄牙最好的羅馬式建築

⊙從火車站步行約10分鐘 ⊙Largo Sé Velha ⊙239-825-237 ⊙週一至週五10:00~17:30，週六10:00~18:30，週日和宗教節日11:00~17:00 ⊙€2.5 ⊙www.facebook.com/SeVelha

舊主教堂外觀似堅固的碉堡，被公認為是葡萄牙最好的羅馬式建築，在大主教的管轄區遷移到新教堂(Sé Nova)之前，一直扮演科英布拉居民的心靈寄託。

1162年，第一位國王阿方索在舊有教堂上興建主教堂，主祭壇前方還能看到10世紀初舊教堂建立時的基石。阿方索於此地宣布科英布拉為葡萄牙的首都，他的兒子桑喬一世(Sancho I)也在這裡加冕為王。正門入口雕飾揭示受伊斯蘭文化的影響，華麗的左側門則由João de Ruão所創作，被稱為Porta Especiosa(美麗之門)，是葡萄牙文藝復興式的精品，也是科英布拉藝術及文化水準的代表。

教堂內的墓碑包含有13世紀大主教法埃斯(Dom Egas Fa'es)，與曾是拜占庭公主並且是科英布拉宮廷女教師的薇塔卡(Dona Vetaca)。而哥德式的修道院迴廊氣氛靜謐，每個拱門的山形牆都有不同的圖樣。

MAP ▶ P.117B1

卡斯特羅國家博物館

Museu Nacional Machado de Castro

宗教雕像大觀與地下羅馬城

⊙從火車站步行約15分鐘 ⊙Largo Dr. José Rodrigues ⊙239-853-070 ⊙10:00~18:00 ⊙週一、1/1、復活節週日、5/1、7/4、12/24~25 ⊙全票€8 ⊙www.museusemonumentos.pt

卡斯特羅國家博物館前身是11世紀的主教宮，展示許多傑出的雕塑品，還包括有15世紀後期的葡萄牙繪畫、掛毯、家具等物件。

博物館以出生在科英布拉，18世紀葡萄牙最偉大的雕塑家——Joaquim Machado de Castro(1731-1822)命名。12世紀的修道院迴廊為展示空間提供充足的光線，豐富收藏來自科英布拉地區因1834年的法令而解散的修道院、修院和教堂，以及大學學院和主教區的捐贈，依時間順序展示，包含古羅馬、中世紀、哥德到文藝復興時期的宗教藝術，整個聖克拉拉修道院幾乎都放進博物館中了，其中，又以聖克拉拉修道院的「墓中基督(Christ in the Tomb)」和來自聖十字修道院的「黑基督(Black Christ)」最特別。

隱藏在博物館的地底，是葡萄牙保存最好的羅馬遺跡之一，建於西元1世紀中期。迷宮一般的雙層式走道，推測可能是用來支撐羅馬時期的公共集會廣場。

`MAP ▶ P.117A1`

聖十字教堂

Igreja de Santa Cruz

建國之王長眠處

🚋從火車站步行約10分鐘 🏠Praça 8 de Maio ☎239-822-941 🕐08:30~18:00 💲教堂免費，聖器室和迴廊€4 🌐www.upaeminium.pt

位在購物街Rua Ferreira Borges盡頭的聖十字教堂，是葡萄牙建國之初最重要的修道院，由第一位國王阿方索於1131年所建，除了擁有國家先賢祠的地位，華麗的曼努埃爾式正門更是五月八日廣場(Praça 8 de Maio)上最亮眼的焦點。

聖十字教堂包含教堂、修道院和迴廊空間，最初為羅馬式風格，16世紀以後加入曼努埃爾和文藝復興元素。教堂牆面佈滿美麗的18世紀瓷磚，右邊描述的是聖奧古斯丁的一生，左邊則是神聖的十字架；聖壇兩側雕刻精細的陵寢屬於葡萄牙建國之初的兩位國王：阿方索‧亨里克和桑喬一世(Sancho I)。此外，文藝復興式的講道壇和曼努埃爾式拱頂也值得注意。

聖器收藏室裡展示多幅16世紀葡萄牙畫家的繪畫與聖袍，其中一幅是由16世紀貴族葛維斯可所製的聖靈降臨節(Pentecost)。而迴廊的四周牆上也鑲滿美麗的瓷磚，氣氛十分莊嚴。

`MAP ▶ P.117A2`

新聖克拉拉修道院

Convento de Santa Clara-a-Nova

獻給皇后的修道院

🚋從火車站步行約20分鐘；或是搭乘市區巴士6、14號前往 🏠Calçada Santa Isabel ☎239-441-674 🕐週一至週六08:30~18:30，週日08:30~18:00 💲教堂和修道院迴廊€2，教堂、展覽、迴廊、涼亭全區€5 🌐www.rainhasantaisabel.org

在蒙德古河(Rio Mondego)左岸的新聖克拉拉修道院建於1649年，是伊莎貝爾皇后(Dona Isabel)高雅的墓碑所在地。她於1625年被封為科英布拉的守護聖人，1677年遷棺至此，祭壇除了擺放那銀製的棺木外，還有掛著她曾穿過的衣服；四周18世紀的油畫和木板畫描述她畢生的生活，以及如何將她的棺木遷移到此的故事。來到這裡可以看見葡萄牙人個個虔誠膜拜，遊覽車帶來一車又一車的老先生和老太太，盛況如同台灣的「進香團」。

另外值得一提的是，佩德羅一世心愛的女人英娜斯(Dona Inês)的棺木尚未遷移到阿卡波薩修道院(Monsteiro de Santa Maria de Alcobaça)以前，便是安置於此。參觀完修道院別急著離開，修道院前的平台擁有可俯瞰蒙德古河和大學城的絕佳景觀。

中部地區⋯⋯科 英布拉 Coimbra

歐比多斯

歐比多斯及周邊
Óbidos and Around

歐比多斯位於里斯本北方80公里處，這個距離大西洋不遠的白色小鎮擁有「婚禮之城」的浪漫暱稱，還曾在世界十大浪漫結婚聖地中票選排名第四。歐比多斯沒有精雕細琢的大教堂和非看不可的景點，漫步在石板街道，耽溺於中世紀小鎮的恬靜，就是最美麗的時光。

1148年阿方索從摩爾人手中奪回葡萄牙，歐比多斯就是戰利品之一。13世紀狄尼斯一世(Dom Dinis I)下令整修城堡，在1282年迎娶亞拉岡王國的伊莎貝爾公主(Queen Santa

Isabel)時，將這座小鎮當作禮物，送給新婚的皇后，並在此舉行婚禮，從那時開始，直到1883年以前，歐比多斯和鄰近地區都屬於歷任葡萄牙皇后所有。

歐比多斯保有許多的節慶和傳統，最受歡迎的有3月的國際巧克力節(Festival Internacional de Chocolate)、4月的聖週(Semana Santa)和7月的中世紀市集(Mercado Medieval)，能感受到全城沸騰的歡樂氣氛。

INFO

基本資訊

人口：約11,187人　**面積**：141.55平方公里

如何前往

◎火車

從里斯本Rossio火車站出發，搭乘地區火車約需2.5~3小時，每日7班次。火車站位於靠近城堡東北部，城門外山腳下，步行至城堡的路途雖然是上坡，但風景宜人，約需15分鐘。

葡萄牙國鐵
🔗www.cp.pt

◎長途巴士

搭乘長途巴士前往是比較方便的方式。從里斯本Campo Grand巴士站出發，搭乘Rodoviária do Oeste 營運的綠線快速巴士(Rapidas Verde)，車程約1小時，約每30分鐘一班次。歐比多斯的長途巴士站就在主城門外側。

Rodoviária do Oeste
🔗rodoviariadooeste.pt

市區交通

舊城區面積不大，步行是最好的遊覽方式。若開車自駕前來，城門外有一座收費停車場，而對面有另一座免費停車場。

旅遊諮詢

◎遊客服務中心

📍P.123A1　🔗R. da Porta da Vila 16
☎262-959-231
🕐週一至週五09:00~17:00，週六及假日09:30~13:00、14:00~17:30　🔗turismo.obidos.pt

喝櫻桃，吃杯子

迪雷達大街上，到處都有販售被稱為Ginja的櫻桃酒，這種甜酒起源於一位修士突破傳統，嘗試將歐比多斯地區的酸櫻桃加糖發酵，浸泡釀酒，之後在里斯本和歐比多斯地區大受歡迎。

Ginja口感滑順，氣味香甜，酒精濃度約20%，適合在15~17度飲用，作為開胃酒或餐後甜酒。

歐比多斯的釀酒廠商為了搭上巧克力節的順風車行銷櫻桃酒，發展出用巧克力杯裝酒的喝法，一口飲盡Ginja，再吃掉殘留美酒的巧克力杯，酒香和巧克力的甜味在舌尖混合，品嚐的是一種滿足的幸福滋味。

MAP ▶ P.123A1B1

迪雷達大街
Rua Direita

最浪漫的商店街

🎵 從主城門進入的主街

迪雷達大街是歐比多斯的忠孝東路，貫穿小鎮南北，石板街道兩旁都是紀念品店和餐廳，家家戶戶石灰刷白的牆面上，彩繪晴天藍、檸檬黃的線條，點綴明亮活潑的氣息，小窗台上花開盛艷，枝葉藤蔓攀爬牆面，創造最自然的藝術品，即使是熱鬧的商店街，也瀰漫獨有的浪漫情懷。

迪雷達大街盡頭，有一間聖狄亞哥教堂(Igreja de São Tiago)改裝的書店，內部仍保留原來的教堂格局，知識與上帝並存，相當有趣。對宗教藝術有興趣的話，也可以參觀18世紀市長官邸改建的市立博物館(Museu Municipal)。

MAP ▶ P.123B1

聖瑪莉亞教堂
Igreja de Santa Maria

舉辦皇室婚禮的地點

🎵 從南城門步行約5分鐘可達 ⌂ Praça de Santa Maria ☎ 262-959-633 🕐 4~9月：09:30~12:30、14:30~19:00；10~3月：09:30~12:30、14:30~17:00

聖瑪莉亞廣場(Praça de Santa Maria)旁，擁有文藝復興風格拱門的是聖瑪莉亞教堂(Santa Maria)，內部所有牆面都覆蓋著17世紀的優美藍白瓷磚，令人驚艷。

教堂歷史可追溯至西哥德人，曾是摩爾人的清真寺，直到阿方索國王收復歐比多斯才回歸天主教，現在教堂的模樣是1535年地震後，在凱瑟琳皇后(Queen Catarina)的資助下整修完成。聖瑪莉亞教堂曾作為多位葡萄牙國王的婚禮場地，包括1441年時阿方索五世和他的姪女伊莎貝爾也在此結婚，只是當時阿方索才10歲，而新娘也僅8歲而已。

廣場的噴泉附近有15世紀的曼努埃爾風格的(恥辱柱)，當時會將帶著刑具枷鎖的犯人綁在柱子上，羞辱示眾。柱子上裝飾有漁網造型，這是若昂二世(João II)的皇后雷奧諾爾(Dona Leonor)對挽救溺水王子的當地漁夫所表示的敬意。

MAP ▶ P.123B1

城堡與城牆
Muralhas & Castelo

MOOK Choice

登高眺望小鎮全景

Pousada do Castelo

從主城門步行約10分鐘可達 ⌂Paço Real ☎262-248-980 🌐www.pousadas.pt

南方的主城門(Porta da Vila)是通往歐比多斯鎮上的主要門戶，門廊牆壁上覆蓋著18世紀的青花瓷磚，描繪耶穌受難，拱頂則彩繪花草圖案，這種雙重城門的設計是葡萄牙城堡的經典樣式。進城後順著主城門旁的階梯可登上城牆，這裡提供歐比多斯最佳的拍照角度。

摩爾人興建的城牆包圍歐比多斯小巧可愛的紅瓦白牆，呈現南北走向的狹長三角形，共有6座城門，全長約1.5公里，高12公尺，可以爬上城牆繞小鎮走一整圈，只是高聳的城牆上沒有護欄，行走時需注意安全。

沿著城牆到達位於城鎮高處的城堡，這裡起建於摩爾人統治時，之後經迪尼斯一世和曼努埃爾一世整修擴建，融合多種建築風格，1775年大地震時幾乎全毀，1951年開始才重整為葡萄牙第一間國營旅館(Pousada)，讓旅客體驗中世紀皇室的感覺。

MAP ▶ P.123A1

水道橋
Aqueduto

引進城外甘美水源

位於城牆外南方

站在城牆上朝東南方眺望，長長的水道橋橫跨馬路、穿越葡萄園和果園，向遠方延伸。這座有羅馬風格的水道橋是由16世紀凱瑟琳皇后(Queen Catarina de Áustria)下令建造，全長3公里，透過無數的高架拱門將小鎮南方Usseira的水源引入歐比多斯城內，並在城內興建數個噴泉，以供居民汲水。

MAP▶P.115A2

巴塔哈修道院

MOOK Choice

Mosterio da Batalha (Mosteiro de Santa Maria da Vitória)

未完成的華麗聖殿

🚌搭乘Rede Expressos巴士從里斯本Sete Rios站出發至Batalha，車程約2小時，1日4班次，從科英布拉搭乘Flixbus約50分鐘，搭Rede Expressos巴士約1小時45分；從歐比多斯搭乘Rodoviária do Oeste巴士約2小時，1日1班次；從阿寇巴薩修道院搭乘Rodoviária do Oeste約30分鐘，1日4~6班次。以上週末假日班次銳減，巴士站牌步行至修道院約8分鐘 🏠Mosteiro de Santa Maria da Vitória, Batalha 📞244-765-497 🕐4~10月中：09:00~18:30；10月下旬~3月：09:00~18:00 🚫1/1、復活節週日、5/1、12/24~25 💲全票€10、優待票€5 🌐www.mosteirobatalha.gov.pt

Rede Expressos
🌐www.rede-expressos.pt
Rodoviária do Oeste
🌐www.rodoviariadolis.pt

以淡色石灰岩建造的巴塔哈修道院，佇立在巴塔哈鎮中心，它可說是葡萄牙史上最偉大的建築之一，聯合國教科文組織於1983年將其列入世界文化遺產之列，被認為是伊比利半島最迷人的哥德式的建築傑作。

巴塔哈修道院的修建與葡萄牙14、15世紀的歷史息息相關。卡斯提亞國王胡安一世(Juan I)與葡萄牙公主聯姻，卻虎視眈眈於葡萄牙國王的王位，於是便在1385年派兵攻打葡萄牙。而當時身兼埃維斯騎士團指揮的若昂許下誓言，如果贏得勝利，將興建一座紀念聖母的偉大修道院。最後，葡萄牙人以寡敵眾，贏得這場關鍵的阿爾儒巴羅塔戰役(Battle of Aljubarrota)戰役，確保葡萄牙的獨立地位，若昂也成為葡萄牙國王，為若昂一世(Joào I)。

修道院於1386年開始興建，將近兩個世紀才完工，前後歷經7位葡萄牙國王和15位建築師的努力，展現了從哥德式到文藝復興風格的建築演變，完工後這裡也成為皇家陵寢。其中，教堂、皇家迴廊、創立者禮拜堂、修士大會堂等，都是以火焰形式的哥德風格在1434年完工的，不過在15、16世紀增添的曼努埃爾式建築風格，卻

凌駕整個修道院，搶盡風采。

巴塔哈修道院的興建工程大約1517年告一段落，原因是當時執政的若昂三世(João III)將注意力轉移到托馬爾的耶穌修道院(Convento de Cristo)。1755年的地震和1810年拿破崙軍隊進攻葡萄牙，曾放火焚燒修道院，導致建築嚴重損壞，一度淪為廢墟，直到19世紀斐迪南二世著手修復，才拯救了這個國家珍寶。

創立者禮拜堂Capela do Fundador

位在教堂正廳旁的禮拜堂，建於1426年洛昂一世時期，是一間擁有美麗八角星形天花板的房間，正中央置放著他與英國籍皇后菲莉帕(Philippa of Lancaster)的雙人棺墓。另外在房間的南端則安置他們排行年紀最小的4個小孩墓碑，其中，第一個便是設立第一座航海學校，為葡萄牙奠定航海基礎的航海家亨利王子。

皇家迴廊

雖然皇家迴廊原本以哥德式的建築為主，但真正吸引人目光的，卻是後期增添繁複精緻曼努埃爾式建築風格。迴廊中的每一道拱門上方皆佈滿繁複的曼努埃爾式裝飾元素，如皇家紋徽和扭轉造型的圓柱、象徵航海的船桿、繩索、貝殼和珍珠浮雕等，連角落的食堂洗手台都有如一座華美的噴泉。總而言之，這裡可稱作是葡萄牙結合哥德和曼努埃爾式建築藝術的最佳見證。

未完成的禮拜堂
Capelaas Imperfeitas

這裡是修道院中另一個讓人驚歎不已的建築，沒有屋頂的八角形陵墓內部建有7個禮拜堂，最後一面則是15公尺高的大門，上面刻有繁複的長春藤、荊花、干貝等雕飾。這是由若昂一世最年長的兒子—國王杜阿爾特一世(Duarte I)下令為他自己與家人興建的陵寢，然而國王於1437年染上瘟疫病逝，隔年，主要建築師Huguet也不幸辭世，工程被迫停止。

雖然16世紀曼努埃爾一世恢復修建，並完成雕飾繁複的大門，但最後還是選擇將資金挹注於里斯本的傑羅尼摩斯修道院，沒有拱頂的禮拜堂就成了永遠的未完成。

祈禱室 Sala do Capítulo

整修後的修道院，宗教意義已逐漸淡化，1921年豎立了第一次世界大戰無名英雄墓，安葬兩位因戰爭犧牲的士兵，進一步強化了其作為紀念性建築和國家象徵的地位。修道院內另附設一個小型的軍事博物館。

MAP ▶ P.115A2

阿寇巴薩修道院

Mosteiro de Alcobaça

永不分離的淒美愛情

🚌搭乘Rede Expressos巴士從里斯本出發約1小時40分，1日約8班次；從科英布拉約1.5小時，1日2班次；從歐比多斯搭乘Rodoviária的綠線巴士，約1.5小時，1日6班次；從巴塔哈修道院出發約30~50分鐘，平日6班次，週末2班次，開車自駕需30分鐘 🏠Praça 25 de Abril, Alcobaça ☎262-505-128 🕐4~9月：09:00~19:00；10~3月：09:00~18:00 ❌1/1、復活節週日、5/1、8/20、12/25 💰全票€10、優待票€5 🌐www.mosteiroalcobaca.gov.pt

Rede Expressos 🌐www.rede-expressos.pt
Rodoviária do Oeste 🌐www.rodoviariadolis.pt

　阿寇巴薩修道院是葡萄牙境內最大的教堂，不但以早期葡萄牙哥德式的建築典範聞名，也是歐洲最重要的西妥會(Cistercian)修道院。現今則是被聯合國列入世界文化遺產。

　葡萄牙第一位國王阿方索(Afonso Henriques)曾經立下誓願，如果能擊退摩爾人，他要為西妥會興建一座大教堂。阿寇巴薩修道院從1178年開始興建，一直到1223年才完工，之後不但成為西妥會的根據地，同時也是最高的權利中心，當時修士們耕耘院內的土地，每日過著自給自足和奉獻教會的工作，對外界完全沒有聯繫。據說，最多曾有999位修士居住此處，日以濟夜的舉辦彌撒呢！

　為了符合社會需求，到了13世紀修士們開始興辦學校，17世紀時又轉變成製作陶藝品和雕塑品。不過在1834年時，因葡萄牙的自由主義運動，所有的宗教都被驅逐解散，阿寇巴薩修道院就被修士們遺棄。

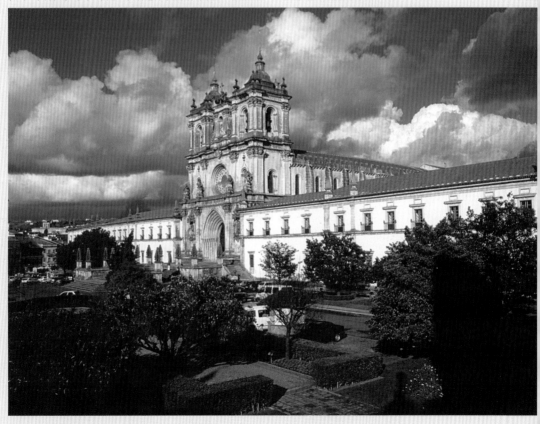

佩德羅一世與英娜斯之墓
Túmulo de D. Irès de Castro

雖然石棺分別位在教堂正廳的南北兩翼，但那一段淒美愛情故事卻緊緊維繫兩人。佩德羅一世在娶卡斯提亞公主歐斯塔娜為妻前，就已經愛上了英娜斯，雖然歐斯塔娜不幸去世，佩德羅一世的父親阿方索卻礙於歐斯塔娜的強勢家庭與王國背景，反對佩德羅一世與英娜斯回復舊日情愛。然而他仍舊不顧反對的搬去科英布拉與英娜斯相聚，最後阿方索使出狠招暗中派人刺殺英娜斯。當阿方索去世後，佩德羅一世便向世人宣稱他與英娜斯已經完婚，並將她的遺體自墓中挖掘出並且戴上皇冠。

雖然這兩座石棺因19世紀時法國軍隊入侵到修道院收刮寶物時受損，但仍舊可看出石棺上精緻的耶穌生平雕塑，尤其是佩德羅石棺底座和英娜斯石棺上的最後審判最為精采。

寂靜迴廊Claustro do Silencio

美麗的寂靜迴廊又稱作是狄尼斯迴廊(Claustro de D. Dinis)，迴廊的一樓雕有花飾窗格的拱門建於14世紀狄尼斯國王執政時，而二樓的曼努埃爾式建築則是在16世紀加上的。值得一提的是，在迴廊西北邊有一間國王廳(Sala dos Reis)，也就是現今的修道院入口處，這是在18世紀時所增添的，裡面有葡萄牙歷任國王的雕像，廳堂四周鑲有描述建造修道院故事的青色瓷磚。

廚房Cozinha

廚房有巨大的煙囪、爐灶與烹飪設備，十分驚人。可用來料理大量的食材，據說能同時燒烤7頭全牛，這裡甚至建造了儲水系統，將河水引進廚房的水池內，方便使用。原本的廚房位置位於迴廊的西側，18世紀以後才遷移至此。

餐廳 Refeitório

餐廳位於廚房旁邊，一側有位於高處的講台，可在用餐時朗讀聖經，有趣的是為了控制僧侶們的身材胖瘦，房間內還有另一個狹窄的小型拱門，無法順利通過拱門的人，就會被限制飲食。

歐比多斯周邊

MAP ▶ P.115A2

托馬爾
Tomar

葡國聖殿之城

🚌從里斯本Sete Rois搭乘巴士從約1小時45分，1日4~6班次
遊客中心
🏠Avenida Dr Candido Madureira ☎249-329-800 ◐
10:00~17:00 🌐www.visit-tomar.com
基督修道院 Convento de Cristo
🏠Igreja do Castelo Templário ☎249-313-089 ◐6-9
月：09:00~18:30；10~5月：09:00~17:30 💲全票€10
🌐www.conventocristo.gov.pt

位於河畔的小鎮托馬爾，因擁有葡萄牙最大規模的基督修道院而聞名。高聳的修道院建於12世紀，當時的國王阿方索一世將這片土地送給了戰功彪炳的聖殿騎士團，當作他們驅逐摩爾人，收復基督徒失土的獎賞，開啟了托馬爾成為聖殿之城的歷史。

這座融合了哥德、曼努埃爾、文藝復興等建築風格的修道院，曾經是聖殿騎士團的總部，直到14世紀，勢力龐大的聖殿騎士團遭到迫害並解散，這裡便由航海家王子亨利帶領的基督騎士團掌管，由於聖殿騎士團之前累積的龐大財富與土地都被皇室接收，使得葡萄牙剛萌芽的航海探險資金有了著落，因而開啟了大航海時代。

市區南邊的車站往北步行約10分鐘，可抵達歷史悠久的市中心，由市政廳沿著山坡往上，即可抵達基督修道院，其中高聳的圓頂建築沙羅拉教堂(Charola)是最古老的部分。

阿威羅

阿威羅及周邊
Aveiro and Around

葡萄牙的威尼斯」阿威羅也許不若威尼斯華麗繽紛，但這個運河貫穿的城鎮，像是大西洋岸邊的五彩貝殼，小巧可愛，踱步在拼貼纜繩圖案的石板道路上，那一派悠閒的緩慢步調，卻更讓人放鬆。中央運河旁造型別緻、色彩鮮豔的木船Moliceiro是阿威羅最鮮明的形象，以前是居民在沿海和潟湖採集藻類的船隻，現在則是最受旅客歡迎的遊船，仔細觀察船首和船尾的彩繪，主題帶點戲謔與低級，猜不透當地人的幽默。

市中心幾棟新藝術風格的建築相當醒目，曲線鑄鐵窗台裝飾花鳥、藤蔓、樹葉等自然元素、搭配華麗的彩繪玻璃，將運河妝點的更加浪漫。新藝術建築大多分佈在主運河旁，包括市立博物館(Museu da Cidade)、新藝術博物館(Museu Arte Nova)等，也可向遊客中心索取地圖，按圖索驥。

阿威羅位於河海交界，盛產海鹽和海鮮，隨便一家餐廳或是漁市場都能嚐到鮮美海味；若對海鮮沒興趣，真十字教堂(Igreja da Vera

Cruz)附近有幾間烤乳豬專賣店，脆皮乳豬的滋味保證難忘。

INFO

基本資訊
人口：約54,162人
面積：197.58平方公里

如何前往
◎火車
　從科英布拉火車站A出發，搭地區火車(R)約1小時車程，每小時2班次，也可搭車到科英布拉火車站B，轉乘高速火車IC或AP；從波爾圖出發，搭乘地區火車約70分，每小時2班次，若搭IC(Intercidade)城際快車，車程約50分鐘，但價格卻昂貴許多。若開車前往，與兩個城市間的車程大約都50分鐘。
葡萄牙國鐵 🌐www.cp.pt
◎長途巴士
　從科英布拉巴士總站搭乘Rede Expressos營運的巴士，車程約45分鐘，每日5班次；從波爾圖出發約需1小時，班次頻繁；從里斯本Lisboa Sete Rios出發，車程最快約3小時15分，每日約14班次。巴士總站Terminal Rodoviário de Aveiro與火車站相鄰。
Rede Expressos
🌐www.rede-expressos.pt

市區交通
　市區地勢平坦，很適合步行，火車站與巴士總站都位於市中心的東北部，由火車站出發沿著Av. Dr. Lourenço Peixinho往西南方直行，便可步行至市中心與中央運河(Canal Central)，路程約15分鐘。若不想走路，也可在火車站前搭乘市區巴士。
　值得一提的是，阿威羅有共享單車Buga可租借使用，使用手機下載「BUGA app」，選擇短租方案(non-loyal)，只要設定好扣款信用卡即可啟用，方法與Ubike相似，在火車站、市中心及運河邊都有借還站點，比巴士更方便。
Buga
🕐08:00~20:00
💲30分鐘以內€1，1小時€1，2小時€3
🌐buga.cm-aveiro.pt
Aveiro Bus
💲單程€2
🌐www.aveirobus.pt

阿威羅傳統點心
Ovos moles de Aveiro
　名為Ovos moles的傳統蛋製甜點是阿威羅的特色，做成小船或貝殼形狀的甜點，薄脆外皮由小麥粉製成，內餡原料是蛋黃和白糖，入口滿滿的蛋黃香味，略微甜膩的滋味，建議搭配一杯濃縮咖啡。Ovos moles最早起源於15世紀的修道院修女們，如今在阿威羅的點心或咖啡店都能找得到。

旅遊諮詢
◎葡萄牙中部地區遊客中心
📍P.131A1　📍R. João Mendonça 8
☎234-420-760
🕐週一至週五09:00~18:00，週六日09:00~13:00、14:00~17:30　🌐turismodocentro.pt

MAP ▶ P.131A2

中央運河
Canel Central
彩色水都搖曳漂蕩

🚶 從火車站步行約15分鐘可達　💲搭船遊運河約€8

　　坐落於河口，阿威羅16世紀初期曾是座繁榮的海港，後來泥沙淤積，形成了大量的沼澤地，這裡土地肥沃，畜牧酪農業、鹽田也十分興盛。市中心的老城區非常值得一遊，既有運河也有五彩繽紛的木船(Barcos Moliceiros)，大橋上是最佳的觀景與拍照地點，運河旁整排的房屋到影映在水面上，風景如詩如畫。中央運河的一側可通往古老的街區、魚市場，另一側則通往大教堂、阿威羅美術館與現代化的購物中心(Forum Aveiro)。

MAP ▶ P.131B2

阿威羅美術館
Museu de Aveiro/Santa Joana
公主長眠之地

🚶 從火車站步行約17分鐘可達　📍Av. Santa Joana　☎234-423-297　🕐週二至週日10:00~12:30、13:30~18:00　💲€5　🆔
www.cm-aveiro.pt/visitantes/museus-de-aveiro

　　原為15世紀的耶穌修道院(Monastery of Jesus)，如今變為精美的博物館。館內的小教堂旁安放著國王阿方索五世的女兒聖喬安娜的石棺，石棺雕刻精美，外表以馬賽克大理石裝飾，她從1472年進入修道院一直到1490年去世。博物館除了描述公主一生的壁畫，還收藏了10~15世紀的繪畫與藝術品。此外，禮拜堂裡的基督像，站在不同角度觀看，會顯現不同的表情，十分值得一看。

MAP ▶ P.131A1

魚市場
Mercado do Peixe
海鮮魚貨交易秀

🚶 從火車站步行約15分鐘可達　📍Largo da Praça do Peixe　🕐週二至週六07:00~13:00

　　如果想見識當地生活的樣貌，起個大早，前往魚市場就是最好的方式。1910年成立的魚市場至今還依然熱絡，周圍圍著黑色的鐵欄杆，魚販們此起彼落的叫賣海鮮。除了新鮮魚貨以外，魚市場樓上與廣場四周還有許多海鮮餐廳、小酒館，廣場周圍的夜生活也很熱鬧。若沿著魚市場旁的另一處運河往前走，還可見到許多葡萄牙風格、顏色鮮豔的的小屋。

MAP ▶ P.131A2

Vista Alegre瓷器工廠& 博物館

Vista Alegre Porcelain Factory & Museum

高檔瓷器折扣店

🚌 從阿威羅火車站可搭乘前往伊利亞武(Ilhavo)方向的巴士，在 Fábrica de Porcelana da Vista Alegre站下車可達，車程約15分鐘。 🏠 R. da Fábrica da Vista Alegre, Ílhavo 📞 234-320-628 ⏰ 博物館：10:00~19:30，10~4月營業至19:00；商店：10:00~19:30 💲商店免費，博物館€6（含參觀教堂）🌐 vistaalegre.com 🎫 每月第二個週日免費

葡萄牙的國寶瓷器品牌Vista Alegre已創業近200年，瓷器與餐具愛好者，可以前往位於阿威羅南邊約5公里處的Vista Alegre博物館，以及旁邊的工廠折扣店(Outlet Store)選購一番。Vista Alegre工廠與博物館位於小鎮伊利亞武(Ilhavo)上，這裡是品牌的發源地，博物館內展示著為歷代國王創作的瓷器、所有產品線以及創立至今的故事。旁邊的商店則出售打折後的品牌商品。

阿威羅美食餐廳

阿威羅的美味烤乳豬(leitao)名聲響亮，甚至被稱為是葡萄牙烤乳豬的首都，就在真十字教堂(Igreja da Vera Cruz)前的烤乳豬專賣店值得一嘗，脆皮乳豬的滋味讓人難忘。除了烤乳豬外，市中心也有許多一流的家庭餐館，若想要迅速解決一餐，購物中心(Forum Aveiro)樓上的美食街也是另一種方便的選擇。

Leitão de Levira
🗺 P.131B1 🚶 從火車站步行約14分鐘可達 🏠 Praça 14 de Julho 6 📞 234-421-073 ⏰ 週一至週六 11:30~21:00，週日11:30~16:00 🌐 leitaodelevira.pt

Tasca Palhuca
🗺 P.131B1 🚶 從火車站步行約16分鐘可達 🏠 R. Antónia Rodrigues 28 📞 234-423-580 ⏰ 週日至週四12:00~15:30、18:30~22:00，週五 12:00~15:30

MAP ▶ P.131A2

陽光海灘

Praia da Costa Nova

彩色條紋屋的海灘小鎮

🚌 從阿威羅巴士總站或市區巴士站Rua Clube dos Galitos可搭乘前往Costa Nova方向的35號巴士，車程約20分鐘，每小時約1班次，詳細時刻表可洽遊客中心或上網查詢 BusWay 🌐 busway-cira.pt/en/aveiro

坐落在阿威羅以西約7公里處，有一座到處都是彩色條紋小屋的濱海小鎮Costa Nova，鎮上的主街

兩旁都是紅、黃、藍、綠等各色條紋裝飾的小屋子，以及咖啡廳、紀念品商店，在小鎮的後方，通過一條木製的海邊棧道，就能抵達純淨的陽光海灘，夏日時許多家庭前來日光浴，洋溢著優閒的度假氣氛。

維塞烏

Viseu

維塞島位於波爾圖東南方的山地上，西元前149~139年間，葡萄牙第一位民族英雄維里阿修斯(Viriato/Viriathus)帶領此區的路西塔尼亞(Lusitania)原住民長期對抗羅馬人，據說他在這一區居住與避難。

歷史上這裡曾住過羅馬人、摩爾人、蘇維匯人(Suevi)、西哥德人(Visigoth)等等，在不間斷的戰爭中被基督徒與摩爾人爭來奪去，直到11世紀才被收復。這裡也孕育了葡萄牙文藝復興時期的重要畫家——格勞瓦斯科(Vasco Fernandes/Grão Vasco, 1475~1542)，城鎮中有座以他名字命名的美術館。

老城區中有保存良好的歷史建築，及許多巴洛克、文藝復興時期的老建築。由大教堂廣場(Adro da Sé)沿著往南的Rua Dom Duarte以及Rua Direita兩條街道漫步前行，兩旁有許多16~18世紀的老建築，到處都是熱鬧的商店、紀念品店與餐廳，氣氛悠閒。

▌INFO

基本資訊

人口：約99,274人　面積：507.1 平方公里

如何前往

◎長途巴士

　　從里斯本Lisboa Sete Rios出發，搭乘Rede Expressos營運的巴士，車程約3.5~4小時。由波爾圖出發，車程需1.5~2小時，約2小時一班次。若由科英布拉或阿威羅出發，車程僅需1~1.5小時。

Rede Expressos
ⓦwww.rede-expressos.pt

市區交通

　　市區不大，步行即可遊覽重要景點，巴士總站位於市中心的西北部，由車站出發沿著Av. Dr. António José de Almeida步行，抵達市中心僅需10分鐘。由於城市建立在起伏的丘陵地上，有許多上坡路段，若攜帶大型行李，建議搭乘計程車會較為方便。

Praça de táxis Rossio ☎232-425-444
Taxi Armando Marques ☎965-459-952

旅遊諮詢

◎維塞烏遊客中心

📍P.135B1　🏠Rua Formosa, 17
☎963-766-214
🕐週一至週六09:30~17:30　休週日
ⓦvisitviseu.pt

地圖標示：
維賽烏
往巴士總站Bus Stop
格勞瓦斯科美術館 Museu Nacional Grão Vasco
遊客服務中心
憐憫教堂 Igreja da Misericórdia de Viseu
維塞烏大教堂 Catedral de Viseu
Porta do Soar
Rua Dom Duarte
Rua Direita
Jardim das Mães
磁磚牆 Painel de Azulejos
O Pateo
維塞烏遊客中心 Loja de Turismo de Viseu
圖例：景點／美術館／教堂／遊客服務中心

維塞烏美味

　　維塞烏整個地區屬杜奧(Dão)葡萄酒產區，南部與東部的葡萄園已有2千年的悠久歷史，來到此地別忘了品嚐當地葡萄酒。維塞烏有許多價格實惠的美食餐廳，其中位於老城區中心的O Pateo提供各式燒烤海鮮、肉類、燉飯等菜色，每日套餐更以物超所值的價格吸引來客，特價套餐通常不在菜單上，請留意門口的看板。

Restaurante O Pateo
📍P.135B2　🚶從大教堂步行約6分鐘可達　🏠R. Direita 48 B　☎232-413-209　🕐週二至週六12:00~15:00、19:30~22:30　休週一、週日
www.facebook.com/pateorestaurantevise

`MAP ▶ P.135B1`

維塞烏大教堂

Sé Catedral de Viseu

廣場景色盡收眼底

🚌 從巴士總站步行約10分鐘可達　◎Paço dos Três Escalões, Adro da Sé　☎232-436-065　🕐週一至週六10:00~13:00、14:00~17:30，週日14:00~17:30　💲大教堂免費，博物館與迴廊€2　🌐bensculturais. diocesedeviseu.pt/museu-tesouro-da-catedral

坐落在城市的最高點的大教堂，雄偉壯觀，建於12世紀初期，在13世紀與17世紀間歷經了無數次的改建。

高聳的大門立面最上方是瑪利亞、中間是聖特奧托尼奧(São Teotónio)，被視為此區的守護神，而周圍則是四福音的使徒馬太、馬可、路加與約翰。大門內有座修道院以及16世紀的迴廊，牆上鋪滿了美麗的藍白瓷磚畫。而教堂大廳內則是富麗堂皇，有著曼努埃爾式的天花板與穹頂壁畫。如果時間允許，還可購票欣賞頂樓博物館內的宗教收藏，並登上頂樓迴廊，俯瞰古城景色。

同樣位於大教堂廣場上，大教堂正對面的是白色的憐憫教堂(Igreja da Misericórdia de Viseu)，大門立面有著洛可可風格與華麗的巴洛克裝飾，莊嚴中帶著活潑的色彩。

`MAP ▶ P.135B1`

格勞瓦斯科美術館

Museu Nacional Grão Vasco

收藏文藝復興時期畫作

🚌 從巴士總站步行約10分鐘可達　◎Paço dos Três Escalões　☎232-422-049　🕐週二至週日 10:00~13:00，14:00~18:00　⊗週一、1/1、復活節週日、5/1、9/21、12/25　💲€4　🌐www.museunacionalgraovasco.gov.pt

緊鄰大教堂，美術館位於一座16世紀的主教宮殿建築中，裡面展示著葡萄牙文藝復興時期著名畫家格勞瓦斯科(Grão Vasco)的繪畫作品，包括基督受難等祭壇畫，以及掛毯、雕塑、陶器等珍貴的藝術收藏。格勞瓦斯科（偉大的瓦斯科）的原名為瓦斯科費爾南德斯(Vasco Fernandes 1475~1543)，他對葡萄牙的繪畫風格有很大的影響，與旗下徒弟們的繪畫風格在後來被稱為維塞烏畫派。

瓜達及周邊
Guarda and Around

葡萄牙最高的城鎮，坐落在海拔1,000公尺以上的山上，又有「葡國之巔」的稱號。瓜達在葡萄牙文有「守衛」的意思，這座建立於1199年、由花崗岩建造的堅固城鎮，自古以來一直捍衛著葡萄牙的邊境，抵禦摩爾人、西班牙人入侵。

瓜達最著名的景點位於賈梅士廣場上，哥德式的瓜達大教堂宛如巨大堡壘般聳立在前，而往北則是古老的猶太老城區，漫步在鋪著鵝卵石的狹窄街道，兩旁排列著擁擠的石磚房、中世紀的塔樓、城牆與城門，仔細找找，還能看到鐫刻在石頭上的希伯來符號。

INFO

基本資訊
人口：約32,111人
面積：712.1平方公里

137

如何前往
◎火車
　　由科英布拉火車站B出發，搭乘IC(Intercidade)城際快車約2.5小時，地區火車約3小時，每日約6班次；由里斯本Lisboa - Oriente火車站出發，搭乘IC快車約需4.5小時；從波爾圖Campanha火車站出發，沒有直達車，搭乘IC經科英布拉轉車最快，全程約4小時40分。瓜達火車站位於市中心東北5公里處，有定期巴士連接火車站和市區，若搭乘計程車，車資約€5左右。

葡萄牙國鐵 www.cp.pt
◎長途巴士
　　從里斯本Sete Rios巴士站出發，搭乘Rede Expressos營運的巴士，車程約4~4.5小時；由波爾圖出發，車程約3小時；由科英布拉出發，車程約2小時40分；由維塞烏出發，車程約1小時；由布蘭可堡出發，車程約1.5小時。車站距離舊城區中心約800公尺，步行約15分鐘。

Rede Expressos www.rede-expressos.pt

市區交通
　　瓜達舊城區位於海拔1,000公尺的山上，舊城區不大，徒步便可走遍大部分的景點。若要前往瓜達東北方的小鎮阿爾梅達，可在市區東南方的Rodoviário da Guarda巴士總站乘車，車程約70分鐘。

旅遊諮詢
◎瓜達遊客中心Welcome Center Guarda
P.138A3
Praça Luís de Camões 21
271-205-530
週一至週五09:00~17:30，週六 09:00~13:00、14:00~19:00，週日09:00~12:30、 14:00~17:30
www.mun-guarda.pt

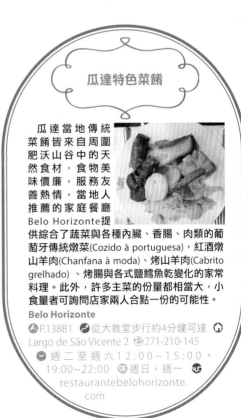

瓜達特色菜餚

瓜達當地傳統菜餚皆來自周圍肥沃山谷中的天然食材，食物美味價廉，服務友善熱情，當地人推薦的家庭餐廳Belo Horizonte提供綜合了蔬菜與各種內臟、香腸、肉類的葡萄牙傳統燉菜(Cozido à portuguesa)，紅酒燉山羊肉(Chanfana à moda)、烤山羊肉(Cabrito grelhado)、烤腸與各式鹽鱈魚乾變化的家常料理。此外，許多主菜的份量都相當大，小食量者可詢問店家兩人合點一份的可能性。

Belo Horizonte
P.138B1 從大教堂步行約4分鐘可達 Largo de São Vicente 2 271-210-145
週二至週六12:00~15:00、19:00~22:00 週日、週一 restaurantebelohorizonte.com

MAP ▶ P.138A2

舊城區
Historical Centre
穿梭古老的猶太社區

由大教堂步行約3分鐘可達　R. Francisco de Passos

　賈梅士廣場(Praça Luís de Camões)是整個舊城區的心臟，老城牆和中世紀塔樓包圍整個舊城區，完整留下中世紀的歷史氣氛。由廣場沿著狹窄的小巷往東北方向步行，會遇到巴洛克風格的白色聖文森特教堂，接著就進入了13世紀的猶太區(Judiaria)，這裡的建築可以追溯到中世紀，當時大多數猶太人都是商人，房屋還保持著原本的結構，刻在石頭裡的符號與希伯來文也被留存了下來。舊城區裡的兩座城門Porta da Erva、Porta d'El Rei仍保存良好，如果登上Porta d'El Rei還能俯瞰整個城區與山脈的風景。

MAP ▶ P.138A2

大教堂
Sé da Guarda
堅固的花崗岩堡壘

從瓜達火車站開車，或搭車爬坡約12分鐘可達　Praça Luís de Camões　969-330-910　10:00~1300、14:00~17:30

　賈梅士廣場中心的灰色大教堂由1390年開始建造，直到1540年才完工，期間經過不少大師之手，包括巴塔哈修道院(Batalha)的建築師Diogo de Boitaca，以及雕刻大師João de Ruão都曾投注心力。

　大教堂融合了哥德、曼努埃爾等不同建築的風格，建築外觀遍佈尖塔、飛扶壁、滴水嘴獸，宏偉壯觀，而教堂內部在對比之下則顯得輕盈優雅，以美麗的文藝復興時期祭壇最為聞名，4層的白色大理石祭壇上，陳列著高達百位人物雕刻，細膩精緻。大教堂廣場旁佇立的雕像則是1199年創建城鎮的葡萄牙國王Dom Sancho I。

瓜達周邊

MAP ▶P.115B1

阿爾梅達
Almeida

最壯觀的星狀堡壘

🚌 從瓜達市區東南方的Rua Dom Nuno Alvares Pereira巴士總站乘車，車程約1.5~2小時，於阿爾梅達Portas de São Francisco外的廣場下車即達。由於班次不多，建議提前至瓜達遊客中心或上網確認巴士的抵達離開時間，要有過夜的準備。由於交通不便，開車自駕是遊覽阿爾梅達最便利的方式。

Rodoviaria da Beira Interior巴士 🌐www.transdev.pt

遊客中心Turismo

📍P.140B2 🚶位於城門的通道內，由城內廣場步行約1分鐘可達 🏠Portas de Sao Francisco ☎271-570-020 🕐週一至週五09:00~12:30、14:00~17:00，週末10:00~12:30、14:00~17:30 🌐www.cm-almeida.pt

幾個世紀以來，阿爾梅達一直是多方勢力覬覦之地，距離西班牙邊境僅15公里，這座人口不到2,000人的小城擁有葡國最好的防禦工事之一，在所有邊境城鎮中，顯得壯觀且具吸引力。阿爾梅達於1297年時正式成為葡萄牙的領土，1641年在中世紀的遺址上重新建造堡壘，圍繞著中央的城堡。從空中鳥瞰，它有一個十二角星的外觀，由於結構上有眾多互相掩護的稜角，不論敵人從哪個方向進攻，都可從側方或後方反擊。此外，周圍被巨大的護城河環繞，入侵者難以進入，而內部的聯繫則更加緊密與迅速。

堡壘還設有自己的供水、隱藏的逃生路線、彈藥室，以及隧道形式的3個拱形門廊，有些是用來欺騙入侵者的假門，十分有意思。近年來，由於軍事功能暫停而沉寂的阿爾梅達因旅遊業而再度復甦起來，鎮上多了咖啡廳、禮品店、民宿，但仍保持著小城寧靜的氛圍，走進城內就宛如走進歷史的時光隧道，值得花些時間慢慢欣賞。

阿爾梅達

🏨Hotel Fortaleza de Almeida

🏛軍事博物館
Museu Historico Militar
de Almeida (Casamatas)

鐘塔
Torre do Relogio de Almeida

城門
Porta de Santo António

市公所
Municipio de Almeida 🏠Casa de Pedra

雙層城門
São Francisco da
Cruz Double Gates
ℹ️遊客服務中心

圖例 🔴景點 🏛博物館 🏨飯店 ℹ️遊客服務中心

軍事博物館Museu Historico Militar de Almeida(Casamatas)

位於18世紀一座隱密的舊軍營中，有隱藏的炮台、暗堡，以及20多間位於地下的房間，早期用做步兵住宿與儲藏室，有3間房內沒有通風孔，裡面還有一口井。

📍P.140B1 🚶由遊客中心出發往東北方步行約8分鐘可達 🏠Casemates, Bastion of S. João de Deus 🕐週二至週五09:15~12:00、14:00~17:00，週末及假日10:00~12:00、14:00~17:00 💲€3 🌐www.cm-almeida.pt/espacos-municipais/1678-2/casamatas/

雙層城門São Francisco da Cruz Double Gates

堡壘的外城門建於19世紀，而內城門的兩側則設有軍官的住宿、壁爐、出入管制柵欄、防爆牆與屋頂，如今則為遊客中心的所在。

📍P.140A2

布蘭可堡

布蘭可堡及周邊
Castelo Branco and Around

距離西班牙邊境約20公里，中型城鎮布蘭可堡幾世紀以來遭受別國的侵略與統治，尤其在19世紀初被拿破崙攻下，大部分的歷史建築都被摧毀，如今的布蘭可堡成了擁有許多現代建築的古鎮，這裡新舊並存，有通往里斯本的直達火車，是前往偏遠小村莊蒙桑圖(Monsanto)的中繼站。市區景點多位於西北部，無論是漫步在美輪美奐的主教宮殿花園、欣賞弗朗西斯科博物館裡的精美刺繡，或是登上城堡俯瞰周圍鄉村的風景，都令人心曠神怡。

INFO

基本資訊
人口：約52,272人(區)　　**面積**：1438 平方公里(區)

如何前往
◎**火車**

　由里斯本Santa Apolónia火車站搭乘城際快車(IC)直達約2小時50分，搭乘速度較慢的區域列車

141

(R)則須3.5-4小時；從科英布拉火車站B出發，需在Entroncamento轉車，搭乘IC最快約3小時；從瓜達出發，搭城際快車和區域火車速度差不多，車程約1小時40分。布蘭可堡火車站位於市中心東南方，步行至市區約10分鐘路程。

葡萄牙國鐵
🌐www.cp.pt

◎長途巴士

從里斯本Lisboa Sete Rios出發，搭乘Rede Expressos營運的巴士，車程約2.5~3小時，平均每小時1班次。由波爾圖出發，車程需3~5小時。若由科英布拉出發，車程需2~2.5小時。

Rede Expressos 🌐www.rede-expressos.pt

觀光行程

布蘭可堡近郊最熱門的觀光行程就是前往48公里外的巨石村蒙桑圖(Monsanto)，可於Rodoviaria da Beira Interior巴士站搭乘Transdev長途巴士前往，去程中途需在Idanha a Nova停留轉車，回程不需轉車。布蘭可堡至Idanha a Nova車程約50~65分鐘，Idanha a Nova至蒙桑圖約50分鐘，上車直接向司機購買往蒙桑圖的車票即可。需注意的是，週末沒有巴士服務。由於時刻表常有變化，最好事先上網確認，或於布蘭可堡長途巴士詢問往返的時間。

Rodoviaria da Beira Interior巴士站 ☎225-100-100
💲布蘭可堡→Idanha a Nova€4.6，Idanha a Nova→蒙桑圖€4.3，布蘭可堡→蒙桑圖€6.85
🌐www.transdev.pt

長途巴士班次表

	出發時間	抵達時間	營運日期
布蘭可堡 →Idanha a Nova	7:30	8:18	週一至週五
	12:15	13:03	週一至週五
	15:15	16:20	週一至週五
Idanha a Nova →蒙桑圖	13:35	14:21	週三 （寒暑假停駛）
	16:35	17:23	學期間週一、二、四、五。寒暑假週一至週五
	17:30	18:18	週三 （寒暑假停駛）
蒙桑圖 →布蘭可堡	7:08	8:48	週一至週五

市區交通

火車站與巴士總站皆位於市中心東南方，沿著Av. Nuno Álvares步行至市區約10分鐘路程，沿途會經過遊客中心。大部分景點集中在市中心西北方，步行是最好的遊覽方式。

布蘭可堡

弗朗西斯科博物館
Francisco Tavares Proença
Júnior Museum

主教宮殿花園
Jardim do Paço Episcopal

城堡
Castelo of Castelo Branco

Museu Cargaleiro

圖書館
Biblioteca Municipal
遊客服務中心

Restaurante Pinguim

巴士總站

火車站

圖例　●景點　餐廳　教堂　巴士站　城堡　火車站　遊客服務中心

旅遊諮詢

◎遊客中心Welcome Center

🔺P.142B3　🚶從火車站往西北方沿著Av. Nuno Álvares步行約6分鐘可達
🏠Avenida Nuno Álvares, 30　☎272-330-339
🕐週一至週五09:30~19:30，週末09:30~13:30、14:30~18:00
🌐cm-castelobranco.pt；www.centerofportugal.com

MAP ▶ P.142A1

主教宮殿花園

MOOK Choice

Jardim do Paço Episcopal

巴洛克風格的伊甸園

🚶 從火車站步行約16分鐘可達　🏠R. Bartolomeu da Costa 5　☎272-348-320　🕐4~9月：09:00~19:00；10~3月：09:00~17:00　💲€3

弗朗西斯科博物館Francisco Tavares Proença Júnior Museum

🏠R. Dr. Alfredo Mota 1　☎272-344-277　🕐週二至週日10:00~13:00、14:00~18:00　⊗週一　🌐www.cm-castelobranco.pt

　在西方文化中，聖經中的伊甸園是許多園林建造的靈感來源，花園被認為是連結地球與天堂的一種召喚。建於18世紀的主教宮殿花園，層層的樓梯旁貼滿藍白瓷磚畫，花壇排列著美麗的圖案，這裡有夏日用來划船避暑的湖泊（位於陽台上）、結實纍纍的檸檬與橘子樹，佈局精心，層次分明，處處藏有玄機。

　花園總共被劃分為24個區塊，並以樹籬和步道相連，5處噴水池暗指耶穌的5個傷口，其中最吸睛的，無疑是無數用花崗岩打造的雕像，沿著台階排列著歷代葡萄牙國王、聖人，以及代表12星座、四季、四大美德等主題的雕像。如果仔細觀察階梯上的國王雕像群時，會發現有兩尊特別迷你，原來他們是出生在西班牙的統治者菲利浦二世和三世(Filipes)，當時葡萄牙被西班牙入侵，統治了長達60年之久(1580~1640)，新仇舊恨，被巧妙的安排在花園中。此外，若時間充裕，還可前往位於花園旁的弗朗西斯科博物館，這裡收藏著珍貴的絲綢刺繡床單(colchas)。

MAP ▶ P.142A2

城堡

Castelo de Castelo Branco

聖殿騎士團城堡

🚶 從主教宮殿花園往西南方步行約15分鐘可達　🏠Rua do Mercado

　雖然布蘭可堡的歷史可追溯至羅馬時期，但這座位於山頂上的城堡，卻是在13世紀初時才建立，當時由國王阿方索二世委託聖殿騎士團在此進行防禦的任務，因此又被稱為聖殿騎士團城堡，歷經西班牙、法國入侵後的破壞，如今只剩部分殘破的城牆。若沿著舊城區的陡坡巷弄往上行，就可以來到城市的至高點，在城牆上遠眺周圍如詩如畫的鄉村美景。

MAP ▶ P.115B1

蒙桑圖

Monsanto

美麗而隱世的巨石村

🚗 若要前往偏遠的蒙桑圖，開車自駕是最好的方式，由於山路陡峭，車子最好停在入口處的停車場，再徒步上山；若平日前往，也可在布蘭可堡搭乘transdev的長途巴士（交通方式及時刻表見P.142），由於巴士班次少且時間常異動，建議至少在蒙桑圖住宿1晚

遊客中心Posto de Turismo – Monsanto

📍P.144B1 🏠R. Marquês da Graciosa 17 ☎277-314-642 ⏰週二至週日09:30~13:00、14:00~17:30 🌐www.idanha.pt；www.centerofportugal.com

位於葡萄牙最高峰Serra da Estrela(海拔1,933公尺)山區的蒙桑圖，曾在1938年被選為「最具葡萄牙特色的村莊」。這裡被無數的巨石群環繞，居民就地取材，把大石頭當成屋頂、牆壁，居住在石頭縫中，人口不到200人的村落裡，房舍、教堂、商店、豬舍與巨石密不可分，整座村莊就是一整件人類與自然共存的岩石藝術品，令人嘖嘖稱奇。

村落位於半山腰，由於地勢陡峭，交通不便，數十年前仍靠驢子載物，但也讓此地保留了傳統的文化與生活。來到這裡最好預留半天時間，你可以沿著Castel Street尋找著名的一片石磚屋(Casa de Uma Só telha/the house with only one tile)，顧名思義，整個屋頂由一塊岩石組成；或者隨意沿著陡坡蜿蜒前行，一邊欣賞兩側奇特的石屋，一邊攀登到山頂城堡，夕陽西下時，餘暉將山腰上的村莊染成一片粉玫瑰紅，美景令人沉醉。

石窟 Gruta/Grotto
P.144A2

村內許多房舍都運用了石頭本身的特性來建築與設計,通常大岩石可用作牆壁或者屋頂,這個石窟原本是個豬圈,夾擠在兩塊巨石中間,現在則成了旅遊的景點,歡迎遊客們前來一探究竟。此外Castel Street靠近16號的另一端也有座把石頭變成屋頂的屋舍Casa de Uma Só telha。

城堡
Castle of Monsanto
P.144B3

蒙桑圖距西班牙僅25公里,自古以來被稱為「聖山」,從舊石器時代起就有人類居住,山腳下還有羅馬時代建造的浴場遺跡,山頭的重要戰略位置是兵家必爭之地,羅馬人、西哥特人、摩爾人都曾征服過這裡,直到12世紀時國王阿方索一世(Afonso Henriques)趕走了摩爾人,隨後將此區授與聖殿騎士守衛防

禦,13世紀時山頂重新建造了城堡。其後歷經了數世紀,蒙桑圖仍舊屹立不搖,然而到了19世紀,由於彈藥儲藏室爆炸,意外摧毀了山頂上的城堡,城堡雖然就此變得殘破不堪,但登上城牆眺望四周,風景絕倫,甚至可以看到東邊的西班牙。

十字架節Festa Das Cruzes /Festa da Divina Santa Cruz

蒙桑圖曾經在抵抗摩爾人的入侵時,被敵方截斷糧道,當所有食物都快被吃光時,坐困愁城的居民決定孤注一擲,將最後的食物全部餵牛,並向圍城的敵人投擲吃飽的小牛,用來迷惑敵方,中計的敵軍看到小牛,以為城內還有足夠的糧食進行持久戰,便放棄圍城,撤軍離開。此後,每年5月3日小鎮居民都會舉辦慶典紀念,居民會敲打阿拉伯手鼓(adufes)與傳統樂器,一路走到山頂上,並由女生從城堡上投擲花束,慶祝當年的勝利,熱鬧非凡。此外,鎮上也會看到居民販賣手工藝品,如用來祈求生育的無臉娃娃(Marafonas)。

聖米格爾禮拜堂Capela de São Miguel
P.144B3

坐落在城堡低處的小禮拜堂由花崗岩打造,建造時間可追溯於12世紀末至13世紀初或更早,正面有完美弧度的拱門,內部有一個中殿和聖壇,結構簡潔,佇立在寧靜冷冽的山頂上,附近散落著許多的古墓。

波爾圖與北部地區

波爾圖及北部

Porto and Northern Portugal

文●陳蓓蕾・李曉萍
攝影●李曉萍・周治平・陳蓓蕾

杜羅河(Duro River)流經北部地區，入海口是葡萄牙的第二大城—浪漫的波爾圖。與里斯本的繁華不同，波爾圖散發另一種低調卻迷人的魅力，不僅是北部商業與生產的中心，更是上游葡萄酒產區的集散地。

陽光燦爛的季節，搭乘火車或遊船前往杜羅河上游，兩岸散佈純樸的小鎮、陡峭的葡萄園梯田，還有各具特色的葡萄酒莊，這裡有世界上最古老的葡萄酒產區，生產舉世聞名的香甜波特酒。杜羅河流域與其以北的區域也被稱為山後地區(Trás-os-Montes)，有著未受破壞的農村、中世紀小鎮與廣大的自然荒野，由於近代的交通與道路開發，才改善了山後地區的生活品質和與世隔絕的孤島印象。

而位於西北部的米尼奧，則是葡萄牙王國最早的發源地，同時也是葡萄牙的宗教重鎮，許多歷史名城都值得一游，包括建城超過兩千年歷史的布拉加(Braga)、以及被稱為「葡萄牙的搖籃」的世界文化遺產城市吉馬萊斯(Guimarães)等等，稍作歇息之際，也別忘了品嘗當地特產的葡萄牙青酒(Green Wine)。

波爾圖與北部地區之最
The Highlights of Porto and Northern Portugal

路易一世鐵橋Ponte de Dom Luis I
　　跨越杜羅河兩岸的路易一世鐵橋，是波爾圖最浪漫的風景。鏤空橋樑高達44.6公尺，既是人行路橋，也是地鐵的軌道，鐵橋上有欣賞杜羅河夕陽最美的角度。(P.158)

仁慈耶穌朝聖所Santuário do Bom Jesus do Monte
　　超過2000年歷史的布拉加，城中處處可見宗教文化的痕跡，城外有著雄偉的大教堂與令人讚嘆的山上仁慈耶穌朝聖所，裝飾著造型各異的聖人雕像和噴泉。(P.184)

**杜羅河谷葡萄酒產區
Douro Wine Region**
　　世界上最古老的葡萄酒產區，也是世界文化遺產的所在地，梯田葡萄園覆蓋整片山坡，伴隨著夕陽與河谷美景，一路上品嘗香醇的葡萄美酒，令人陶醉。(P.168)

吉馬萊斯Guimarães
　　葡萄牙的誕生之地，保存了葡萄牙輝煌的歷史，踏上石板路，順著蜿蜒窄巷前行，迷宮般的巷弄，風景如畫的廣場引領遊人走進中世紀時光。(P.185)

波爾圖

波爾圖及周邊
Porto and Around

或許是灑滿杜羅河的瑰麗夕陽，或許是波爾圖人熱情的天性，又或許是那杯剛入口的波特酒，波爾圖的每個巷弄街角都帶著一分微醺、二分香甜，令人第一眼就愛上這個城市。

波爾圖是葡萄牙第二大城，聚落的歷史可追溯自4世紀，12世紀形成城市規模，Porto源自拉丁語「Portus Cale」，字面意義就是「溫暖的港口」，而葡萄牙的國名Portugal及源自於此。舊城區和周圍的杜羅河葡萄酒區在1996年被列為世界文化遺產，2017年曾獲選歐洲最佳旅遊城市(European Best Destination)。

葡萄牙有個諺語：「科英布拉人唱歌、布拉加人禱告、里斯本人愛現，波爾圖人工作！」雖然短短的一句話，卻道出波爾圖自古以來人民的特質。波爾圖是葡萄牙最重要的生產和商業中心，儘管如此，它卻保留了歐洲傳統街道的迷人風采，狹窄的巷弄間，隱藏許多不怎麼稱頭卻意外美味的小餐廳，櫥窗擺滿波特酒瓶，街角雜貨店什都賣，民宅沿著山坡而建，家家戶戶的陽台上，似乎總有個張望路人或看

波爾圖與北部地區

- 維亞納堡飯店 Pousada de Viana do Castelo
- 布拉加 Braga
- 米尼奧 Minho
- 吉馬萊斯 Guimarães
- 馬特烏斯宮 Casa de Mateus
- 雷亞爾城 Vila Real
- 山後地區 Trás-os-Montes
- 布拉干薩 Bragança
- 阿瑪蘭蒂 Amarante
- 大西洋 Atlantic Ocean
- 皮尼奧 Pinhão
- 雷加 Régua
- 上杜羅 Alta Douro
- 西班牙 Spain
- 阿富拉達 Afurada
- 波爾圖 Porto
- 杜羅河 Rio Douro
- 福什科阿新鎮 Vila Nova de Foz Coa

圖例 ◎景點

著杜羅河景發呆的老奶奶，它也許有些雜亂，卻道盡了葡萄牙人的生活日常。

波爾圖也是杜羅河(Rio Douro)上游葡萄酒的集散地，只有在對岸加亞新城儲存發酵的酒才有資格冠上「波特酒」的名字。這裏也是前往杜羅河河谷的主要門戶，搭上遊河船沿著杜羅河旅行，拜訪一個個淳樸的釀酒小村落、一片片沿山坡築起的葡萄園…關於波爾圖的回憶，似乎總是醉人而甜美。

INFO

基本資訊

人口：約238,769人
面積：約41.42平方公里

如何前往

◎飛機

波爾圖的空中門戶是費爾南多‧薩‧卡內羅機場(Francisco Sá Carneiro Airport)，位於城市西北方11公里處，是葡萄牙境內第二大機場，與歐洲各主要城市皆有航線往來。從台灣出發，沒有航班直飛波爾圖或葡萄牙任一城市，必須至法蘭克福、蘇黎世、羅馬、馬德里或伊斯坦堡等轉機。

波爾圖機場

www.aeroportoporto.pt

◎火車

從里斯本Santa Apolonia火車站或東方火車站(Lisboa Oriente)出發，搭乘城際快車IC或Alfa Pendular高速火車約3~3.5小時，每小時1~2班次；從科英布拉火車站B出發的高速火車，車程約1.5~2小時，每小時2班次。

城際快車IC和高速火車AP的停靠站為舊城區東邊的Campanhã火車站，從這裏可轉乘區間車或地鐵前往聖本篤火車站(São Bento)或其他區域。

葡萄牙國鐵Comboios de Portugal www.cp.pt

◎長途巴士

從里斯本巴士總站Oriente出發，搭乘Rede Expressos或FlixBus營運的巴士，車程約3小時15分，平均每小時1~2班次。Terminal Intermodal de Campanhã是波爾圖新的巴士總站，與Campanhã火車站隔著鐵路相對，附近較偏僻，可步行約6分鐘穿越鐵軌至地鐵Campanhã站，再轉乘至市區各處，但這段路對搬運大型行李的旅客而言不太友善，建議可善用Uber，直接叫車到市中心。

Rede Expressos www.rede-expressos.pt
Flix Bus www.flixbus.pt

波爾圖

往塞拉維斯當代美術館 Museu de Arte Contemporânea de Serralves / Star Inn
往波爾圖音樂廳 Casa da Música
往 Koolhouse Porto
往長途巴士站

Rua da Conceição

瑞斯國家美術館 Museu Nacional Soares dos Reis

Decomur Cafe

Rua da Cedofeita

Lareira

卡爾莫教堂 Igreja do Carmo

萊羅書店 Livraria Lello

R. dos Carmelitas

R. de Dom Manuel II

赤足加爾默羅教堂 Igreja dos Carmelitas Descalços

Rua da Restauração

往阿富拉達 Afurada

R. de S. Filipe de Nery

克萊瑞格斯教堂與高塔 Igreja dos Clérigos

Mercado Ferreira Borges

證券交易宮 Palácio da Bolsa

聖方濟會教堂 Igreja de São Francisco

Cais da Gaia

杜羅河 Rio Douro

Rua da Conceição

市政廳

Aliados

M

阿瑪斯禮拜堂 Capela das Almas

Bolhão

波尼歐市集 Mercado do Bolhão

McDonald's

Café Majestic

自由廣場 Praça da Liberdade

聖本篤車站

São Bento

São Bento

Av. Dom Afonso Henriques

主教堂 Sé do Porto

R. do Gen. Sousa Dias

Batalha

Ribeira

R. da Ribeira Negra

蕾貝拉 Ribeira

Prometeu Artesanato

Hotel Carrís Porto Ribeira-Porto

波爾圖市區放大圖

路易一世鐵橋 Ponte de Dom Luís I

Restavranye Dovrvml
Taberninha do Manel
Cálem
Sandeman
Barris Do Douro Restaurante
塞拉皮拉爾修道院 Mosteiro da Serra do Pilar

加亞新城 Vila Nova de Gaia

Jardim do Morro

圖例　景點　購物　廣場　M地鐵　餐廳　咖啡廳
火車站　教堂　博物館　遊客中心　飯店

往 Wow文化園區 Wow Porto

波爾圖市區放大圖

往 Antunes

Mercado 48

Rua da Conceição

Casa Natal

R. de Fernandes Tomás

市政廳

波尼歐市集 Mercado do Bolhão

Bolhão

Pedro dos Frangos

Fábrica da Nata

Workshops Pop Up

Conga Casa das Bifanas

Aliados

Confeitaria do Bolhão

Manteigaria

A Pérola do Bolhão

R. Formosa

卡爾莫教堂 Igreja do Carmo

萊羅書店 Livraria Lello

同盟大道 Avenida dos Aliados

Av. Aliados

自由廣場 Praça da Liberdade

McDonald's

R. da Madeira

R de Passos Manuel

Café Santiago

Restaurante Viseu No Porto

R. de São Filipe de Nery

聖本篤車站 Sào Bento

Casa Portuguesa do Pastel de Bacalhau

Tasca Casa Louro

Av. Dom Afonso Henriques

Taberna do Largo

維多利亞觀景台 Miradouro da Vitória

Restaurante O Caraças
Adega Bebe-Se Mal

R. de Belomonte

Oliva & Co

Essência Lusa

Guindalense

王子花園 Jardim do Infante Dom Henrique

蕾貝拉 Ribeira

亨利王子之家 Casa do Infante

Ribeira Square Restaurante

往 The Yeatman Hotel

Grupo Desportivo Infante D. Henrique

圖例　景點　餐廳　咖啡廳
博物館　購物　酒吧

機場至市區交通

◎地鐵Metro

搭乘地鐵前往市區是最方便的方式。地鐵E線(紫線)的起迄點就是機場(Aeroporto)，車站在出境大廳地下一樓，前往舊城區可在Trindade轉乘D線(黃線)到聖本篤火車站，車程約35分鐘，車票可在地鐵站的自動售票機購買。機場前往市區的通行範圍為Z4(Zone 4)。

◎06:00~00:42，約15~30分鐘一班次
⑤Andante Azul空卡€0.6、儲值Z4單程€2.25
◍www.metrodoporto.pt

◎機場巴士

如果行李較多或是在地鐵沒有營運的時間，搭乘機場接駁巴士也很方便，還可在指定的飯店或地址接送，車程約30分鐘。100 Rumos和Terravision都有提供機場到市區的接駁服務，須事先於官網預約。目前兩間公司都只有提供「door to door」的指定地址/飯店接駁服務。

100 Rumos

☎960-426-692 ◎機場到市區04:00~00:35
⑤3 人座房車約€38、7人座休旅車€53(點對點服務)
◍100rumos.com

Terravision

☎937-599-089 ⑤單程€18
◍www.terravision.eu

◎市區巴士

由STCP提供市區巴士服務，巴士601和602號都可前往市中心，終點站是Cordoaria公園旁，接近克萊瑞格斯高塔(Torre dos Clérigos)。但市區巴士費時且行李空間有限，對遊客而言較不方便。

STCP

◎約05:30~00:20，約每30分鐘1班次
⑤上車購票單程€2.5 ◍www.stcp.pt

◎計程車

入境大廳外有24小時排班計程車，機場到市區的價格約€20~30，車程約20分鐘，若行李大於55x35x20需另外加價。也可使用Uber App叫車，相當方便。

Antral

☎22-535-3359 ◍www.antral.pt

◎租車

波爾圖機場內可找到各家租車公司的服務櫃台，取車地點通常位於機場附近，若事先於官網預訂，租車公司便會以小巴士接送至取車點，屆時便可辦理租車手續並取車，相當方便。建議自駕遊時，應盡量避免開車進入波爾圖舊城區，因為在巷道狹小且陡峭山坡路的市中心，開車壓力非常大，且停車空間很難找。

Hertz ◍www.hertz.com
Cael ◍www.cael.pt

市區交通

波爾圖的景點大多集中在市政廳到杜羅河之間，步行遊覽即可。建議先遊覽自由廣場周圍的上城區，再走進舊城巷道慢慢下坡至河岸旁。旅客使用地鐵和公車的機率不多，但若住在較外圍的區域、前往波爾圖音樂廳、或是想從加亞新城快速回到自由廣場時，還是有機會搭乘地鐵。

舊城區地無三里平，到處是陡坡和石頭路，拖著行李箱移動相當辛苦。波爾圖是Uber的服務區域，而且價格相當合理，建議多加利用。

◎交通儲值卡Andante Azul

適合旅客的交通儲值卡為Andante Azul，通用於地鐵、市區巴士、電車和通勤火車。卡片為紙質，第一次購票的空卡費用€0.6，之後可反覆加值使用，票價視通行的區域範圍而定。

Andante Azul雖然有儲值卡的功能，但只能儲存車票，且一張卡片內只能儲存同一種類車票，使用完後才能購買下一種。舉例來說，可以在卡片內儲存10趟的Zone 2單程票，但無法同時儲存1張Zone 2與1張Zone 3的單程票。

對於比較常使用交通工具，且旅遊區域較廣的旅客，也可直接購買旅遊卡Andante Tour，有效期限內可無限次搭乘全區域的公車、地鐵、觀光電車和地區火車。

STCP巴士

◎旅遊卡只能在Andante售票處、火車站售票處和遊客服務中心購買 ⑤24小時卡(Andante Tour 1)€7.5、72小時卡(Andante Tour 3)€16
◍www.stcp.pt/en/travel/tariffs

◎地鐵Metro

波爾圖地鐵有6條路線，主要連接市中心與廣大的都會區，遊客較常使用的為紫色E線通往機場，以及連接加亞新城的黃色D線。地鐵票價依距離劃分區域，除了機場在Zone 4以外，幾乎所有景點都在Zone 2範圍內，若同一天預計多次搭乘，也可購買24小時有效票券(Andante 24)。部分地鐵站沒有設置閘口，進入月台前記得使用黃色感應機器刷卡。

◎地鐵站售票口或自動售票機購票
◎大約06:00~01:00 ⑤Andante Azul空卡€0.6、Zone 2單程(1 Title)€1.4、24小時票€5.15
◍en.metrodoporto.pt

◎纜車Funicular dos Guindais

沿著山坡上上下下爬行的纜車建於1891年，用於連接山丘上Batalha和杜羅河畔蕾貝拉(Ribeira)之間

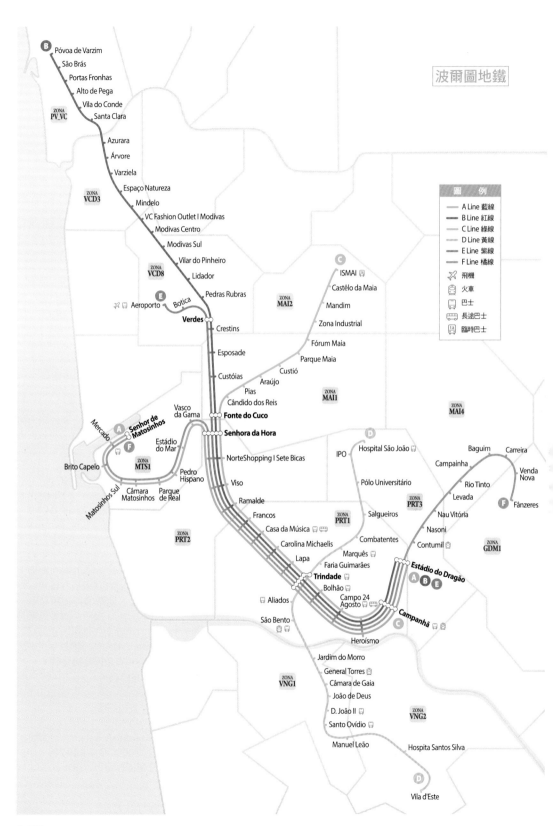

波爾圖地鐵

圖例

— A Line 藍線
— B Line 紅線
— C Line 綠線
— D Line 黃線
— E Line 紫線
— F Line 橘線

✈ 飛機
🚆 火車
🚌 巴士
🚌 長途巴士
🚌 臨時巴士

B Póvoa de Varzim
São Brás
Portas Fronhas
Alto de Pega
Vila do Conde
Santa Clara

ZONA PV_VC

Azurara
Árvore
Varziela
Espaço Natureza
Mindelo
VC Fashion Outlet I Modivas
Modivas Centro
Modivas Sul
Vilar do Pinheiro
Lidador
Pedras Rubras

ZONA VCD3

ZONA VCD8

E Botica
✈ Aeroporto

Verdes

Crestins
Esposade
Custóias
Vasco da Gama
Fonte do Cuco
Senhora da Hora

Custió
Araújo
Pias
Cândido dos Reis

C ISMAI
Castêlo da Maia
Mandim
Zona Industrial
Fórum Maia
Parque Maia

ZONA MAI2

ZONA MAI1

ZONA MAI4

Mercado
A **Senhor de Matosinhos**
F
Estádio do Mar
Brito Capelo
Matosinhos Sul
Câmara Matosinhos
Parque de Real
Pedro Hispano

ZONA MTS1

ZONA PRT2

NorteShopping I Sete Bicas
Viso
Ramalde
Francos
Casa da Música
Carolina Michaelis
Lapa

IPO
D Hospital São João
Pólo Universitário
Salgueiros
Combatentes
Marquês
Faria Guimarães

ZONA PRT1

ZONA PRT3

Baguim
Campainha
Rio Tinto
Levada
Nau Vitória
Nasoni
Contumil

Carreira
Venda Nova
F Fânzeres

ZONA GDM1

Trindade
Bolhão
Campo 24 Agosto
Aliados
São Bento
Heroísmo

Estádio do Dragão
A **B** **E**
Campanhã **C**

Jardim do Morro
General Torres
Câmara de Gaia
João de Deus
D. João II
Santo Ovídio

ZONA VNG1

ZONA VNG2

Manuel Leão
Hospita Santos Silva

D
Vila d'Este

的交通，但目前的纜車已於1994年翻修過。兩地高度落差約61公尺，除了可以節省腳力和交通時間，2分鐘的旅程，從不同視角欣賞杜羅河和路易一世鐵橋的風光，觀光與體驗的目的更重要。

🕐上車購票 ◑4~10月；08:00~22:00，週五、六至午夜；11~3月；08:00~20:00，週五、六至22:00
💲單程€4，來回€6。使用波爾圖卡單程€3
🌐www.stcpservicos.pt/transporte-publico/funicular-dos-guindais

優惠票券
◎波爾圖卡Porto Card
　　除了免費參觀5間博物館、主要觀光景點的門票優惠以外，還有許多酒莊、餐廳、觀光行程等的折扣。此外，也可選擇搭配無限次使用公車、地鐵和地區火車的交通卡。可於官網或遊客服務中心購買。
💲含交通卡1日€15、2日€27、3日€32
🌐www.portocard.city/en

觀光行程
◎步行導覽Walking Tours
　　想要深度了解城市歷史、軼聞趣事，不妨參加每天早上於自由廣場上開始的經典徒步導覽(Classical Free Walking Tour)，只需在出發時間前，在集合點找到穿著制服的導覽員就可參加。行程約2.5~3小時，以英語進行，結束後，可依滿意程度給予小費。

Porto Walkers
🕐自由廣場(Praça da Liberdade)靠近Cafe Guarany
◑9:30、10:45各一場
💲小費制，無基本費用。建議提前預約名額
🌐www.portowalkers.pt/see/walking-tour-1

◎美食徒步Taste Porto Food Tours
　　由當地人導覽的在地美食徒步之旅，穿越舊城區小巷弄間，拜訪當地人常光顧的小店，品嘗10種以上的道地小吃和道地波特酒。費用包含食物與酒水，以英語進行。

Tapas & Vinho Verde Experience
🕐波尼歐市集(Mercado do Bolhão)
📞931-474-828
◑每週一、三、五11:30~15:00，行程約3.5小時
💲約€65，需提前官網預訂
🌐www.portowalkers.pt/see/tapas-food-tour

Downtown & Bolhão Market Food Tour
🕐波尼歐市集(Mercado do Bolhão) 📞22-121-5635
◑週一至週六10:00、16:00各一場，行程約3.5小時
💲€85，需提前官網預訂 🌐www.tasteporto.com/tour/downtown-food-tour/

Other Side
🕐Gomes Teixeira Square
◑每天兩場，09:30~13:00、15:00~18:30，行程約3.5小時 💲€55，需提前官網預訂
🌐www.theotherside.pt/en/walking-food-tour-porto ❗費用僅包含小點心

◎葡萄酒徒步Taste Porto Food Tours
　　行程將品嘗6種不同的葡萄酒，有來自杜羅河谷的紅酒與白酒，或者來自南部阿蓮特茹(Alentejo)等不同產區的紅、白、粉紅葡萄酒，行程約3小時，以英語進行。

Be My Guest
🕐Combatentes地鐵站 ◑兩人以上成行，時間彈性
💲€35，需提前官網預訂 🌐www.bemyguestinporto.com/wine-drinking.html

◎波爾圖遊船 Cruise
　　搭乘遊船可以從不同角度欣賞波爾圖，最基本的行程是「Cruise of the Six Bridges in Oporto」，遊船一路穿越6座連結舊城區與加亞新城的橋樑，由橋下可看到壯麗的風景。

Porto Douro
🕐加亞新城(Villa Nova de Gaia)或蕾貝拉(Ribeira)的Porto Quay河岸碼頭
◑10:00~18:30每半小時一班，行程約50分鐘
💲加亞新城登船€15，蕾貝拉登船€18，遊船＋酒莊品飲€30 🌐www.portodouro.com/en/cruise/cruise-of-the-six-bridges-in-oporto

◎一日遊One Day Tours
　　由波爾圖出發，有各式各樣的一日團體遊行程，其中最熱門的莫過於前往杜羅河谷(Douro Valley)葡萄酒產區的遊輪之旅，可在船上一邊欣賞美景一邊享用早餐，往返的交通工具可選擇遊輪或火車，中途會在小鎮雷加(Régua)或皮尼奧稍做停留，價格依選擇的交通方式而不同。此外，也有以巴士接送的公路遊，行程多半包括當地特色午餐、參觀葡萄酒廠與品酒費用。除了杜羅河谷外，從波爾圖出發，也有前往米尼奧地區的布拉加、吉馬萊斯一日遊行程。

Duro Best
🕐里斯本聖本篤火車站出發
📞910-103-784(Albano Capela)
◑行程約8~9小時，出發時間視火車時刻而定
💲€115，包含點心、午餐、參觀酒窖、品酒、參觀麵包與酒博物館
🌐dourobesttours.com/en
❗去程搭火車至雷加，回程由巴士接送

Living Tours: Douro River Cruise From Porto to Régua
🕐加亞新城(Villa Nova de Gaia)或蕾貝拉(Ribeira)的Estiva Quay河岸碼頭

🚋5~10月每週一至週六08:00出發，行程約11小時
💲€74，包含早餐與午餐　🌐www.livingtours.com/
douro-river-upstream-cruise-oporto-regua.html
❗去程搭遊輪至雷加，乘坐火車返回聖本篤車站
Other Side: Douro Vineyards Tour
🚐9人小巴士飯店接送，2人成行
🚋每日09:00出發，行程約8~9小時
💲€129，包含午餐、參觀葡萄酒莊與品酒、皮尼奧地
區的1小時遊船　🌐www.theotherside.pt/en/douro-
vineyards-tour-porto
Living Tours: Braga and Guimarães Tour with Lunch
📍Rua de Mouzinho da Silveira 352
🚋每日07:50出發，行程約9小時
💲€59，包含布拉加主教堂和吉馬萊斯城堡門票、以及
波爾圖步行導覽
🌐www.livingtours.com/en/tour/braga-
guimaraes-tour

旅遊諮詢
◎中央遊客服務中心Porto Welcome Center
🚇P.150上C1　📍Praça de Almeida Garrett 27(聖本
篤車站對面)　☎935-557-024
🚋4~9月：10:00~20:00，10~3月：週一至週五
10:00~19:00、週末和假日10:00~17:00
🌐www.visitporto.travel、visitportoandnorth.
travel
◎主教堂遊客服務中心
🚇P.150上C2　📍Calçada D. Pedro Pitões - Torre
Medieval, 15　☎22-332-6751　🚋09:00~18:00
◎加亞新城遊客服務中心
🚇P.150上C2　📍Rua Diogo Leite, 135
☎22-374-2422
🚋週一至週六10:00~18:00
🌐www.cm-gaia.pt/pt/turismo

不只有波特酒，還有足球！
　　1893年成立的波爾圖足球俱樂部(Futebol Clube
do Porto)是葡萄牙足球甲級聯盟的常勝軍，曾於
1987年及2004年在被稱為足球最頂級賽事的歐
洲冠軍聯賽奪下冠軍。目前球隊主場位於可以容
納50,476名觀眾的火龍球場(Estádio do Dragão)，
此球場還曾經是2004年歐洲國家盃的比賽場地之
一，更被歐洲足協評為五星級足球場，雖然位於
郊區但搭乘地鐵F線至Estadio do Dragao站即可到
達，交通十分方便，足球迷們可別錯過啊！

城市概略City Guideline

　　波爾圖是葡萄牙北部最重要的工商業中心，城市建
立於杜羅河出海口，位於地勢崎嶇不平的丘陵地帶，
市區內多狹窄的上下坡道。

　　杜羅河將城市一分為二，大部分的景點集中於北
岸的舊城區，舊城區1996年被列為世界遺產，受到
政府的保護，市區內可見到許多殘破又美麗的古老建
築，由於維修所費不貲，因此整個都市更新以緩慢的
速度進行中。舊城區與南岸的加亞新城(Villa Nova
de Gaia) 遙遙相望，兩區由氣派的路易一世鐵橋
(Ponte Luis I)連接，橋上行人緊貼著穿行而過的地
鐵，頗有超現實的夢幻感。

　　波爾圖市中心主要以聖本篤車站(Estação de São
Bento)為中心往四周延伸，以北為自由廣場(Praca
da Liberdade)、市政廳，以南則為靠近杜羅河岸的
蕾貝拉區(Riberta)，景點集中，步行是最好的遊覽
方式。日落時分，漫步在河岸旁的蕾貝拉(Riberia)
地區，緩緩走上路易一世鐵橋，沿途風景如詩如畫，
一整片層層疊起的橘色屋頂、教堂與鐘樓在河岸邊開
展，讓人如癡如醉。

波爾圖行程建議
Itineraries in Porto

　　波爾圖的景點大多集中在市政廳至杜羅河岸這一
帶，步行即可遊覽，但由於市區地勢高低起伏，需爬
上爬下，對腿力是一大考驗，若加快腳步約一天就能
逛完大部分的景點。但波爾圖的慵懶風情更適合放慢
腳步，跟著當地人生活的步調，細細探訪巷弄之間的
風情，以及落日時分，漫步在蕾貝拉(Riberia)河岸
的浪漫。

　　第1天可以跟隨散步路線走訪市中心到加亞新城，
探訪必看景點，包括聖本篤車站、波爾圖主教堂、路
易一世鐵橋等等。下午可在加亞新城河岸旁的酒莊品
嘗葡萄酒，或者返回蕾貝拉地區的餐廳，一邊欣賞日
落景色，一邊用餐。

　　第2~3天可以波爾圖為中心，進行不同主題的一日
遊，可以選擇搭乘遊船或火車前往杜羅河谷葡萄酒
區，或者前往北部布拉加、葡萄牙的誕生地吉馬萊斯
等歷史古城探索。

波爾圖散步地圖

懷舊電車之旅

走在波爾圖街頭，常會看到地上有電車(Tram)的軌道，卻見不到幾輛電車在街頭上跑！別奇怪，因為這項1872年開通的交通工具，現在只保留2條行駛路線，角色轉換成觀光電車了。

18號電車從克萊瑞格斯高塔(Clérigos)旁出發，稍微繞行老城區(上城)，在電車博物館(Museu Carro Electrico)接上1號電車路線；1號水岸線則從聖方濟會教堂前(Infante)出發，一路沿著杜羅河行駛。兩線的終點都是接近杜羅河口的Passeio Alegre，單程約25分鐘，那裡鄰近海口處的一座小漁村——Foz do Douro，雖然Foz do Douro本身沒有什麼特殊的景點，不過坐在可開窗的木頭老電車上欣賞河岸景觀，就是最懷舊的慢旅行。

🚋 可上車購票，或於旅館、遊客中心購買2日有效票 🕐 1號線：9:00~20:35，每20分鐘一班次；18號線：9:45~18:45，每30分鐘一班次 💲 上車購票單程€6；2日全票€12、優待票€6(適用兩條路線) 🌐 www.stcp.pt/en/tourism/porto-tram-city-tour

波爾圖散步路線
Walking Route in Porto

距離：約2.5公里　　**時間**：約3小時

這一條散步路線由市區的萊羅書店開始，一直到河對岸的加亞新城結束，幾乎可以走遍波爾圖市中心的重要景點，還能用不同的高度欣賞這個城市。

首先，由哈利波特的靈感起源——**萊羅書店**開始①，沉浸在魔幻與書香的世界後，接著前往巴洛克風格的**克萊瑞格斯教堂與高塔**②，登上76公尺高的塔頂，就可俯瞰波爾圖市區美麗的風景。離開高塔，沿著Rua dos Clérigos直行，左側可看見**自由廣場**③與對面的**市政廳**，右轉則來到了最藝術的火車站**聖本篤車站**④，進入車站大廳內可欣賞令人歎為觀止的藍白瓷磚畫作，呈現葡萄牙的歷史與生活。接著可在車站旁的Confeitaria Serrana蛋塔店稍微停留，品嘗美味的蛋塔與咖啡，補充體力後，再繼續出發。

朝路易一世鐵橋的方向步行，抵達**波爾圖主教堂**⑤，再沿著教堂旁的階梯下坡，穿越舊城區狹窄的石頭路巷弄，前往**證券交易宮**⑥，在這裡參觀裝飾華麗的阿拉伯廳與鍍金的舞廳。離開後，會先經過航海家亨利王子的出生地——**亨利王子之家**⑦，最後來到**蕾貝拉**⑧河岸，沿著河岸漫步，穿過**路易一世鐵橋**⑨，抵達對岸的**加亞新城**⑩，河岸邊有許多的酒莊，美酒佳餚等你品嘗。

MAP ▶ P.150上C1

聖本篤車站

MOOK Choice

Estação de São Bento

歐洲最具藝術氣質的火車站

🚇搭乘地鐵於São Bento站下即達

踏進聖本篤車站的旅客，一不小心就會錯過火車，不過，這可不是因為列車誤點，而是專注於欣賞車站大廳的磁磚藝術，忘了時間。

聖本篤車站的名稱源自16世紀在此處的聖本篤修道院，19世紀末荒廢後，因應1900年葡萄牙鐵路建設的擴展，由國王卡洛斯一世在此奠基，並於1916年開始啟用，往杜羅河谷、吉馬萊斯(Guimarães)和布拉加(Braga)等北部城市的地區性火車都由此出發。

車站外型深受巴黎學院派建築思潮的影響，像一座宮殿，然而真正吸引人的是大廳內由兩萬片磁磚(Azulejo)拼貼出的歷史與生活，這是葡萄牙藝術家Jorge Colaço於1905~1916年間的創作，生動描繪葡萄牙的重要戰役、人民的日常、以及交通運輸的轉變。入口右側，若昂一世和英國公爵之女菲莉帕(Philippa of Lancaster)在此聯姻，受到民眾熱烈歡迎；下方則重現1415年征服北非休達的勝利；而對面牆上，1140年的Valdevez戰役正打得火熱呢！與其說是火車站，聖本篤車站更像是一座走入生活中的美術館。

波爾圖的美麗與殘破

行走在波爾圖的市中心和美麗的杜羅河畔，你可能感到疑惑，火車站旁的黃金地段和河岸第一排景觀區怎麼會參雜許多廢墟，任由藤蔓爬滿頹圮牆面而無人處置。

2008年期間葡萄牙受到金融海嘯的衝擊，必須接受歐盟的協助才能防止國家破產，根據2011年的統計數字，波爾圖市中心有18.8％的房子因破產離開而被遺棄。此外，葡萄牙政府對於整修房子外觀的法律相當嚴格，在不改變結構之下進行內部整修所費不貲，對經濟能力許可的屋主而言，不如把市中心的房子閒置，搬到市郊置產。留下來的只有早期的租屋者，房東礙於當時保護房客的法令限制，無法隨意調漲房租，當然不願花錢整修老屋，老人們也沒有錢搬走，只好繼續留在市中心的殘破房子中生活。

隨著旅遊業的復甦，有越來越多業者願意收購市中心的低價破房，重新整修成旅宿、餐廳或商店，也許有一天，舊城區另類的殘破之美也會隨著時間逐漸消逝。

波爾圖主教堂

Sé do Porto

樸素外衣包裹華麗內在

🚶 從聖本篤車站步行約5分鐘可達 🏠 Terreiro da Sé ☎ 22-205-9028 ⏰ 4~10月：09:00~18:30；11~3月：09:00~17:30 ❌ 復活節、耶誕節 💲 教堂免費，博物館、迴廊和塔樓€3 🌐 www.diocese-porto.pt

和波爾圖其他教堂比起來，主教堂外觀像一座樸素的碉堡，但在一片紅瓦白牆建築中，兩座高聳的鐘塔仍然是杜羅河畔相當醒目的建築。

波爾圖主教堂是葡萄牙最重要的羅曼式建築之一，始建於1110年，之後經歷幾次修建，並在18世紀時大肆翻修，難怪一直被當地人批評是個沒有統一特色的建築物！不過這裡可是1378年葡萄牙國王若昂一世與英國的菲莉帕公主舉行婚禮的教堂，同時也是葡萄牙與英國簽訂溫莎條約之地！

現今教堂僅剩迴廊和玫瑰花窗為早期留下來的東西，其他部分包括西門的階梯、北邊牆壁的涼廊、雕飾華麗的銀製主祭壇和誇張的浮雕等，都是標準巴洛克風格，出自義大利建築師Nicolau Nasoni之手。哥德式迴廊在14世紀初期興建，大約18世紀鑲嵌上當時流行的手繪磁磚，青藍色花磚在樸實的廊柱間蔓延，敘說上帝和大教堂守護神——聖母之間的對話，氣氛神聖而靜謐。

證券交易宮

MOOK Choice

Palácio da Bolsa

商業繁榮的象徵

🚶 從聖本篤車站步行約10分鐘可達 🏠 R. de Ferreira Borges ☎ 22-339-9013 ⏰ 09:00~18:30 💲 全票€12、優待票€7.5 🌐 www.palaciodabolsa.com ❗ 參觀內部需跟隨導覽，導覽時間約30分鐘，購票時可選擇英語導覽

1832年葡萄牙內戰期間(Portuguese Civil War)，聖方濟各教堂的女修道院遭焚毀，瑪麗二世女王(Queen Mary II)將此地贈與波爾圖的商人，波爾圖商會於1842年開始在此建造證券交易所。

證券交易宮由波爾圖建築師Joaquim da Costa Lima Júnior設計，採新古典主義式宮殿建築，並受到帕拉第奧式建築(Palladian architecture)的影響。19~20世紀的波爾圖是繁榮商港，約有26個國家經常在此交易，除了股票交易，這裡也用來接待外賓。如今，證券交易已移往他處，僅有部分定期會議及活動在此舉行，其他時間開放遊客參觀。

國家大廳 (Patio das Nacoes) 為建築的中心，八角形天窗的周圍，裝飾著19世紀與葡萄牙有密切商業往來的國家國徽，營造商會高貴不流俗的氣息；法庭大廳(Sala do Tribunal)採用法國文藝復興風格，牆上壁畫描繪當時波特酒的產銷方式以及貿易活動的盛況；最受矚目的是阿拉伯廳(Salão Árabe)，設計靈感來自西班牙的阿爾罕布拉宮，使用紫檀木、緞木、花梨木等上好木材，細細雕刻阿拉伯風格的繁複花紋，並以18公斤的金箔片裝飾，令人眼花撩亂，當年經常舉辦音樂會，據說音場絕佳，現在也提供場地出租舉辦活動。

MAP ▶ P.150上C2

聖方濟會教堂及博物館

MOOK Choice

Igreja e Museu de São Francisco do Porto

極致華麗巴洛克

🚇 從聖本篤車站步行約10分鐘可達　🏠Rua do Infante D. Henrique　☎22-206-2165　🕐4~9月：09:00~20:00；10~3月：09:00~19:00　🚫12/25　💲全票€10　🌐 ordemsaofranciscoporto.pt/museu　❗教堂內部禁止拍照

不要被聖方濟會教堂平凡的哥德式外觀騙了，內部超過200公斤的鑲金裝飾讓人看了眼花撩亂！

方濟會修士13世紀來到波爾圖，一開始受到其他教派及波爾圖主教的抵制，直到教宗諾森五世下令歸還捐贈給他們的土地，才在1245年始建小教堂，現在看到的規模大約完成於15世紀。教堂內最特別的是18世紀增加的巴洛克式裝飾，從主祭壇、樑柱、神像到天花板，華麗誇張的雕刻貼滿閃閃發亮的金箔紙，不留任何一點視覺喘息的空間，金碧輝煌的程度令人嘆為觀止，其中，最受矚目的是一座耶穌生命之樹木雕。現今的教堂已不再舉辦宗教儀式，1910年被指定國家紀念碑，1996年被聯合國教科文組織列為世界遺產。

教堂的對面還有博物館和地下墓穴可參觀，展示從前修道院的家具文物，以及宗教藝術品，地下墓穴的牆壁和地板排滿整齊的墓碑，最內側的鏤空地板還能看到成堆的人骨頭。

MAP ▶ P.150上C2

蕾貝拉

MOOK Choice

Riberia

波爾圖最迷人的表情

🚇 從聖本篤車站步行約10分鐘即達

緊鄰杜羅河的蕾貝拉是城市最早發展的區域，中世紀以來就是商業中心。密密麻麻的民宅隨山坡起伏，老舊的彩色公寓搭配飄揚的衣服被單，是蕾貝拉給人的第一印象，從前這裡住的是中下階層居民，那種雜亂、親切又隨意的葡萄牙生活感至今仍停留在街角，你會被毫不起眼的雜貨店所吸引，走進一家只聽得到葡萄牙語的小餐館，嚐到行程中最美味的料理。

河畔的蕾貝拉廣場又是另一種慵懶氣氛，一家家餐廳和咖啡館提供欣賞路易一世大橋的最佳視野，怎能不點一杯波特酒搭配美景呢！

亨利王子之家 & 王子花園

Casa do Infante & Jardim do Infante Dom Henrique

開啟大航海時代的先驅

🚶 從聖本篤車站步行約12分鐘即達 ⊙Rua Alfandega 10 ◷週二至週日10:00~17:30 ⊗週一及假日 ⑤花園免費，博物館全票€4 ⓜmuseudoporto.pt/en/estacao/casa-do-infante

　　亨利王子(Infante D. Henrique, 1394-1460)的紀念雕像高高地佇立在花園中心，而亨利王子之家就座落在花園旁的小巷內，據說是航海家亨利王子的出生地。這位傳奇人物在葡萄牙南邊建立了全世界首間航海學校、圖書館、以及造船廠等等創舉，為日後葡萄牙輝煌的大航海時代奠定基石。這棟1325年的建築是城市中最古老的建物之一，曾經是波爾圖第一個海關，後來作為造幣廠。目前為博物館，展示90年代被挖掘出的古羅馬和中世紀遺跡，以及航海相關主題文物。

路易一世鐵橋

MOOK Choice

Ponte de Dom Luis I

橫跨杜羅河的地標

🚶 從聖本篤車站步行約7分鐘可達

　　雖然鄰近區域共有6座橋樑橫跨杜羅河，路易一世鐵橋卻是永遠的目光焦點。工業風格的鏤空雙層鋼鐵拱橋，連接波爾圖和杜羅河南岸的加亞新城(Vila Nova de Gaia)，鐵橋上層是欣賞蕾貝拉和杜羅河景觀的最佳地點。

　　路易一世鐵橋於1881年開始興建，1886年啟用，由比利時的建築師Teófilo Seyrig負責建造，他也是艾菲爾鐵塔設計師 Gustavo Eiffel 的工作夥伴。鐵橋總長382.25公尺，高44.6公尺，172公尺的半圓跨距，建造之時為世界第一，除了人行步道以外，上層供地鐵通行，下層則是車輛往來。

波爾圖及北部地區⋯⋯ **波** 爾圖及周邊 Porto and Around

濕答答三明治Francesinha

　　乍聽這道食物的名字，完全無法想像端上桌的會是什麼。波爾圖的必嚐特色小吃，其實就是肉蛋吐司，只是內層並非薄薄一片豬排這麼簡單，一層一層疊上火腿、培根、漢堡排，包裹在融化起司的懷抱，上層再加一顆半熟蛋，最特別的是，比蛋糕還厚的三明治浸泡在以番茄和啤酒為基底的醬汁中，切開瞬間，緩緩流下的蛋黃與醬汁混合，像是開啟食慾的按鈕，大大提升吐司夾肉的美味層次。

　　杜羅河兩岸的餐廳、咖啡館都供應這道菜，價位大約€7~15之間，份量十足，熱量也不容小覷。

萊羅書店

MOOK Choice

Livraria Lello

哈利波特的魔法書店

🚶從聖本篤車站步行約8分鐘即達 🏠 R. das Carmelitas 144 ☎22-200-2037 ⏰09:00~19:30 ⓧ1/1、復活節週日、5/1、6/24、12/25 💲入場費€8，可全額折抵購書 🌐www.livrarialello.pt ❗建議先在官網購票，於街角的紀念品店寄放背包，再到書店門口排隊。中午用餐時間和傍晚人潮較少

這間書店的來頭不小，據說哈利波特的作者J.K. Rowling旅居波爾圖期間，在這間歷史悠久的書店獲得書中場景的靈感；它的頭銜也很多，「全球十大書店」、「世界最美書店」，小小的雙層樓空間總擠滿來自各地的觀光客。萊羅書店可能是世界唯一收入場費的書店，而且想參觀還得乖乖排隊。

萊羅書店是葡萄牙歷史最悠久的書店之一，由萊羅兄弟開業於1906年，出自建築師 Xavier Esteves之手的設計屬於新哥德式風格。一樓核桃木書牆延伸至雕刻精緻的樓板，牆面上葡萄牙知名作家的半身像陪伴讀者沈浸文學時光，火焰紅的迴旋樓梯更是波爾圖明信片的主角之一，若不是忙碌拍照的遊客太多，真以為走入魔法世界中。書店中除了大量葡萄牙的作品和繪本，也有許多英、法文書籍以及自製的紀念商品。

克萊瑞格斯教堂與高塔

MOOK Choice

Igreja dos Clérigos

擁抱360度城市全景

🚶從聖本篤車站步行約5分鐘即達 🏠R. de São Filipe de Nery ☎22-014-5489 ⏰09:00~19:00，復活節、暑假和耶誕節09:00~23:00 💲教堂免費；高塔及博物館€8；19:00以後夜間票€5 🌐www.torredosclerigos.pt ❗可線上購票並於指定時間參觀，或現場排隊購票

不管在舊城區或是杜羅河岸，都能看見克萊瑞格斯高塔挺拔的身影，突出於一片紅瓦之上，雖然高塔只有76公尺，卻已是葡萄牙最高的花崗石塔，1763年建成之時，作為波爾圖最醒目的建築物，自然也就身負船隻的燈塔和地標功能。

克萊瑞格斯高塔由義大利的建築師Nicolau Nasoni所興建，爬上225個旋轉階梯，等待你的是360度的波爾圖全景，腳底下是舊城區高低交錯的紅屋瓦，像樂高積木朝杜羅河展開，天氣好的時候，甚至還可遠眺波爾圖的海岸線。

克萊瑞格斯教堂與高塔相連，同樣建於18世紀前半，反映出當時極受歡迎的巴洛克建築風格，最特別之處，是當時葡萄牙首創的橢圓形教堂空間設計。教堂內的博物館則展示13~20世紀的宗教藝術及文化資產，包含雕像、繪畫、家具和金飾，其中有一間收藏各種耶穌受難像的展廳，令人印象深刻。

卡爾莫教堂

MOOK Choice

Igreja do Carmo

洛可可式教堂代表

🚶 從聖本篤車站步行約7分鐘即達　🏠 R. do Carmo　☎️22-207-8400　🕐09:30~18:00　💰€5，波爾圖卡8折優惠　📱 www.facebook.com/tourCarmoPorto

　洛可可式的華麗立面，覆蓋側牆的巨幅磁磚壁畫，以及閃耀的鍍金祭壇，卡爾莫教堂在波爾圖眾多教堂中獨樹一幟。教堂建於18世紀下半葉，磁磚畫卻是1912年Silvestre Silvestri的作品，拼貼出天主教隱修會創立的場景，畫中人物的表情生動立體，筆觸細緻，可看出葡萄牙磁磚畫的技術與傳承。

　與之相鄰的是赤足加爾默羅教堂(Igreja dos Carmelitas Descalços)，內部巴洛克式的鍍金祭壇和講道臺，比起卡爾莫教堂，奢華程度有過之而無不及。兩間教堂外觀看來似乎連成一體，但仔細觀察，其實還隔著號稱是葡萄牙最窄房屋的隱屋(Casa Escondida)，這間房屋

面寬僅1公尺，據說是因為卡爾莫教堂為修士使用，而赤足加爾默羅教堂都是修女，故以此一屋將兩方隔開。

阿瑪斯禮拜堂

Capela das Almas

以教堂牆面為畫布

🚶 從聖本篤車站步行約7分鐘即達　🏠 Rua de Santa Catarina 428　☎️22-200-5765　🕐週一至週五07:30~18:00，週六日07:30~12:45、18:00~19:00　💰免費

　從葡萄牙文的字面意思來看，Capela das Almas意思是「靈魂的禮拜堂」，造於18世紀，奉獻給聖卡塔琳娜的小教堂。阿瑪斯禮拜堂最具可看性的地方是外牆，整座教堂被藍白葡萄牙瓷磚(Azulejo)包裹，像一間典雅的大型瓷器娃娃屋，佇立在商業區街角，有點不真實。

　這些磁磚畫是Eduardo Leite於1929年的作品，有趣的是，當時為了符合整個波爾圖的城市調性，所以特地模仿18世紀的磁磚畫風格，內容

描述多位聖人的事蹟，包含阿西西的聖方濟之死和聖卡塔琳娜(Santa Catarina)的殉難。

波爾圖及北部地區…

波

爾圖及周邊 Porto and Around

MAP ▶ P.150上C1

自由廣場&同盟大道

Praça da Liberdade & Avenida dos Aliados

舒適寬闊的林蔭大道

🚶聖本篤車站往北步行約1分鐘即達 ⚓Praça da Liberdade & Avenida dos Aliados

自由廣場上有波爾圖最寬闊舒適的人行步道——同盟大道，一路往北延伸約250公尺長，這條林蔭大道周遭環繞許多歷史悠久的建築，目前都成為了銀行、飯店、咖啡廳或餐廳，包括了126號上的「最美麥當勞」，最北側為市政廳，南側則為新古典主義風格的修道院(Palácio das Cardosas)，目前已改建為飯店，是周圍最古老的建築之一。自由廣場也是許多徒步行程的集合點，廣場上佇立著葡萄牙國王佩德羅四世(Dom Pedro IV)的騎馬雕像，他的右手拿著1825年的憲法憲章，是自由、堅持與愛國的象徵。

MAP ▶ P.150上C1

Café Majestic

喝一口優雅

🚶從聖本篤車站步行約7分鐘即達 ⚓Rua Santa Catarina 112 ☎22-200-3887 ⏰週一至週六09:00~23:30 ⓧ週日 🌐www.cafemajestic.com

新藝術風格的曲線門窗圈繞一室華麗，真皮的原木座椅雕刻細緻花紋，Café Majestic曾被評選為世界十大最美咖啡館之一，每一處細節都講究，在Majestic白色大理石桌上，杯中盛裝的不只是咖啡，還有一份優雅。

Café Majestic創業於1926年，原名Elite Café，但這個帶點君主色彩的名字，在當時共和風氣和布爾喬亞階級盛行的葡萄牙不受歡迎，所以改名為Majestic，表現巴黎美好年代(La Belle Époque)的魅力。這間華麗的咖啡館從以前就是知識份子、藝術家和名媛的聚會場所，葡萄牙、巴西和法國總統也都曾是座上嘉賓。

MAP ▶ P.150上C1

波尼歐市集

MOOK Choice

Mercado do Bolhão

感受鮮活生命力

🚶從聖本篤車站步行約7分鐘可達 ⚓R. Formosa 214 ☎22-332-6024 ⏰市場：週一至週五08:00~20:00、週六08:00~18:00；餐廳：週一至週六08:00~00:00 ⓧ週日和假日 🌐mercadobolhao.pt

波尼歐市集是波爾圖最大的傳統市場，自1850年開業至今，都是在地人生活的一部分。

市集由四條街道包圍，佔據一整個街區，外觀是雙層的新古典主義建築，內部有鍛鐵欄杆裝飾，中間是鏤空的廣場，三條長廊形小屋規劃為一間間的小攤販。主要販售蔬果、鮮花、麵包、煙燻肉品、乳酪和橄欖油等雜貨，隨著觀光客的增加，開始有許多紀念品店，此外，市集也發展出自有品牌紀念品。二、三樓的外圍廊道上有不少餐廳進駐，就算不購物也能來飽餐一頓。

波爾圖音樂廳

MOOK Choice

Casa da Música

兼顧機能與造型的當代地景

🚇搭乘地鐵A、B、C、E、F線於Casa da Música站下車即達 🏠Av. da Boavista 604-610 ☎22-012-0220 ⏰09:30~18:00。週一、週三、週五、週六及週日12:00、16:30各一場英語導覽，行程約1小時 💰導覽行程€12，持波爾圖卡€9 ⓜwww.casadamusica.com

波爾圖音樂廳像巨大的白色不規則幾何切割石塊，高調而突兀地放置在城市中心，它不只是波爾圖當代建築的代表，更曾獲得紐約時報評論家Nicolai Ouroussoff的美讚，認為它與柏林音樂廳、洛杉磯迪士尼音樂廳並列百年內最好的三大音樂廳，就算沒機會入內看演出，也非常推薦參加導覽行程參觀內部。

音樂廳是荷蘭建築師Rem Koolhaas的成名代表作之一，他與聲學專家充分討論後，以「變形的鞋盒」為設計概念，重新解構空間，讓小型演奏廳、排練室、休息區、VIP包廂等附屬空間包圍主演奏廳，創造「盒中盒」的空間結構，不但有效避免演出時的音量擾民，還能保持建築外觀

的突破性。主演奏廳有1,238個座位，特殊波浪形雙層玻璃分隔附屬空間，不只具有視覺透視效果，最大功能是讓聲音在音樂廳中反射與折射，配合天花板和牆面的吸音材質，達到隔音及控制聲音殘響值的功能。

每個包廂設計不同主題，可供不同團體租用，而頂樓可眺望城市的餐廳更是受到市民的歡迎。波爾圖音樂廳在每個設計環節上都是以機能為出發，讓音樂廳融入城市生活。

瑞斯國家美術館

Museu Nacional Soares dos Reis

第一間公眾美術館

🚇從聖本篤車站步行約20分鐘即達 🏠Rua Dom Manuel II,44 ☎22-339-3770 ⏰週二至週日10:00~18:00 🚫週一、1/1、復活節週日、5/1、6/24、12/25 💰全票€8 ⓜwww.museusoaresdosreis.gov.pt

瑞斯國家美術館的前身是成立於1883年的波爾圖繪畫與印刷博物館(Antigo Museu Portuense de Pinturas e Estampas)，是葡萄牙第一座開放給民眾的美術館。1940年搬遷至現址，以葡萄牙19世紀最出名的雕塑家António Soares dos Reis命名，坐落在一棟18世紀的新

古典宅邸——Palácio das Carrancas，從前這裏曾是猶太人的織布工作室、皇家住所和半島戰爭時的軍事指揮總部。

館藏以19~20世紀的油畫和雕塑收藏為主，包含有António Soares dos Reis的雕塑作品和自然派水彩畫家António Teixeira Lopes等。另外還收藏玻璃和銀器、中國的瓷器、17~18世紀的家具及新藝術風格的裝飾藝術。

塞拉維斯當代美術館

MOOK Choice

Museu de Arte Contemporânea de Serralves

離塵不離城的城市綠洲

🚇地鐵A、B、C、E、F線於Casa da Música站下，轉乘巴士502、203號於Matosinhos Mercado站下；或從自由廣場搭巴士201號於Viso站下 🏠Rua D. João de Castro, 210 📞22-615-6500 🕐4~9月：10:00~19:00；10~3月：週一至週五10:00~18:00，週末10:00~19:00 ⊗1/1、12/25 💲全區€24，公園€15，優待票半價 🌐www.serralves.pt 🎫每月第一個週日10:00~14:00免費

簡單而優雅的白色立體建築與濃密綠蔭共同譜寫一首寧靜的詩，打開塞拉維斯當代美術館的門，有如瞬間移動，走進另一個波爾圖。

建築由葡萄牙當代建築大師 Álvaro Siza 於1999年所設計，建築本身就是藝術的一部分。Álvaro Siza是普立茲克建築獎的得主，他擅長於融合建築與環境的協調性，同樣表現在塞拉維斯美術館，空間結構簡潔細膩，極簡主義風格，以白色作為最純淨的語彙，不喧賓奪主，讓展覽品成為空間主角，但建築師又巧妙運用建築的U型結構、各展廳大小不同的開窗與折板，讓觀賞者無法忽略光、影、與窗外綠意在這塊建築畫布上的即興創作。

美術館由塞拉維斯基金會所成立，專注於現代和當代藝術的展覽，包括繪畫、雕塑、攝影以及裝置藝術，經常舉辦來自葡萄牙和國際知名藝術家的展覽，展覽內容經常更換，常設收藏通常包括安東尼·高姆雷(Antony Gormley)、南·戈丁(Nan Goldin)等知名藝術家的作品。

園區佔地極廣，除了主建築，還包含塞拉維斯別墅（Casa de Serralves）、電影館(Casa do Cinema Manoel de Oliveira)、以及佔地18公頃的戶外公園 (Parque de Serralves)。

戶外公園

廣達18公頃的森林公園保留原本的植被，結合法式和英式園林設計，漫步在蜿蜒的小徑間，走過花園、噴泉、林地、農場，欣賞由國際知名藝術家創作的現代雕塑和裝置藝術，這裏給想要遠離觀光客與喧囂的旅人，一段靜謐的休憩時光。園區內還有一棟致敬葡萄牙著名導演馬諾埃爾·德·奧利維拉(Manoel Cândido Pinto de Oliveira)的電影館。

塞拉維斯別墅

這座新藝術風格別墅建於1930年代，曾經屬於Carlos Alberto Cabral伯爵，以精美的裝飾細節和高品質材料聞名，René Lalique、Edgar Brandt等歐洲知名傢俱設計師分別為這棟別墅設計了鍛鐵門、天窗、客廳、餐廳等空間。目前作為特展場地。

波爾圖周邊
MAP ▶ P.150上A1

阿富拉達
Afurada
一窺傳統漁村生活日常

🚌 可在Boavista (Boavista-casa da Música)搭乘前往Lavadores方向的巴士902號，在Chãs站下車後步行800公尺即達。或者由加亞新城遊客服務中心步行約35分鐘即達。自駕遊可將車停在河岸旁的免費停車場

位於杜羅河岸西邊阿拉比達大橋(Ponte Arrabida)西側，阿富拉達是葡萄牙傳統小漁村的代表，至今仍保留著傳統的漁村樣貌與生活，這裡步調悠閒，空氣中散發著海水的鹹味與戶外曬衣場的肥皂香味，海鳥在空中盤旋，河岸旁聚集著閒聊的當地居民，一大早有熱鬧的魚市，洗衣場裡有著談笑風生的洗衣婦人，這裡沒有驚為天人的觀光景點，有的是寧靜緩慢，老式的漁村生活樣貌。如果時間充裕，你可以在河畔漫步，在小村裡有名的海鮮炭烤店Taberna Sao Pedro享用新鮮的海產，並在對面的轉角的糕點店Padaria 1º Maio點一份物超所值的蛋塔。

洗衣場
Lavadouro Publico
很難想像，僅距離加亞新城15分鐘路程的小漁村哩，婦女仍在保留完好的大眾洗衣場裡手洗衣物，場內有著多個洗衣槽，流水聲談話聲此起彼落。

雖然洗衣機早已是家家戶戶的必備，但在小漁村裡仍保持著這項傳統，洗衣場是社區的社交中心，也是八卦與情報的交流場所。

📍P.165A2 🏠R. da Praia 147, 4400-354 Vila Nova de Gaia

阿富拉達

往◎加亞新城
往◎阿拉比達大橋Ponte Arrabida

停車場🅿
Taberna Sao Pedro 🍴 　🍴 Padaria 1º Maio

魚市
Mercado de Peixe
洗衣場
Public Washing Afurada
碼頭
洗衣場
Lavadouro Publico

圖例 | ◎景點 🍴餐廳
🅿停車場 ⚓碼頭

花公雞傳說

不管在葡萄牙的哪個角落，一定擺脫不了花公雞的身影。從冰箱磁鐵、磁磚、圍裙、酒瓶塞等應有盡有，可見這隻色彩繽紛的花公雞在葡萄牙人心中的份量。

花公雞的傳說有點類似葡萄牙版本的「六月雪」，源自於16世紀的「神蹟」。一名來自加利西亞的朝聖者在前往聖地牙哥朝聖的途中，在經過巴賽羅(Barcelos)時，被誤認是小偷因而被全鎮民譴責，必須將他吊死。為了替自己喊冤，這名朝聖者在法庭當著法官的面指出，如果法官晚餐中的烤雞能夠站起來啼叫，這就代表他是清白的！當天晚上，烤雞不可思議的活了過來，因此這名朝聖者也無罪釋放。而後，這隻公雞的奇跡就在葡萄牙各地廣為流傳，成為最受歡迎的民俗藝術特色，也變成葡萄牙的幸運表徵。

加亞新城

Vila Nova de Gaia

漫步微醺河畔

🚇搭乘地鐵於Jardim do Morro站下，步行5分鐘可至河畔
加亞新城遊客服務中心 🏠Avenida Diogo Leite, 135 , Vila Nova de Gaia 📞22-375-8288 ⓤwww.cm-gaia.pt

杜羅河南岸的加亞新城是葡萄牙人口第三多的都市，然而遊客跨河而過不為別的，只為了河畔遠近馳名的波特酒。

和其他葡萄酒不同的是，波特酒在杜羅河上游葡萄園區釀造，然後運送到河口的加亞新城熟成、儲藏、鑑定與出口。1987年時頒發一項規定，只有在加亞新城儲存的波特酒才能命名為「波特酒」，現在這裡大大小小的酒莊約有60來家，Taylor、Calem、Sandeman、The Yeatman都是名氣相當大的酒莊，同時身兼展售中心，並提供導覽解說及試飲，別錯過在百年酒窖中品酒的機會。

河面上停泊許多造型優雅的平底木帆船(Barcos rabelos)，這些是早期運送波特酒的交通船，現在因為交通便利，木船早已卸下工作重擔，反倒是當起波特酒莊的廣告代言了。每年唯有等到一年一度的聖若昂紀念日(6月24日)，這些船才會展開風帆在河上競賽。

路易一世鐵橋上方的塞拉皮拉爾修道院(Mosteiro da Serra do Pilar)平台有欣賞波爾圖、杜羅河和鐵橋的最佳角度，若是覺得爬坡太累，也可在河邊搭乘纜車(Gaia Cable Car)上山。

Wow文化園區Wow Porto

🚇P.150上B2 🚶加亞新城遊客中心旁的小巷子R. de França走進去，步行約4分鐘即可看到售票處和巧克力故事館；或搭乘901或906號巴士於Choupelo站下車 🏠Rua do Choupelo 39, Vila Nova de Gaia 📞22-012-1200 🕐園區：10:00~01:00；博物館：10:00~19:00；每間餐廳及酒吧營業時間不同 💲單一主題博物館€20~25、任選2間€34、全區通行一日券€39 ⓤwww.wow.pt

五星級飯店The Yeatman和杜羅河間的大片山坡地，原本是有百年歷史的波特酒酒窖，經整修改造後，2020年重新以文化園區的姿態開啟，邀請遊客認識波爾圖及葡萄酒文化。

園區內包含6座沈浸式體驗博物館、以300年歷史的阿特金森宅邸(Atkinson Museum)整修的博物館、葡萄酒學校、以及12間餐廳和酒吧。你可以在「葡萄酒體驗博物館」中認識世界葡萄酒產區、葡萄種植、釀造、陳放和裝瓶的過程，最後以品飲三種葡萄酒結束行程；也可以走進「桃紅宮殿」的粉紅酒世界，在粉紅跑車、桃紅球池裡拍下網美打卡照；在「Bridge珍藏館」中，欣賞2500件兵馬俑時代到現代水晶和玻璃器皿的酒器，穿越9000年的飲酒文化；或是在「軟木星球」認識葡萄牙的軟木特產、「巧克力故事館」中了解從可可到巧克力的過程、參觀「跨越時代的波爾圖」深入城市歷史……

除了互動式的展覽內容，園區也經常舉辦巧克力製作或品酒工作坊，走累了，坐在中央廣場的露天咖啡座小憩，蕾貝拉舊城和路易一世鐵橋的展望就是最美陪伴。

Sandeman

🚇P.150上C2 🚶搭乘地鐵於Jardim do Morro站下，步行約5分鐘即達 🏠Largo Miguel Bombarda Nr. 47 📞22-374-0534 🕐10:00~12:30、14:00~18:00 💲導覽與試飲€21起 ⓤwww.sandeman.com

有著黑色斗篷蒙面俠的商標圖案，著名的Sandeman是此區最具人氣的酒莊之一，英語導覽常常客滿，建議提前透過官網預訂。蘇格蘭人喬治桑德曼在1790年創立了Sandeman，目前已傳承至第七代。導覽行程由專業的品酒師解說，最基本的行程內容包括參觀1811年的酒窖，觀賞影片，並可試飲三款不同的波特酒，行程約50分鐘，其他還有品酒搭配巧克力、品飲年份波特酒等行程。

Cálem

🔺 P.150上C2　🚇 搭乘地鐵於Jardim do Morro站下，步行約5分鐘即達　🏠 344, Av. de Diogo Leite　📞 223-746-660　🕙 10:00~19:00　💲 導覽與試飲€19起，導覽、試飲與觀賞法朵音樂€25　🌐 tour.calem.pt

葡萄牙國內市占率最高的葡萄酒品牌，成立於1859年，目前由家族第四代經營。基本導覽行程包括多媒體互動導覽、專人解說與參觀，並在百年酒窖中試飲兩款葡萄酒，愛酒人也可選擇品飲三款並搭配巧克力或山羊乳酪的行程。此外，酒莊還推出傍晚的法朵音樂導覽團，行程包含欣賞現場的法朵表演，時間大約90分鐘。導覽行程可事先於網上預訂。

💡香醇甜美──波特酒Port wine

波特酒被譽為葡萄牙的國酒，因為這種微甜的紅葡萄酒需在波爾圖窖藏陳釀和銷售而得名。

17世紀時隨著杜羅河區域的葡萄酒出口量增加，為了在長途運送過程中維持酒的品質，嘗試在釀造的過程中加入蒸餾的葡萄烈酒達到停止發酵的功用，因此保留了葡萄液中的糖分，讓波特酒呈現豐富的香氣、圓潤的甜味和濃郁的口感，意外的也更符合英國人的喜好。一般酒精度數為19%~22%，適合作為餐前酒或甜點酒，最適合的飲用溫度是18~19度。

波特酒皆由多種葡萄品種混釀，每家酒廠都有自己的比例和配方，大多使用種植於杜羅河谷的原生種葡萄，品種包含Tinta Roriz、Touriga Franca、Touriga Nacional、Tinta Barroca、和Tinto Cão。又依據瓶裝陳釀、木桶陳釀、以及年份細分種類，以下介紹幾種常見的主要類別：

紅寶石波特 Ruby:

酒液有紅寶石的美麗光澤，屬於年輕的波特酒，在橡木桶中至少兩年，陳釀過程杜絕氧化，口感較輕盈滑順。這也是最平價的波特酒。

白波特 White:

選用白葡萄混釀而成，酒液呈現金黃色，為即飲而釀製，僅經過短時間的陳化，比起紅波特顯得較為稀少，口感清爽帶有熱帶水果與蜜桃的香氣。

粉紅波特 Rose:

與一般粉紅酒的製作方式相同，只攝取葡萄皮的少量顏色，使得酒液呈現粉紅色，屬於年輕的波特酒，帶有果香、肉桂與蜂蜜的風味，可做調酒使用。

晚裝瓶波特 LBV(Late-Bottled Vintage):

由特定年份的精選葡萄釀製，在橡木桶中熟成至少五年才裝瓶，產生出更多層次的風味，所以稱為晚裝瓶，高單寧與酸度，具有香料與可可的香氣。

茶色波特Tawny:

由多款年份波特混調，並長時間在橡木桶陳釀，呈現金黃色，有堅果風味，調和後約需10年左右的時間熟成，也有20~40年以上的褐色波特。

年份波特Vintage:

又被稱為波特酒之王，選用葡萄品質最佳的年份，在釀製後的2~3年間裝瓶，並須經過IVDP(杜羅河波特酒協會)認證合格，雖可直接銷售，但陳年10~40年飲用更佳。

MAP ▶ P.149B2

杜羅河谷葡萄酒產區
Douro Wine Region

浪漫醉人波特酒原鄉

🚗 從聖本篤火車站出發到雷加(Peso da Régua)，車程約2小時，一天12班次；從加亞新城碼頭或波爾圖碼頭登船，到達雷加的航程約7小時；自駕開車從波爾圖出發，約需1.5小時

片岩山脈開墾成滿山遍野的葡萄園梯田，蜿蜒的杜羅河兩岸，夏日一片嬌嫩翠綠，秋季層層疊疊火紅若楓，小巧可愛的酒莊和紅瓦小村莊點綴其間，尚未品嚐到香甜波特酒，就已沈醉在與世無爭的田園景色中。

杜羅河上游成為葡萄酒鄉的歷史已將近兩千年，早在西元3~4世紀的西羅馬帝國末年時，這裡已經開始釀製葡萄酒。17世紀下半葉波特酒的出現，讓該區的葡萄園不斷擴張，1756年得到正式界定，成為世界上最古老的受保護葡萄酒指定產區之一。

波特酒在上游產地完成發酵加烈程序後，封入橡木桶中，以特殊的平底船Barcos Rabelos運送至杜羅河口的波爾圖，在加亞新城的各家酒窖中陳釀並封瓶出售。現在因為水壩及公路的修築，已改為陸路的方式運酒。

葡萄酒產區的範圍從西班牙邊界，沿杜羅河兩岸，一直到波爾圖以東90公里的Mesão Frio，這裏隆起的山脈正好擋住大西洋的水氣鹽分，由西而東又分成三個區域Baixo Corgo、Cima Corgo和Douro Superior。Baixo Corgo氣候涼爽多雨，土壤最肥沃，是葡萄園分佈最廣的區域；Cima Corgo被認為生產品質最好的波特酒和葡萄酒。

杜羅河谷地圖：
- 吉馬萊斯 Guimarães
- 馬特烏斯宮 Casa de Mateus
- 雷亞爾城 Vila Real
- 阿瑪蘭蒂 Amarante
- 雷加 Régua
- 皮尼奧 Pinhão
- Tua
- 上杜羅 Alto Douro
- 波爾圖 Porto
- 阿富拉達 Afurada
- 加亞新城 Nova de Gaia
- 大西洋 Atlantic Ocean
- 杜羅河 Rio Douro
- 山後地區 Trás-os-Montes
- 西班牙 Spain
- 福什科阿新鎮 Vila Nova de Foz Coa
- 圖例 ◉景點

杜羅河谷就要這樣玩！

杜羅河上游葡萄酒區分佈許多可愛小鎮，其中，人氣最旺的莫過於雷加(Régua)和皮尼奧(Pinhão)。可以搭乘遊船、火車或是開車遊覽，或是一趟行程水路雙棲，從不同的角度欣賞層層疊疊的葡萄園與蜿蜒河道交織的田園風光。

蒸汽火車重返舊時光

每年6~10月間，可能會遇上一輛古老的蒸汽火車，吐著白煙緩緩行駛於杜羅河岸。這輛1925年製的蒸汽老火車搭載5節木車廂。

15:30從雷加出發，於皮尼奧停留約12分鐘，讓旅客下車欣賞皮尼奧車站的藍白瓷磚畫，看站務人員如何幫這輛老古董加水。之後繼續前往Tua，大約16:40抵達，回程17:08從Tua發車。沿途除了欣賞風景，還有音樂表演和品嚐波特酒等娛樂。

杜羅河遊船

許多遊船公司推出從加亞新城碼頭(Vila Nova de Gaia Quay)或是蕾貝加碼頭(Estiva Quay)出發的1日遊。行程包含在船上享用早餐、午餐和品酒，下午抵達雷加或皮尼奧，安排接駁車至合作酒莊參觀和試飲，傍晚再搭乘火車或巴士返回波爾圖。因應行程內容不同，價差非常大，約€70~130不等。(行程推薦詳見P.153)

若不想一整天都在船上渡過，也可先搭火車或開車至皮尼奧，小鎮碼頭旁有幾間船公司提供1~2小時的體驗遊程，搭乘從前運酒的平底船Barcos Rabelos到上游的Romaneira再折返。

公路旅行

若開車前往，波爾圖到雷加之間可行駛高速公路，雷加以後正式親近杜羅河谷。雷加到皮尼奧這段沿著杜羅河的N222公路，總長僅約20公里，但曾被連鎖租車公司AVIS評選為「最適合自駕的公路」，絕美景色與悠閒的田園步調，再適合兜風不過了。

蒸汽火車Histórico do Douro
◐6~10月每週末、7~9月的週三
💲來回全票€54、半票€28。車票可在火車站櫃檯或葡萄牙國鐵官網上購買 🌐www.cp.pt/passageiros/pt/como-viajar/em-lazer/cultura-natureza/comboio-historico ❗座位有限，建議提前購票

Douro Cruises (Pinhão - Romaneira)
🚏皮尼奧碼頭 ◐4~10月：10:00~17:30；11~3月：11:00~16:00。每半小時一班次
💲1小時遊船€12.5、2小時遊船€25。可官網預約或現場購票 🌐www.douro.com.pt/en/cruises/1-day/cruzeiro-pinhao-romaneira-pinhao

阿瑪蘭蒂Amarante

河岸旁種滿成排的柳樹，河面上映照著古城的倒影，寧靜的阿瑪蘭蒂位於波爾圖東邊車程約30分鐘之處，杜羅河的支流塔梅加河(Rio Tamega)流過小鎮，這裡人口約一萬出頭，因葡萄牙隱士聖貢薩洛(São Gonçalo, 1187~1262)而聞名。13世紀時，他在此修建了城鎮與第一座橋梁，並以治癒病人的能力獲得了盛名，後來也成為尋求愛情運的象徵，不少人特地到河岸旁的聖貢薩洛教堂與修道院(Igreja de São Gonçalo/Mosteiro de São Gonçalo)祈求健康與愛情運。

天氣好時，可以漫步在聖貢薩洛古橋(Pointe de São Gonçalo)兩旁，或者在坐擁河景的咖啡館Confeitaria da Ponte品嚐美味甜點。此外，每年六月第一個週末是聖貢薩洛節，也是鎮上最熱鬧的日子，許多祈求真愛的單身女子都會前來教堂膜拜，鎮上也會販賣當地名產-陽具形狀的麵包(Bolo de Martelo)。

🚌搭乘Rede Expressos巴士前往，車程約50分鐘，每小時1~2班次。若是自駕遊，可開車至Amarante遊客中心，附近有停車場

Rede Expressos
ⓥ rede-expressos.pt

遊客中心Turismo Amarante
🏠R. 31 de Janeiro 32, Amarante Teixeira de Pascoaes Avenue 📞255-420-246 🕙10:00~13:00、14:00~18:00 ⓥ amarantetourism.com

Confeitaria da Ponte咖啡館
🏠R. 31 de Janeiro 186, Amarante 📞255-432-034 🕙08:30~20:00 ⓥ www.confeitariadaponte.pt

馬特烏斯宮
Casa de Mateus

愛喝粉紅酒的人一定對Mateus rosé這款酒不陌生，酒瓶上所描繪的華麗莊園，就是馬特烏斯宮。馬特烏斯宮位於雷阿爾城(Vila Real)東邊約4公里處，這座巴洛克式建築的宮殿建於18世紀，由當時富有的地主António José Botelho Mourão籌畫建造，至今他的子孫仍居住在此。

城堡導覽由寬敞的大廳開始，氣派的天花板和門框由整片雕飾精緻的木頭裝飾，小型圖書館內收藏著16世紀的珍貴圖書，許多房間都保留了原有的佈置和傢俱，許多收藏、壁畫、宗教古董皆傳達出整個家族演進的歷史。千萬別錯過城堡周圍的花園，花壇與樹籬設計浪漫夢幻，與華麗的房子互相輝映，有19世紀的山茶花、芳香的柏樹隧道、葡萄藤步道、秩序井然的果園，漫步在此讓人心曠神怡。此外，莊園內的葡萄酒商店還提供當地生產的三種葡萄酒試飲，皆為少量瓶裝的Alvarelhão葡萄品種。

🚌由波爾圖搭乘Rede Expressos巴士前往雷阿爾城(Vila Real)，再轉搭當地的Urbanos Vila Real 1號線(Lordelo-UTAD方向)，在Mateus下車，步行約250公尺即達 🏠Fundação da Casa de Mateus Casa de Mateus, Vila Real 📞259-323-121 🕙週一至週五09:00~17:00，週六日09:00~17:30 💰花園及教堂€12.5、（花園及教堂）€18、葡萄酒試飲€15、全區門票＋葡萄酒品 ⓥ www.casademateus.com

比索達雷加 Peso da Régua

比索達雷加(簡稱雷加)位於Baixo Corgo區，在波特酒的生產和貿易中佔有舉足輕重的地位，有波特酒之都的稱號，這裡也是老式蒸氣火車的起點。

漫步河畔欣賞兩岸的葡萄梯田和橫跨杜羅河的兩座大橋，走入城鎮還可參觀杜羅博物館(Museu do Douro)和波爾圖葡萄酒之家(Solar do Vinho do Porto)，瞭解更多關於葡萄酒產區和波特酒的歷史知識。城鎮後方山坡上有聖安東尼奧觀景台(Miradouro de Santo António)，開車前約17分鐘，從這裡可俯瞰整葡萄園、雷加和杜羅河美麗的S弧度。

🚗由波爾圖可搭乘火車前往雷加Régua，車程約2小時。自駕遊可由波爾圖開車走A4公路，約1小時20分即達

遊客中心Loja Interativa de Turismo do Peso da Régua

🏠Av. do Douro ⏰10:00~12:30，14:00~18:30 ☎254-318-152 🌐www.cm-pesoregua.pt

Quinta da Pacheca酒莊

林蔭道路盡頭，翠綠的葡萄藤蔓圍繞18世紀白色別墅，Quinta da Pacheca酒莊優雅寧靜的氣氛讓人印象深刻。Quinta da Pacheca位於比索達雷加的對岸，開業於1738年，是區域內歷史最悠久的酒莊之一，也是第一個以莊園品牌銷售葡萄酒的酒莊。

不像其他商業化量產的大品牌，Quinta da Pacheca依然維持少量生產的精緻品質，對自家波特酒嚴格把關，參加酒莊的品酒之旅可以瞭解更多波特酒的釀造過程，看到傳統踩踏葡萄成汁的大池、依然在使用的巨大橡木桶等，並包含試飲3種葡萄酒和2種波特酒。

Quinta da Pacheca也是獲獎無數的四星級莊園旅館，維持傳統建築的風格典雅，並提供現代化的舒適設備，在綿延的葡萄園間放鬆身心，品嚐莊園自豪的波特酒。

🚗從雷加開車前往約10分鐘，或搭乘計程車前往 🏠Rua do Relógio do Sol, 261，Cambres, Lamego ☎254-331-229 💲酒莊導覽＋試飲€24 🌐www.quintadapacheca.com

皮尼奧 Pinhão

皮尼奧位於雷加上游25公里的河岸，屬於Cima Corgo區，品質最好的波特酒都集中在這裡。這個相當迷你的小鎮只有一條主街，建造於19世紀末的火車站是參觀重點，車站內外裝飾以葡萄牙手繪花磚，描繪杜羅河谷的風貌以及葡萄酒種植、生產釀造、以平底船運送等活動。在杜羅河岸旁有許多公司提供遊船服務，依時間長短而價格不同。

🚗由雷加可搭乘火車抵達皮尼奧，車程約26分鐘。自駕約30分鐘路程

聖本篤車站周圍

MAP ▶ P.150下C2 | **McDonald's**

🚶 從聖本篤車站步行約3分鐘即達　🏠Praça da Liberdade 126　☎22-201-3248　🕐08:00~05:00　🌐www.mcdonalds.pt

在食物平價的葡萄牙，幾乎不會想走進速食店，但位於自由廣場旁的這間麥當勞卻很特別，即使不用餐，也要來參觀。入口招牌上方的老鷹，一開始就宣示氣派不凡，走進室內，櫃台後方大片彩繪玻璃搶走所有目光，而在水晶吊燈和石膏壁雕下享用速食，似乎味道都升級了。每個國家的麥當勞都有當地特色餐點，在這裏不妨試試豬排堡(McBifina)和蔬菜湯(Caldo Verde)。

聖本篤車站周圍

MAP ▶ P.150下C2 | **Restaurante Viseu No Porto**

🚶 由聖本篤車站門口往北邊側門徒步1分鐘即達　🏠R. da Madeira 212　☎22-200-4227　🕐週一至週四11:00~22:30，週五、六11:00~23:00　🚫週日

位於聖本篤車站旁，由家族代代經營葡萄牙傳統料理餐廳，沒有華麗的裝潢，樸實的門面販賣的是貨真價實的在地料理，吧檯前擺著油炸鹽醃鱈魚天婦羅(Isca de Bacalahu)、炸魚餅(Isca de Bacalahu)、炸肉盒(Rissol de Leitão)等小食，適合三五好友一起分食。主菜從海鮮到各種肉類都有，推薦章魚沙拉(Salada de Polvo)以及隱藏菜單-美味的辣滷雞胗(Moelas)，再配上一杯紅葡萄酒(Vinho Maduro Tinto)，美味立刻升級。

聖本篤車站周圍

MAP ▶ P.150上C1 | **Lareira**

🚶 從聖本篤車站步行約10分鐘即達　🏠Rua das Oliveiras, 8　☎22-208-0917　🕐12:00~23:00　🌐www.restaurantelareira.pt

復古小圓燈下，白瓷磚牆搭配深木色桌椅，走進內側，牆上還保留百年以上歷史的石砌牆面和火爐，Lareira的小清新在波爾圖大學學區內相當受歡迎。然而更吸引人的是吧台前滷出金黃色澤、香味四溢的豬排，搭配撒上香料的脆薯片，文青風豬排堡可不只有氣氛而已，味道也絕不遜色。塞拉維斯當代美術館旁也有一間分店。

聖本篤車站周圍

MAP ▶ P.150下C3 | **Tasca Casa Louro**

🚶 由聖本篤車站後方往東邊上坡徒步約5分鐘即達　🏠R. de Cimo de Vila 80　☎22-201-2367　🕐週二至週五10:00~20:00，週一、週六09:00~20:00　🚫週日　www.facebook.com/Casa.Louro.Porto

開店已有90年歷史的葡萄牙傳統酒吧，位於狹窄小巷弄中，吧檯旁總是站滿了熟客，午後時光在這裡小酌閒聊一番。現在的老闆是1967年時的員工，創店的老闆Louro去世後，他決定接手下來繼續營運。小酒吧以葡萄牙帕爾馬火腿聞名(Presunto)，煙燻味火腿(Salpicão)也很美味，這些優質的豬肉主要來自於西班牙邊境的小鎮，可以選擇內用，也可以外帶(100公克約€3)。最好的方式，就是跟當地人一樣，點杯紅、白青酒(White green wine/Red green wine)，搭配炸鹽醃鱈魚餅(Bolinhos de Bacalhau)、沙丁魚(Sardinhas)以及各式火腿冷盤，還有一種由麵粉、玉米和黑麥製成的麵包(Broa de Avintes)，你會為葡式美味的簡單與純粹而驚艷。

聖本篤車站周圍

Casa Portuguesa do Pastel de Bacalhau

MAP ▶ P.150下B3

🔗 由聖本篤火車站步行約7分鐘，位於克萊瑞格斯高塔旁 📍Campo dos Mártires da Pátria 108 ☎21-164-8919 🕐10:00~21:00，週五、六營業至22:00 🌐www.pasteldebacalhau.pt

　　Pastel de Bacalhau是最具代表性的葡萄牙小吃之一，常常出現在家庭聚會和節日。Casa Portuguesa do Pastel de Bacalhau選用來自埃斯特雷拉山脈的山羊起司Queijo Serra da Estrela，這種起司以濃郁奶香和絲滑的質地著稱，是DOP（原產地保護認證）的頂級產品。

　　店家將山羊起司的獨特風味與鹽漬鱈魚濃縮的大海鮮香巧妙結合，現點現做，炸的外皮酥脆、入口綿密柔嫩，再搭配一杯波特酒，味道更有層次感，隨處可見的日常小點心也變得精品化，當然，價格是精品等級！

波尼歐市集周圍

Pedro dos Frangos

MAP ▶ P.150下C1

🔗 從聖本篤火車站步行約7分鐘即達 📍Rua do Bonjardim, 223 ☎22-200-8522 🕐12:00~23:00 🌐pedrodosfrangos.pt

　　在Pedro dos Frangos門口排隊是一種折磨，烤到金黃色的鋼管雞閃爍著油光緩緩旋轉，吸入的每一口空氣都誘發著食慾，而等待的人潮已經從二樓排到一樓門外，這就是Pedro dos Frangos受歡迎的程度。炭火烤過後，皮脆肉多汁，直接吃就令人吮指回味了，加上一點piri piri辣椒醬是更正統的葡式烤雞吃法，每一口都充滿層次感和濃烈的風味，雖然Pedro dos Frangos也有其他肉類、魚類料理，但誰能抗拒烤雞的魅力呢！

聖本篤車站周圍

Café Santiago

MAP ▶ P.150下D2

🔗 由聖本篤火車站往東北方步行約8分鐘，轉入R. de Passos Manuel約3分鐘後即達 📍R. de Passos Manuel 226 ☎22-205-5797 🕐週一至週六12:00~22:45 🈺週日 🌐cafesantiago.pt/index.php/en

　　以溼答答三明治(Francesinha)聞名的餐廳，一到用餐時間總是座無虛席，因此Café Santiago又在不遠處開設了分店Café Santiago F。菜單看起選擇很多，但均由三明治延伸變化，可以自行選擇搭配如法國麵包、加蛋、薯條等等。最經典的組包含了火腿、肉排、香腸、蛋與起士，最後再淋上微辣的醬汁。建議食量不大的人可以兩人合點一份，或者選擇蔬菜湯(Caldo Verde)、氣泡飲料解解膩。

波尼歐市集周圍

Conga Casa das Bifanas

MAP ▶ P.150下C1

🔗 聖本篤火車站往北步行約10分鐘 📍R. do Bonjardim 318 ☎22-200-0113 🕐週一至週六11:30~22:00 🈺週日 📘www.facebook.com/CONGACASADASBIFANAS

　　想嘗試葡萄牙最具庶民風情的代表小吃豬扒堡(bifana)，距離波尼歐市場不遠的Conga Casa das Bifanas不會讓你失望，1976年開業以來，一直是當地人和旅客的最愛。Conga用加入大蒜和辣椒粉的秘傳香料醬汁燉豬肉，與一般豬扒堡不同，煮到像手撕豬般的口感，鹹香微辣，加上一片起士更對味。此外，他們的辣味薯條和當地啤酒也是搭配絕妙的美味組合。

波爾圖及北部地區⋯⋯波爾圖及周邊 Porto and Around

MAP ▶ P.150下C1 Antunes

🚇搭乘地鐵於Trindade站下車往車站後方步行4分鐘即達，或者由聖本篤火車站往東北方步行約15分鐘 🏠 Rua Bonjardim 614 ☎22-205-2406 ⏰週一至週六12:00~15:00、19:00~22:00 🈶週日 🌐 restantunes.pai.pt ❗烤豬腳僅週三與週六提供，須提前訂位

受到當地人歡迎的葡萄牙傳統料理餐廳，服務友善，價位合理，店內有長長的吧檯與廣大的餐桌區，經典菜色包括柴燒烤豬腳(Pernil Assado No Forno)、由內臟與白豆燉煮而成的波爾圖式燉內臟 (Tripas à Moda Do Porto)、葡式燉菜飯(Cozido à Portuguesa)、葡式鴨飯(Arroz de Pato à Antiga)、烤鹽醃鱈魚(Bacalhau à Moda da Casa)等等，網路盛讚這家隨便點都好吃，而無論選擇菜單上的哪一種，最後一定都會帶著撐飽的肚子滿足的離開。

MAP ▶ P.150下C1 Manteigaria

🚇搭乘地鐵於Bolhão站下車，步行2分鐘即達 🏠R. de Alexandre Braga 24 ☎22-202-2169 ⏰08:00~21:00 🌐 manteigaria.com

知名蛋塔連鎖店，總店位於里斯本賈士梅廣場旁，分店到了波爾圖搖身一變成為空間寬敞且時尚的餐廳，透過透明玻璃的開放廚房，在街邊就可以欣賞到烘培師製作蛋塔的流程，這裡提供不同配方的蛋塔口味，塔皮酥脆，內餡蛋香與奶油都較濃郁，因為生意實在太好，無論什麼時候前往，幾乎都能吃到蛋塔剛出爐最美味的時刻。

MAP ▶ P.150下C1 Confeitaria do Bolhão

🚇搭乘地鐵於Bolhão站下車，步行約4分鐘即達 🏠 R. Formosa 339 ☎22-339-5220 ⏰週一至週五06:00~20:00，週六06:00~19:00 🌐www.confeitariadobolhao.com

來到波爾圖必須朝聖的百年老店，成立於1896年，早期是富人們在前往波尼歐市集(Bolhão)前享用早餐的場所，到了1985~1995年間重新整修，但仍特意保留了原建築的特色，店內到處都是玻璃、鏡子、花磚，裝潢華麗，點心吧檯內放著所有自家烘培的鹹、甜點心，各種食物的整齊排列，讓人目不暇給。你可以選擇在後方的座位上，享用一份中午的每日套餐(a la carte)，或是像當地人一樣站在吧檯，點杯咖啡，配上幾樣小點心，觀察熙來攘往的人群。

MAP ▶ P.150下C1 Fábrica da Nata

🚇由Bolhão地鐵站步行約2分鐘即達 🏠Rua de Santa Catarina 331/335 ☎912-552-553 ⏰08:00~22:00 🌐fabricadanata.pt

位於波爾圖最熱門的購物街Catarina上，知名品牌Fábrica da Nata在里斯本另有兩家分店，蛋塔配方採用Moia家族三代流傳的配方，在甜味與鹹味的調配上十分均衡，搭配一杯濃縮的Espresso最對味，店內提供站位與坐位。除了賣蛋塔，在這裡也能享用早午餐、三明治、沙拉等輕食。

蕾貝拉Ribeira

MAP ▶ P.150下B3 **Taberna do Largo**

🚶由聖本篤火車站沿著R. das Flores往西南方步行約5分鐘即達 📍Largo São Domingos 69 ☎222-082-154 ⏰週二至週四、週日17:00~00:00，週五17:00~01:00，週六12:00~01:00 📘www.facebook.com/tabernadolargo

　白天時紅色大門緊閉，到了傍晚變成迷人的小酒吧。由幾位女性好友共同成立的品酒空間，店外沒有明顯的招牌，很容易錯過，一旦進入店內就會被輕柔的音樂以及舒適輕鬆的氣氛感染，是許多當地人的愛店。這裡提供葡萄牙全國各地50多種的葡萄酒、氣泡酒，還有葡萄牙傳統小吃(petiscos)，包括來自中部地區少量生產的綿羊、山羊起士、北部米尼奧地區的蒜腸，醃製肉類，以及馬德拉群島的蜂蜜蛋糕(Madeira bolo de mel)等小吃。

蕾貝拉Ribeira

MAP ▶ P.150下A3 **Adega Bebe-Se Mal**

🚶由聖本篤火車站往西南方步行約8分鐘即達 📍R. de Belomonte 96 ☎911-119-909 ⏰週二至週六19:00~01:00，週日19:00~23:30 休週一 🌐www.instagram.com/adegabebesemal

　距離證券交易宮不遠的巷弄內，隱藏一間受歡迎的家庭式小餐館，提供傳統葡萄牙式餐點，以新鮮的海鮮、誠意十足的用料、實惠的價格，被知名旅遊網站選為Travellers' Choice 2022的餐廳之一。許多人認為這間餐廳有波爾圖最佳的海鮮飯Arroz de marisco，若一個人前來，吃不下一整鍋海鮮飯，也可嘗試烤魚類料理，直火碳烤，有種粗獷奔放的風味，適合搭配一杯冰涼白酒。

蕾貝拉Ribeira

MAP ▶ P.150下A3 **O Caraças**

🚶由聖本篤火車站往西南方步行約12分鐘即達 📍Rua das Taipas 27 ☎22-201-7191 ⏰週一至週五12:00~14:30、19:30~22:00，週二、週三只有中午時段 📘www.facebook.com/profile.php?id=100063752942799

　沒有招牌、沒有菜單的葡萄牙家庭料理餐廳，由媽媽與兩個女兒一起經營的有聲有色，人氣很高，還沒到營業時間就可看到慕名前來排隊的食客。這裡沒有菜單，會當場告知客人可以選擇的主菜，前菜與甜點。主菜通常有新鮮的魚、肉幾種選擇，再搭配不同的配菜，口味家常，分量十足，價格十分划算，注意僅收現金。

蕾貝拉Ribeira

MAP ▶ P.150下B4 **Essência Lusa**

🚶從聖本篤火車站步行約7分鐘即達 📍R. de São João 85 ☎910-744-839 ⏰週二19:00~22:00、週三至週日12:30~15:00、19:00~22:00 休週一

　這家距離杜羅河不遠的家庭式小餐館位置很少，佈置簡單溫馨，供應各種葡萄牙料理。Essência Lusa的廚師手藝和餐廳的感覺很相似，是一種溫暖道地的家常味，受到當地人喜愛。特別推薦兩人共享的海鮮飯(Arroz de marisco)，大蒜、香菜、橄欖油、番茄與白酒的香氣充分融合，滿滿一鍋鮮蝦、魚肉，份量十足，用料澎拜。

蕾貝拉Ribeira

MAP ▶ P.150下C4 | **Guindalense**

🌐 由蕾貝拉(Ribeira)廣場往東步行至路易一世鐵橋，再往北側爬坡約10分鐘即達 🏠Escada dos Guindais 43 ☎222-034-246 ⏰週一至週四12:00~22:00，週五12:00~00:00，週六13:00~00:00 📘www.facebook.com/GUINDALENSE-FUTEBOL-CLUBE-119607128123564

位於路易一世鐵橋東側的山坡上，景色絕佳，是可以一邊喝著沁涼的啤酒，一邊欣賞風景的小吃店。由於門口小而不起眼，常常會被來往的人群忽略，因此這裡也被視為當地人的「秘密基地」之一。傍晚時分，夕陽西沉前是最好的造訪時間，點杯當地啤酒Cerveja Super Bock，還有好吃極了的焗烤起司辣醬火腿麵包Cachorrinho，雖然超高熱量，但卻是安東尼波登在美食節目中不停加點的當地美食。

蕾貝拉Ribeira

MAP ▶ P.150下B4 | **Ribeira Square Restaurante**

🌐蕾貝拉廣場往上坡步行約2分鐘 🏠Praça Ribeira 16 ☎912-491-771 ⏰週四至週一18:00~23:00 ❌週二、週三 📘www.facebook.com/ribeirasquare2015

坐落在熱門觀光區蕾貝拉廣場(Ribeira Square)旁，多以遊客為主要客群的小餐廳，空間不大但舒適，服務熱心且周到，廚師將各式傳統特色菜單加以變化，提供獨家醬汁的溼答答三明治、擺盤美麗的章魚、魚類料理，此外還有肋排、牛排、漢堡、Tapas與甜點蛋糕供選擇，價格比當地傳統餐廳稍高一些。

蕾貝拉Ribeira

MAP ▶ P.150下B4 | **Grupo Desportivo Infante D. Henrique**

🌐由蕾貝拉廣場沿著河岸往西步行約2分鐘即達 🏠Cais da Estiva 128-129 ☎22-208-2917 ⏰週二至週日09:00~00:00

位於杜羅河畔，可以一邊欣賞河景一邊用餐的葡萄牙餐廳。這裡是當地人常造訪的傳統餐廳，價格合理，沒有時尚的裝潢，有的是正宗的葡式料理與各種葡萄酒。主菜提供海鮮飯、焗烤鱸魚、沙丁魚搭配蔬菜和馬鈴薯、鹽醃鱈魚料理，服務員十分忙碌，可能需要耐心稍後。就算不用餐，也可選擇點杯甜波特酒(Vinho do Porto Branco/white port wine)，望著美麗的杜羅河岸，消磨一個甜蜜的午後或夜晚。

加亞新城 Gaia

MAP ▶ P.150上C2 | **Restavrante Dovrvm**

🌐搭地鐵至Jardim do Morro站下，步行約10分鐘即達 🏠Avenida Diogo Leite 454, Vila Nova de Gaia ☎22-091-7911 ⏰12:00~23:00

Restavrante Dovrvm位於杜羅河南岸的加亞新城，坐擁河畔浪漫美景，不管點什麼都加分。當然Restavrante Dovrvm的餐點也相當到位，明蝦加入大蒜、橄欖油、鐵鍋鹽烤後，蝦子的鮮甜滋味在舌尖爆炸，一杯香甜波特酒，搭配路易一世大橋景觀，心情亦微醺。選擇單杯紅/白酒，會提供試飲，讓顧客能找到自己喜愛的酒款。

加亞新城 Gaia

MAP ▶ P.150上C2 **Taberninha do Manel**

🚇搭地鐵至Jardim do Morro站下，步行約10分鐘即達　⌂
Avenida Diogo Leite, 308, Cais de Gaia, Vila Nova de
Gaia 📞22-375-3549 🕐週三至週日11:00~23:00 休週
一、二 🌐taberninhadomanel.comportugal.com

　不管在像酒窖一樣有石砌牆面的室內，還是在能欣賞
杜羅河景的戶外區，Taberninha do Manel的用餐氣氛都
是歡笑熱鬧，這間餐廳同時受到觀光客和在地居民的歡
迎，不管哪個時段都滿滿饕客。最特別的是招牌菜葡萄
牙香腸(Alheira)，這裏使用傳統方式料理，將香腸放在
特製陶器皿中，淋上烈酒後點燃，火焰香腸上桌的戲劇
效果十足。

阿富拉達 Afurada

MAP ▶ P.165B1 **Taberna São Pedro**

🚌可在Boavista (Boavista-casa da Música)搭乘前往
Lavadores方向的902號巴士，在Chãs站下車後步行800
公尺即達；或者由加亞新城遊服務中心步行約35分鐘；
亦或在阿拉比達大橋(Ponte da Arrabida)西側搭乘渡輪到
對岸。自駕遊者可避開進入市區，將車停在Afurada河岸旁
的免費停車場　⌂ Rua Costa Goodofilm, 34, Afurada,
📞915-465-918 🕐週一至週六12:00~15:00、
19:00~22:00，週日12:00~15:00 📷www.instagram.
com/tabernasaopedro

　位於波爾圖市區外的小漁村阿富拉達(Afurada)，這間海
鮮碳烤餐廳生意極好，碳烤架與新鮮的海鮮魚貨全擺在路
邊，空氣中飄散著白煙與濃濃的炭烤味。店內總是擠滿當
地人與慕名而來的遊客，沒有華麗的裝潢，只有在地風格
的瓷磚與各種海事船舶圍繞，推薦各式碳烤魚類。

加亞新城 Gaia

MAP ▶ P.150上C2 **Barris Do Douro Restaurante**

🚇搭地鐵至Jardim do Morro站下，步行約10分鐘即達　⌂
Av. de Diogo Leite 402 📞22-375-2419 🕐週二
12:00~15:00，週三至週日12:00~15:00、19:00~22:00
休週一

　杜羅河南岸成排餐廳中，Barris Do Douro以新鮮的海
鮮、傳統的葡萄牙風味、價格合理而聞名。招牌烤章
魚，擁有迷人的炭燒風味，口感外焦內嫩，搭配當地香
料熬煮的獨門醬汁，展現大西洋的鮮美滋味。此外，以
長刀的方式呈上串烤大蝦，視覺效果十足，餐廳提供多
款本地酒莊的紅白酒，搭配炭烤海鮮料理，是這趟美食
之旅的另一亮點。

波爾圖餐廳Tips

◎波爾圖的餐廳集中分佈
在杜羅河兩岸的蕾貝拉和
加亞新城、以及聖本篤車
站周圍，有景觀的餐廳價
位當然也較高，正式的餐
廳都會提供各項齊全的酒
單，品酒也是在這裡用餐的重點之一。

◎花街(R. das Flores)上有不少受歡迎的新式咖啡
館，萊羅書店附近的街區則比較多酒吧，若想嘗試
當地人才會光顧的家庭小餐館，可以在大教堂附近
尋找。

◎河畔主攻觀光客的餐廳營業時間長，大多沒有休
日，但許多當地人常光顧的小餐館週日或週一都會休
息。此外，葡萄牙人及歐洲旅客都大約8點以後
才開始晚餐，若不想排隊可提早前往餐廳。

聖本篤車站周圍

MAP ▶ P.150下B1 Mercado 48

🚶 從聖本篤車站步行約12分鐘即達　🏠 Rua da Conceição 48　📞935-881-626　🕐週一至週六11:00~20:00　🌐 mercado48.pt

如果想找一些與眾不同且實用的旅行紀念品，Mercado 48不會讓你空手而回。Mercado 48像是波爾圖的文創商品中心，集合葡萄牙年輕藝術家自創的新品牌和在地創作者的手作商品，這些特色商品多半能融合創意與葡萄牙的文化元素，像是結合軟木與皮件的包包等，或許你買到的就是下一個即將風靡世界的潮牌。

波尼歐市集周圍

MAP ▶ P.150下D1 Rua de Santa Catarina購物街

🚶 搭地鐵於Bolhão站下車，步行1分鐘即達

波爾圖最熱鬧的購物街，街道取名與坐落在同一處的阿瑪斯禮拜堂(Capela das Almas/Chapel of Souls)一樣，都是為了紀念殉道的聖人聖凱薩琳。鋪滿葡式碎石路的步行街，共長約1,500公尺，一年四季都很熱鬧，人群熙來攘往，這裡有各種時尚服飾、精品店，兩旁的建築還保留著新藝術(Art Nouveau)時期的風格，其中包括了波爾圖最華麗的Café Majestic 多年來一直是許多名流的聚會場所。

聖本篤車站周圍

MAP ▶ P.150下B1 Workshops Pop Up

🚶 從聖本篤車站往北步行約10分鐘即達　🏠Rua do Almada 275　📞966-974-119　🕐10:00~13:00，14:00~19:00　🌐www.workshops-popup.com

結合設計、商品、繪畫、陶器與烹飪工作室於一處的複合式小店。原本是間舊五金行，地板上仍保留著早期部分鐵軌的軌道，店內前半部是商店，後半部則是咖啡廳與餐廳。在這裡可以找到來自不同品牌的服飾、燈具、家居設計商品、生活用品，甚至食品如蜜餞，葡萄酒，有新品，也有古董，最特別的是工作室還會不定期地舉辦烹飪訓練班。

波尼歐市集周圍

MAP ▶ P.150下C1 Casa Natal

🚶 搭地鐵於Bolhão站下車，步行3分鐘即達　🏠 Rua de Fernandes Tomás 833　📞22-205-2537　🕐週一至週六09:00~19:30

創立於1900年的食品雜貨老店，商品種類玲瑯滿目，一字排開井井有序，樣樣都能挑起食慾，從五花八門的乾果、堅果零食，料理食材如鹽醃鱈魚、蒜腸香腸、沙丁魚罐頭，到各種等級的波特酒與葡萄酒，這裡是美食者的尋寶勝地。

波尼歐市集周圍

MAP ▶ P.150下C2 A Pérola do Bolhão

🚶 搭地鐵於Bolhão站下車，步行4分鐘即達　🏠R. Formosa 279　📞22-200-4009　🕐週一至週五09:00~19:00，週六09:00~13:00

城中最有名的新藝術風格建築之一，店面的瓷磚畫上寫著Chá和Café字樣說明了這間老字號食品雜貨店的悠久歷史。創立於1917年，至今販賣著各種香腸、起士、橄欖、乾果、傳統餅乾等食品，還包括葡萄酒與波特酒。

MAP ▶ P.150上C2 | **Hotel Carrís Porto Ribeira**

🚶 從聖本篤車站步行約7分鐘即達　📍Rua do Infante D. Henrique 1　📞22-096-5786　🌐www.carrishoteles.com

打開陽台的落地窗，杜羅河沐浴在早晨清透的陽光下閃閃發光，高高低低的紅瓦屋頂沿著山坡河岸展延，大西洋的風送來燕鷗歌唱，送來波多酒淡淡甜香，在Hotel Carrís醒來的一天，美好的程度甚至讓人捨不得離開房間！

Hotel Carrís Porto Ribeira擁有無可挑惕的地理位置，座落於蕾貝拉舊城區最熱鬧的中心，踏出大門就能漫步杜羅河畔，路易一世鐵橋、主教堂、和證券交易宮近在咫尺，距離聖本篤火車站也只有幾分鐘的步行距離。

五棟相連的歷史建築中，隱藏4星級飯店的高雅舒適。羅馬時代的石拱門、中世紀的石牆與當代設計傢俱在大廳相遇，進行穿梭時空的對話，3層樓挑高空間中，透明升降梯與鐵鏽色樓梯協調地融入其中，扮演貫穿與連結的角色；另一邊的交誼區牆面，大小不同、染上深淺色彩的原木並排成藝術感十足的風景。波爾圖的過去與歷史在此保留，而Hotel Carrís的未來與時尚同時在此演繹。

Hotel Carrís共有159間客房，以現代化的設計及高品質的傢俱打造舒適的空間。柚木色的溫潤質感，搭配深淺不同的米色與棕色織品，大地色調帶來平靜與放鬆，而軟硬適中的床墊和枕頭更是一夜好眠的關鍵。

前往餐廳的動線需穿梭在地下層的石牆之間，雖然有點複雜，卻有尋找秘境的樂趣。豐盛的自助式早餐除了基本款的火腿、培根、起士和炒蛋以外，各式各樣的麵包、新鮮水果、甜點和現打果汁，更是令人驚喜，也能深刻感受到Hotel Carrís對每個細節的用心。

MAP ▶ P.150上B1 | **Star Inn Porto**

🚗 開車至舊城區約15~20分鐘即達　📍R. Sra. Porto 930　📞22-834-7000　🌐www.hotelstarinn.com

舊城區內的旅館多半沒附設停車位，對於開車自駕的遊客而言，過夜停車是一筆相當可觀的費用，選擇波爾圖市郊附設停車場的飯店，其實更方便，Star Inn正好位於高速公路交流道下，就是受到自駕族歡迎的商務式飯店。普普風格的亮橘色調，讓空間活潑明亮，餐廳除了自助式早餐，平常時段也供應輕食飲品，也適合隔天要搭機離開的旅客。

The Yeatman Hotel

🚇搭乘火車或地鐵D線至General Torres站下車，步行約20分鐘 🏠Rua do Choupelo, Vila Nova de Gaia ☎22-013-3128 🌐www.the-yeatman-hotel.com

The Yeatman Hotel緊鄰加亞新城的百年酒莊區，座落山坡較高的位置，佔地7英畝，擁有眺望波爾圖的最佳視角。酒店隸屬知名的法國頂級酒店聯盟羅萊夏朵Relais & Chateaux旗下的一員，自2010年8月開業以來，不僅重新定義了波爾圖的奢華標準，更迅速成為世界領先的葡萄酒酒店之一。

波爾圖許多酒莊最初都由英國商人家族創辦，至今依然由其後人經營，The Yeatman家族也是如此，1838年即投身波特酒貿易，多年來與葡萄牙頂級酒莊之間建立獨特的合作關係。酒窖網羅300多種品牌，收藏 26,000 瓶葡萄酒，其中 95% 產自葡萄牙，The Yeatman提供專業的葡萄酒品鑑會，讓房客能放鬆地盡情品飲。

與酒莊的密切合作，還展現在由這些酒莊贊助和設計的套房中，房間以葡萄酒家族命名，內部裝飾獨特噴繪藝術，彩繪合作品牌的故事。舒適的寢具、寬敞的浴室和高質感備品，早已是奢華酒店的必備元素，更重要的是，每間房都有私人露台，能獨享杜羅河的壯麗景致和波爾圖天際線。

此外，酒店內有一間米其林二星餐廳The Yeatman

Gastronomic Restaurant，提供結合葡萄牙傳統口味與現代烹飪技術的佳餚。連水療中心也緊扣葡萄酒主題，利用葡萄和葡萄籽產品進行一系列獨特的葡萄酒療法護理。The Yeatman Hotel被稱為葡萄酒愛好者的天堂，當之無愧。

Koolhouse Porto

🚇搭地鐵A、B、C、E、F線至Cass da Musica站下，步行約7分鐘即達。 🏠Av. da Boavista 911 ☎964-760-363 🌐www.koolhousehotel.pt

Koolhouse Porto比較像是民宿，座落於一棟19世紀的粉紅色獨棟宅邸，雖然不在舊城區內，但距離波爾圖音樂廳只要5分鐘，交通還算方便。內部重新整修過的Koolhouse Porto時

尚簡潔中不失溫暖，房間寬敞，提供共用的廚房，最棒的是房間後方正對著花園的草地綠蔭，在這裡喝一杯咖啡，會讓人舒服的不想離開。

波爾圖住宿Tips

◎舊城區的旅館或民宿都是有點年歲的老房改建，雖然距離景點很近，但房間格局相對小。大型連鎖飯店大多在音樂廳前的Av. da Boavista路兩旁，此外，也可選擇住在對岸的加亞新城，價格較為平易近人。

◎波爾圖是個上上下下的城市，且舊城區幾乎都是石板道路，即使從地圖上來看，距離火車站僅10分鐘路程，也可能是高低起伏的斜坡，若是攜帶大型行李，非常不方便，出發前最好事先詢問清楚能輕鬆抵達住宿的方式。

布拉加

Braga

葡萄牙有句古老的諺語，「里斯本人享樂、科英布拉人學習，波爾圖人工作，布拉加人禱告。」道盡了每個城市不同的特色。布拉加是北部米尼奧(Mihao)地區的首都，也是葡萄牙的宗教重鎮。區內主教曾被天主教教廷封為總主教，在中世紀時影響力甚至超越國王。舊城區內除了狹窄的巷弄與古色古香的建築，到處可見美麗的巴洛克式教堂。

西元前1世紀，布拉加就已建城，到了8世紀時被摩爾人佔領，直到12世紀時才納入葡萄牙版圖，雖是2,000年歷史的古都，但卻充滿活力，舊城區中有著時尚的精品店與咖啡館，吸引著附近米尼奧大學的學生們，是一座年輕化的古都。市區不大，約莫半天就可以走完，旅客大多為了市郊的山上仁慈耶穌朝聖所而來，距離波爾圖僅55公里，十分適合一日遊。

INFO

基本資訊

人口：約201,583人
面積：約183.2平方公里

如何前往

◎火車

　　從波爾圖聖本篤火車站出發，開往布拉加的區間車(Urbano)每小時至少1班次，車程約60~70分鐘，票價約€3.45，若搭乘高速火車AP，需前往Porto Campanha轉車，總行程約50分鐘但票價高出許多。從吉馬萊斯出發的區間車，繞行較遠，約需1小時20分至2小時，建議搭乘巴士較方便。

葡萄牙國鐵

ⓦwww.cp.pt

◎長途巴士

　　從波爾圖Campanhã巴士總站出發，搭乘FlixBus前往，約需45分鐘，平均每小時1班次；從吉馬萊斯出發，搭乘Rede Expressos的巴士，車程約25分鐘，每日5班次。此外，Get Bus提供每日從波爾圖機場往返布拉加的巴士路線，車程約50分鐘，平均每小時一班次。

　　巴士總站位於舊城區的北方，步行至市中心主教堂約12分鐘。

FlixBus

ⓦwww.flixbus.pt

Rede Expressos

ⓦrede-expressos.pt/en

Get Bus

🚌單程€9、往返€16

ⓦwww.getbus.eu/en

旅遊諮詢

◎遊客服務中心

📍P.182B1

🏠Avenida da Liberdade 1

☎253-262-550

🕐09:30~13:00、14:00~18:30，週六、日至18:00

ⓦwww.cm-braga.pt

市區交通

　　市區面積不大，景點集中，因此步行是最好的遊覽方式。從火車站出站後，往東步行約300公尺便可進入18世紀建造的新城門(Arco da Porta Nova)，繼續往前便是舊城區。若要前往郊區的山上仁慈耶穌朝聖所，則可於火車站前搭乘2號公車前往。

`MAP ▶ P.182B1`

主教堂

Sé de Braga

金碧輝煌的巴洛克教堂

由火車站步行10分鐘即達 ⌂R. Dom Paio Mendes ☎
253-263-317 ◷09:30~12:30、14:30~17:30(夏季延長
至18:30) ⑤主教堂€2、唱詩班席導覽€2、珍寶室€3 ⓦse-
braga.pt

這裡是葡萄牙歷史最悠久的教堂,4世紀時,
位於此處的教堂被摩爾人摧毀,目前所看到的主
教堂建於12世紀,由葡萄牙第一任國王阿方索的
父親與妻子在原先的遺址上建造。

主教堂融合了曼奴埃爾、羅馬、巴洛克等各種
不同的建築風格,精緻的雕刻與鍍金的華麗裝
飾,細細欣賞,可得花上大半天。若參加了唱詩
班席導覽,就可以仔細地觀賞鍍金的詩班席位,
欣賞滿牆都是瓷磚畫的聖傑拉德禮拜堂(Capela
de Sao Geraldo),還有國王阿方索雙親長眠之
地的多斯雷斯禮拜堂(Capela Dos Reis)。教堂左
側設有珍寶室,收藏了16~18世紀的宗教聖物、
繪畫等文物。

`MAP ▶ P.182B1`

聖巴巴拉花園

Jardim de Santa Barbara

城牆下的花團錦簇

🚶由主教堂步行約4分鐘即達 ⌂Rua Justino Cruz

1955年重新開放的花園設計精巧,有著整
齊的花圃,色彩繽紛的花朵,就坐落在歷史悠
久的大主教布拉加宮(Paço Arquiepiscopal
Bracarense)旁,花崗岩城牆下的小小浪漫空
間,是漫步與稍作休息的好地方,附近的行人徒
步街上到處都是咖啡店。花園中央的噴水池佇立
著殉道聖人聖巴巴拉(Bárbara de Nicomedia)的
雕像,成了花園名字的由來。

波爾圖及北部地區⋯⋯**布**拉加 Braga

MAP ▶ P.182B1

山上仁慈耶穌朝聖所

MOOK Choice

Santuário do Bom Jesus do Monte

踏上朝聖之路

🚌 從Braga火車站前搭乘2號巴士於終點站下車，車程約30分鐘，巴士約30分鐘一班次 🏠Estrada do Bom Jesus, Tenões ☎253-676-636 ⏰教堂：夏季08:00~19:00、冬季09:00~18:00；纜車：夏季09:00~20:00、冬季09:00~19:00。每小時的25分和55分各一班次 💰教堂免費。搭纜車上山，單程€2、來回€3 🌐bomjesus.pt

建城逾2,000年的布拉加是葡萄牙歷史最悠久的城市之一，曾被羅馬帝國的奧古斯都皇帝選為伊比利亞省首府。布拉加也是主要的宗教中心，中世紀時教區的權勢、地位亦盛極一時，加上這裡位於聖地牙哥朝聖之路的途徑上，城市中處處可見宗教文化的痕跡。

最有名的是位於市郊耶穌山上的教堂－山上仁慈耶穌朝聖所，這裏是羅馬天主教徒的朝聖地，1373年建立第一座小堂，現在的大教堂則建於1784年，是葡萄牙早期的新古典主義式風格。

來到這裡的朝聖者得先經過三段階梯的體力大考驗，一路向上爬升，不免氣喘吁吁，據說從前虔誠的教徒都是跪拜而上呢！站在教堂前的平台眺望，景色開闊，布拉加市區和北部平原丘陵一覽無遺。

朝聖之路

第一段階梯步行於森林之間，兩側有數間供奉耶穌受難事蹟的小堂；第二段為之字形巴洛克式台階，階梯像奶油蛋糕一般層層疊疊，讓這裡成為辨識度最高的葡萄牙教堂。階梯高達116公尺，每一層平台裝飾有造型各異的聖人雕像和噴泉，噴泉水分別從眼、耳、鼻、口等不同部位流出，象徵五感，由下往上看相當壯觀。

最後一段是新古典風格的雙弧形迴旋梯，階間裝飾象徵信、望、愛意義的噴水池。

登山纜車

如果不想花力氣爬山，也可搭乘自1882年使用至今的登山纜車，這是伊比利半島仍在運作中的最古老纜車，採用水平衡方式產生動力，3分鐘內就能爬升將近300公尺。

吉馬萊斯

吉馬萊斯
Guimarães

吉馬萊斯舊城牆上寫著一行字「A q u i Nasceu Portugal」,意思就是葡萄牙誕生之地,因為這裡是葡萄牙第一任國王阿方索亨里克(Afonso Henriques)的出生地,所以這個中世紀古城也被認為是「葡萄牙的搖籃」,2001年被聯合國列為世界文化遺產城市。

踏上吉馬萊斯磨到光亮的石板路,順著蜿蜒窄巷前行,鍛鐵陽台和木造房舍引領遊人走進奧莉薇拉廣場(Largo da Oliveira)的中世紀時光,教堂旁的廣場上佇立著獨特的哥德式小神殿,旁邊則為聖地牙哥廣場(Praça de Santiago),早期是迎接朝聖者的地方,現在則以餐廳和咖啡館迎接來自世界各地的旅客。

山坡上有座建於15世紀的布拉岡薩公爵宮殿,若繼續往山丘上步行,諾曼式的樸實小教堂是阿方索受洗的聖米格爾教堂(Capela de S. Miguel),而教堂後方就是吉馬萊斯城堡。若時間充裕,不妨從舊城區外搭乘纜車,登上佩尼亞山(Monte da Penha),就可看到葡萄牙北部地區美麗的全景。

INFO

基本資訊
人口:約158,124人(大區),約52,181人(市)
面積:240.955平方公里(大區)

如何前往
◎火車
　吉馬萊斯距離波爾圖僅50公里,往來兩地的區間車

吉馬萊斯

- 吉馬萊斯城堡 Castelo de Guimarães
- 聖米格爾教堂 Capela de S. Miguel
- 布拉岡薩公爵宮殿 Paço dos Duques de Bragança
- 往吉馬萊斯莫斯泰羅飯店→ Pousada Mosteiro de Guimarães
- 奧莉薇拉聖母教堂 Igreja de Nossa Senhora da Oliveira
- Largo do Toural
- Largo Republica do Brasi
- 葡萄牙建國地標 Aqui Nasceu Portugal
- Teleférico de Guimarães

往巴士站
R. Dr. Joaquim de Meira
R. de Gil Vicente
R. João Lopes de Faria
R. de Santa Maria
R. Paio Galvão
R. do Rei Pego
往纜車站
↓往火車站

圖例 ● 景點 ● 城堡 ● 廣場 ● 遊客中心

MAP ▶ P.186A2

奧莉薇拉聖母教堂

Igreja de Nossa Senhora da Oliveira

橄欖樹聖母教堂

🚶 從火車站或長途巴士站步行約15分鐘即達 🏠 Largo da Oliveira 📞253-416-144 🕐週一至週六08:30~12:00、15:30~19:30，週日09:00~13:00、17:00~20:00 🌐arquidiocese-braga.pt/senhoradaoliveira

　　教堂建於西元949年，由當時伊比利半島西北區最有權勢、最富有的女性–伯爵夫人Mumadona Dias受到感召後創建，當時為了保護修士的安全，她也建造了山頂上的吉馬萊斯城堡。

　　教堂外的廣場(Largo da Oliveira)上有座獨特的拱門建築，是為了紀念14世紀的薩拉多戰役(Padrão do Salado)，當時葡萄牙與卡斯提亞聯手擊退摩爾人軍隊。而除此之外，另有傳說這裡是西元7世紀時，西哥德(Visigothi) 國王Wamba戰勝蘇維匯人(Suevi)，將長茅插入土地，並奇蹟的長出橄欖樹的地方，因此聖母教堂又被稱為橄欖樹聖母教堂。

(Urbano)平均每小時發車1~2班次，從聖本篤火車站出發，車程約1小時15分。從布拉加出發的火車大多要在Lousado轉車，最快車程約1.5小時，建議搭乘巴士較方便。

葡萄牙國鐵 🌐www.cp.pt

◎長途巴士

　　波爾圖Campanhã巴士總站搭乘Rede Expressos巴士，約35分鐘即抵達，每小時至少1班次；從布拉加出發，車程約25分鐘，每日8班次。此外，Get Bus提供從波爾圖機場往返吉馬萊斯的巴士路線，每日約12個班次，車程約50分鐘。

Rede Expressos 🌐rede-expressos.pt/en
Get Bus
💲單程€9、往返€16
🌐www.getbus.eu/en/guimaraes-airport-guimaraes

旅遊諮詢
◎遊客服務中心
🅟P.186A2
🏠 Largo Cónego José Maria Gomes
📞25-342-1221
🕐週一至週五09:30~18:00、週六10:00~18:00、週日10:00~17:00
🌐www.visitguimaraes.travel

市區交通
　　市區面積不大，步行是最好的遊覽方式。從火車站和巴士站步行至舊城區均約10分鐘。

MAP ▶ P.186B1

吉馬萊斯城堡

Castelo de Guimarães

葡萄牙的搖籃

📍從聖母教堂步行約10分鐘 🏠Rua Conde D. Henrique ☎253-412-273 🕙10:00~18:00 ⊗1/1、復活節週日、5/1、6/24、12/25 💰全票€2、優待票€1；與公爵宮殿聯票，全票€6、優待票€3 🌐pacodosduques.gov.pt ❶售票處於布拉岡薩公爵宮殿

位於山丘頂端的吉馬萊斯城堡建於10世紀，有典型的中世紀城堡結構，城牆高聳，具易守難攻的特性，原本是用來抵抗維京人和摩爾人的入侵。

1139年阿方索脫離卡斯提亞王國獨立，成為葡萄牙第一個國王，這座城堡就是他的出生地。當時阿方索選定吉馬萊斯為首都，擴建城堡並加強防禦功能，直到1,200年以前，這裏都被當作皇室居所。雖然城堡主建物內部已不復當時樣貌，登上城垛眺望吉馬萊斯，視野遼闊，仍能想像數百年前戰場攻守的激烈。

MAP ▶ P.186B1

布拉岡薩公爵宮殿

Paço dos Duques de Bragança

山丘上的中世紀豪宅

📍從聖母教堂步行約6分鐘 🏠Rua Conde D. Henrique ☎253-412-273 🕙10:00~18:00 💰全票€5、優待票€2.5；與吉馬萊斯城堡聯票，全票€6、優待票€3 🌐pacodosduques.gov.pt

吉馬萊斯舊城區依據山勢而建，布拉岡薩公爵宮殿與城堡就坐落在吉馬萊斯山頂上。宮殿建造於1401年，39根紅磚砌成的圓柱型煙囪是最大特色，結構受到羅馬式建築影響，呈「回」字格局，四邊設置角塔，建築風格受到法國封建領主宅邸的影響，被認為是葡萄牙北方豪宅的典範。

到了19世紀，宮殿曾一度荒廢為廢墟，甚至被當地居民當作採石場，直到20世紀重新整修，才恢復了目前的面貌。宮殿中仍保留了中世紀格局

的房間、宴會廳，現在地面層為小型現代藝術博物館，展示葡萄牙畫家José de Guimarães捐贈給市府的作品，一樓則展出17世紀傢俱、古董掛毯、武器的複製品

南部地區
阿蓮特茹

南部阿蓮特茹

Southern Portugal : Alentejo

文●陳蓓蕾・李曉萍
攝影●周治平・陳蓓蕾

位於特茹河(Tejo)以南，阿蓮特茹的葡萄牙文原意就是「特茹河岸」，綿延無際的平原、波浪起伏的麥田，山坡上種植著軟木橡樹和橄欖樹，陽光更充足、生活步調更緩慢、人口更稀少，這就是阿蓮特茹。這裡有早期文明的豐富遺產，從舊石器時代、羅馬時代的遺跡，到摩爾人佔領期間的影響，都深深滲透進這片廣袤土地。不妨在世界遺產之城艾芙拉住一晚，當作探索其他迷人小鎮的中繼站，體驗慢活的真義。遺世獨立的山城皆位於葡西邊境，站在懸崖頂端的城堡馬爾旺(Marvão)、蒙薩拉(Monsaraz)，俯瞰周圍散落的小村莊與壯闊美景，不禁令人讚嘆。越往內陸，遊客越少，也越能看見葡萄牙的另一面，此外，阿蓮特茹還以美食聞名，是集山珍、海味於一處的美食倉庫，黑豬肉、起士、葡萄酒、橄欖油全都美味得讓人難忘。

南部地區-阿蓮特茹

貝拉 Beirã
馬爾旺 Marvão
波塔萊格雷 Portalegre
伊斯特雷摩斯 Estremoz
艾爾瓦斯 Elvas
艾芙拉 Évora
西班牙 Spain
聖佩德羅杜柯瓦 São Pedro do Corva
蒙薩拉 Monsaraz
貝雅 Beja
恩特拉達斯 Entradas
米爾豐特斯新鎮 Vila Nova Milfontes
梅爾圖拉 Mértola

阿蓮特茹之最
The Highlights of Alentejo

艾芙拉Évora
被橄欖樹和葡萄園圍繞的世界遺產城市，舊城區石板巷道蜿蜒，白牆點綴亮黃色彩，17世紀鑄鐵窗台圈繞出優雅氣息，還有電影中常見的羅馬神廟。(P.190)

馬爾旺Marvão
「天空之城」馬爾旺坐落在西葡邊界的山頂上，依山而建的城堡，有著居高臨下、遼闊美麗的視野，抬頭可見迎風飛翔的老鷹，穿梭在寧靜的白色小屋間，每個轉角都是風景。(P.198)

梅爾圖拉Mértola
依山傍水的中世紀山城，曾經是摩爾人佔領期間的區域首府，至今仍保留著伊斯蘭古城遺跡、房舍建築、慶典與文化，彷彿一座露天的歷史博物館。(P.212)

伊斯特雷摩斯
Estremoz
入住上城區由中世紀城堡改建的精品飯店，俯瞰山下村落的屋舍櫛比鱗次，傍晚時分，沿著鋪著大理石的巷弄直達下城區，品嘗令人難忘的美酒與黑豬肉料理。(P.206)

189

艾芙拉

艾芙拉及周邊
Évora and Around

世界遺產城市艾芙拉是個被橄欖樹和葡萄園圍繞的可愛小城，同時也是阿連特茹地區的首府、宗教中心和農業交易中心。艾芙拉的歷史可追溯至古羅馬時代，15世紀被選為葡萄牙國王居住地，開啟了它的建設和輝煌，後來數百年在葡萄牙有極重要的文化地位。

舊城被中世紀城牆所包圍，鋪設平整的石板巷道蜿蜒舊城，白牆點綴亮黃色彩，17世紀鑄鐵窗台圈繞出優雅氣息，若是有充裕的時間住上一晚，更能領略艾芙拉的迷人之處。

吉拉爾朵廣場(Plaça do Giraldo)是舊城區的中心，廣場上8股水流的噴泉象徵向廣場匯集的8條道路，露天咖啡和街頭藝人不時點燃廣場的熱鬧氣氛，人氣十足。不過在這歡樂的背後可是有著沉重的一段歷史呢！包括了1483年時布拉岡薩公爵法南度在此被處死、16世紀時宗教法庭在此公眾燒死異教徒等。十月五日街道(Rua 5 de Outubro)是廣場通往主教堂的可愛小巷，街道兩邊皆是當地的工藝品店，特別是以軟木為材質的各項商品，從餐墊、包包、帽子到鞋子，種類包羅萬象，就是這個地區的特產。

INFO

基本資訊

人口：約55,620人　**面積**：1,307平方公里

如何前往

◎火車

從里斯本火東方火車站(Gare do Oriente)或Entrecampos火車站出發，搭乘IC火車約需1.5小時，每日5班次，僅於上下班時段和中午發車。艾芙拉火車站位於舊城區南方約1公里處，步行至吉拉爾朵廣場(Praça do Giraldo)約需20分鐘。

葡萄牙國鐵 🕸www.cp.pt

◎長途巴士

從里斯本Sete Rios巴士總站出發，搭乘Rede Expressos或Flix Bus營運的長途巴士，車程約1.5~2小時，班次頻繁，每小時1~2班。長途巴士站就在市中心西側城牆外不遠處，距離吉拉爾朵廣場步行約12分鐘。

Rede Expressos 🕸www.rede-expressos.pt

Flix Bus 🕸www.flixbus.pt

市區交通

舊城區面積不大，步行是最好的遊覽方式。如果開車自駕，由於城內多單行道，且付費停車場車位有限，最好將車停在城牆外帶有標誌的停車場。

觀光行程

如果你對艾芙拉郊外的史前巨石遺址有興趣，那麼以考古為主旅行團將是個不錯的選擇。行程將造訪西元前6000年左右新石器時期的巨石陣(Cromelech of Almendres)、古墓(Great Dolmen of Zambujeiro)以及巨石柱(Menir dos Almendres)。

Ebora Megalithica

☎266-782-069

🕙每日兩團，10:00~13:00、14:00~17:00

💲全票€30，3人以上成團，每團最多7人，價格包含艾芙拉接送

🕸www.eboramegalithica.com

旅遊諮詢

◎市立遊客服務中心

📍位於吉拉爾朵廣場(Praça do Giraldo)上，由巴士總站往東步行約12分鐘，由火車站往北步行約20分鐘可抵達

🏠Praca de Giraldo 73

☎266-777-071

🕙週一至週五 09:00~19:00，週末09:00~14:00、15:00~19:00

🕸www.cm-evora.pt

MAP ▶ P.191A2

聖方濟教堂 & 人骨禮拜堂

MOOK Choice

Igreja de São Francisco & Capela dos Ossos

與死亡面對面

📍從吉拉爾朵廣場步行約8分鐘可達　🏠Praça 1º de Maio　☎266-704-521　🕐6~9月09:00~18:30、10~5月09:00~17:00　🚫1/1、復活節、12/24~25　💲教堂免費；人骨教堂全票€6、優待票€4，包含參觀議事堂、宗教藝術博物館、伽利略露台、多媒體廳等　🌐igrejadesaofrancisco.pt/igreja

真正讓艾芙拉聲名遠播的其實是附設於聖方濟教堂內的人骨禮拜堂。禮拜堂入口處的碑文刻上「Nós ossos que aqui estamos, pelos vossos esperamos」，意思是「躺在此地的骨骸，等待你的加入」，被一堆骷顱頭用這種方式歡迎，再大膽的人都會感覺到的背脊忽然竄升的涼意吧！

這座另類的禮拜堂是由3位聖方濟各教會的修士建造，因為17世紀時艾芙拉市區腹地不夠使用，只好著手清理原有墓地，用5,000人的骨骸裝飾禮拜堂，同時達到慰靈的效果。人骨禮拜堂並無令人作嘔的氣味，雖然從天花板到牆

壁都是以墓地挖出的骷顱頭、骨頭堆築而成，祭壇前方還有兩具完整的人骨，實際上卻不會有恐怖的感覺。

聖方濟教堂完工於1510年，混合了曼努埃爾和哥德式的建築風格，是獻給聖方濟各修士的教堂，原本作為皇家祈禱使用，所以門口還有葡萄牙國王的王徽。2015年剛完成大規模整修，現在看起來相當新穎，教堂上方則規劃為宗教藝術展覽空間。

MAP ▶ P.191A1

水道橋

Aqueduto da Àgua da Prata

與古蹟共同生活

📍從吉拉爾朵廣場步行約7分鐘可達　🏠Rua do Cano

舊城牆北面劃開綠地與天空的高架水道拱橋，看似羅馬風格，其實是若昂三世(King João III)於1537年完成的建設，全長18公里，從艾芙拉北邊的Divor引水進入市中心，完工時還在吉拉爾朵廣場蓋了一座獅子造型的大理石噴泉。

現在的水道橋雖然已失去作用，卻在舊城內形

成相當有趣的畫面，居民利用水道橋堅固的花崗岩圓拱支柱，作為房屋樑柱的一部分，也算是一種廢棄建築的再生吧！

MAP ▶ P.191B1

主教堂

Sé de Évora

俯瞰舊城全景

🚌 從吉拉爾朵廣場步行約5分鐘可達 🏠Largo do Marquês de Marialva ☎266-759-330 🕐09:00~17:00 (博物館最晚入場時間16:00,塔樓最晚13:30入場) 🚫12/24、25的下午 💲教堂＋迴廊＋塔樓€4、教堂＋迴廊＋塔樓＋博物館€5 🌐www.evoracathedral.com

遠遠地就能看到艾芙拉主教堂的兩座不對稱高塔,由圓錐狀尖塔組成的屋頂,是葡萄牙相當罕見的形式。主教堂建於1186年,費時60餘年才完工,不但是葡萄牙最大的中世紀教堂,冒險家達迦馬(Vasco da Gama)前往印度前也曾在此禱告。

哥德－羅馬風格的正立面酷似碉堡,正門上方12個使徒雕像雕工精美,主禮拜堂於1718年重建為巴洛克式,裝飾華美的彩色大理石,與其他區域的簡樸莊嚴形成對比。內部相較於其他大教堂顯得平淡,值得注意的有中殿的聖母雕像、唱詩班席位的文藝復興風格橡木椅。此外,聖器藝術博物館(Museu de Arte Sacre)內

收藏許多屬於教會的十字架、金、銀器與聖餐杯,14世紀的哥德式迴廊則保存有艾芙拉最後4個主教的石棺。

從鐘塔爬上主教堂屋頂,視線豁然開朗,舊城區鱗次櫛比的紅瓦白牆、城外綿延無盡的綠色原野構成一幅恬靜的鄉村畫,這才是主教堂最吸引人的要素。

MAP ▶ P.191B1

羅馬神殿

Templo Romano de Évora

千年屹立不搖

🚌 從吉拉爾朵廣場步行約7分鐘 🏠Largo do Conde de Vila Flor

大約建於西元1世紀奧古斯都時代的羅馬神殿,是葡萄牙境內保存最完整的羅馬紀念碑建築,神殿中央的14根柯林斯式圓柱和地板,皆以伊斯特雷摩斯(Estremoz)出產的大理石與黑色花崗岩所製成,保存良好,歷經2,000多年仍屹立不搖。

羅馬神殿的命運可不是那樣平順,西元5世紀

西哥德人入侵伊比利半島時幾乎毀了神殿,中世紀時又被當作刑場,直到19世紀的考古學家恢復神殿的歷史價值。根據考古資料,這裏曾是祭祀黛安娜女神的祭壇,因此又被稱為戴安娜神殿(Temple of Diana)。

曼努埃爾多塞納庫修士博物館

Museu Nacional Frei Manuel do Cenáculo

濃縮艾芙拉歷史

🚶 從吉拉爾朵廣場步行約5分鐘可達　🏛 Largo do Conde de Vila Flor　☎ 266-730-480　🕐 週二至週日09:30~13:00、14:00~17:30　💲 全票€8　🌐 www.museusemonumentos.pt/en/museus-e-monumentos/fryar-manuel-do-cenaculo-national-museum

博物館以一位歷史上著名的主教、學者和藝術收藏家 Manuel do Cenáculo Vilas Boas 命名，坐落在一棟16世紀主教宮宮殿內，主要收藏和展示宗教藝術、繪畫、雕塑以及從史前到現代的各種文物，包含羅馬式廊柱、葡萄牙自然派與法蘭德斯的繪畫作品，市政廳的摩爾窗以及羅馬神廟的壁緣雕刻也收藏在此。其中，最精采的作品是一幅14世紀中的折板畫作，13幅畫描述聖母的一生(Life of the virgin)。若是說這裡濃縮城市千年歷史，一點也不為過！

羅馬浴場

Termas Romanas

藏身市政廳的羅馬遺跡

🚶 從吉拉爾朵廣場往北步行約7分鐘可達　🏛 Praça do Sertório　☎ 266-777-000　🕐 週一至週五09:00~17:30（內部整修暫時關閉，更新於2024/10）　🚫 週末及假日　💲 免費　🌐 www.cm-evora.pt/locais/termas-romanas

1987年，在一次考古挖掘中，發現了這座建於2~3世紀間的古羅馬浴場，有趣的是，這座保存良好的浴池正位於市政廳的裡面。這是當時城中羅馬人的公共浴場，面積約300平方公尺，不僅是洗浴的地方，也是平日社交的場所，發現的遺蹟中，包括了一座蒸氣浴室(Laconicum)，類似現在的桑拿，中央是一個直徑9公尺的圓形水池，旁邊則有加熱系統。遊客可通往另一個空間，參觀浴場的供熱房，通常在這裡燃燒木材，將熱空氣帶入蒸氣室中。在1994年時，還發現了另一個長方形的露天游泳池，但目前並未開放參觀。

艾芙拉大學

Universidade de Évora

美輪美奐的學術殿堂

🚶 從吉拉爾朵廣場往東步行約10分鐘可達聖靈學院門口　🏛 Largo dos Colegiais 2　☎ 266-740-800　🕐 週一至週六09:30~17:00　🚫 週日和假日　💲 全票€3，語音導覽€1.5　🌐 www.uevora.pt

繼科英布拉大學成立後，西元1559年，葡萄牙第二所大學在艾芙拉成立。主樓聖靈學院(Colegio do Espírito Santo)位於東南側，可由通往迴廊的入口進入。內部有文藝復興風格的雙層迴廊、彩繪天花板的大廳與圖書館、華麗的大理石門框裝飾與噴泉，迴廊四周還有貼滿手繪瓷磚畫的牆面裝飾。教室內外的百年歷史瓷磚畫，伴讀著忙碌的莘莘學子，能感受古老學院中的年輕活力，尤其是貼著17世紀彩色瓷磚畫的一樓禮堂(da Sala dos Actos)令人驚豔。

MAP ▶ P.189B3

聖佩德羅杜柯瓦

São Pedro do Corval

葡萄牙陶器之村

🚗 從艾芙拉開車自駕前往約45分鐘；也可從艾芙拉搭乘前往 Reguemgos de Monsaraz的長途巴士，在Reguemgos de Monsaraz下車，轉乘計程車約10分鐘抵達，或是轉搭前往蒙薩拉(Monsaraz)的巴士，中途於São Pedro do Corval站下車，總路程約1~1.5小時

Reguemgos de Monsaraz遊客中心

🏠 Rua António José de Almeida 11, Reguengos de Monsaraz ☎ 266-508-052 🕒 9:00~12:30、14:00~17:30 🌐 www.cm-reguengos-monsaraz. pt/locais/posto-de-turismo-de-reguengos-de-monsaraz-2

　葡萄牙最大的陶藝中心——聖佩德羅杜柯瓦，就在由艾芙拉通往蒙薩拉(Monsaraz)的路途上。在這裡製作陶瓷的傳統可以追溯到史前時代，村落很小，但卻擁有超過20多家的陶瓷工坊，整條主街Rua da Primavera上不是出售陶瓷的商店，就是製作工坊。

　沿著寧靜的街道隨意遊走，可以看到工作坊內陶器製作的流程，若開口詢問，幸運的話還能入內參觀。通常工作坊旁就是陶瓷商店，陳列著各種葡萄牙手繪風格的鍋碗瓢盤、瓷磚與燭台等等，每家都各有特色。聖佩德羅杜柯瓦

距離大城艾芙拉約45公里，位在巴士轉運小鎮 Reguemgos de Monsaraz東邊5公里處。在 Reguemgos de Monsaraz遊客中心可索取各家陶器工作坊的資訊。

💡 阿連特茹美食

　艾芙拉所在的阿連特茹地區一向有葡萄牙的美食倉庫之稱，依據季節差異，沿海和內陸地區各有不同的豐富農漁物產。除了高品質的橄欖油，集「山珍、海味」於一身的必嚐料理首推阿連特茹燉豬肉(Carne de Porco à Alentejana)。阿連特茹山區飼養的豬號稱是伊比利半島最好的品種，豬仔吃橡樹子長大，在樹林間奔跑，脂肪含量低，肉質口感有彈性，且香氣十足，切成小塊的腰內肉搭配新鮮蛤蠣燉煮，加上橄欖和大蒜香氣的醬汁甜汁中帶鹹，扮演兩位主角間的最佳媒介。

　舊城內許多餐廳都有供應這道料理，其中，Restaurante O Antão是相當受歡迎的餐廳，即使獲得

無數美食獎項的肯定，價格還是相當親民。

Restaurante O Antão

🏠 191A1 📍 位於吉拉爾朵廣場(Praça do Giraldo)旁的巷子 🏠 R. João de Deus 5 ☎ 26-670-6459 🕒 週二至週日12:00~15:00、19:00~22:50 ❌ 週一 🌐 restauranteantao.pt

蒙薩拉

Sabores de Monsaraz 🍴

往 ◎ 歐特羅巨石Menhir de Outeiro ↑
往 ◎ 聖佩德羅杜柯瓦São Pedro do Corval ↑

城門口
Town Door

Xarez 🍴

🚌 巴士站

ℹ 遊客服務中心

Rua Direita

🏛 Museu Do Fresco

✝ 主教堂
Igreja de Nossa Senhora da Lagoa

城門口
Alcoba Door

🅿 停車場

🏰 城堡
Castelo

| 圖例 | ◎ 景點 | 🍴 餐廳 | ✝ 教堂 | 🏰 城堡 | 🏛 博物館 |
| | 🚌 巴士站 | 🅿 停車場 | ℹ 遊客服務中心 | | |

艾芙拉周邊

MAP ▶ P.189B3

蒙薩拉

MOOK
Choice

Monsaraz

遺世獨立的白色村落

🚌 從艾芙拉前往蒙薩拉沒有直達車，需搭乘Alentejo巴士前往Reguemgos de Monsaraz轉車，總車程約1.5小時。週一至週五由艾芙拉約 06:40發車，由蒙薩拉回程於17:35發車，寒暑假發車時間為08:40。可當日往返，但時刻表常變動，正確時刻表需當地再確認。開車自駕是最有彈性的方式，由艾芙拉出發，車程約50分鐘，需將車子停在城門入口處的停車場，再徒步進城

Rodoviária do Alentejo巴士

🌐 www.rodalentejo.pt

遊客中心Posto de Turismo Monsaraz

📍 P.196B2 📍 R. Direita 24 📞 26-650-8177 🕐 4~9月：09:30~12:00、14:00~17:30；10~3月：09:30~13:00、14:00~17:00 🌐 www.cm-reguengos-monsaraz.pt/locais/posto-de-turismo-de-monsaraz ❗有時遊客中心會委託教堂旁的Museu Do Fresco提供資訊

　　人口不到200的小村落蒙薩拉，坐落在葡西邊界海拔332公尺的山頂上，無疑是葡萄牙最漂亮的村莊之一。白色的村落彷彿時光凝止般寧靜安祥，站在城牆上便可俯瞰西班牙邊界瓜地亞納河(Guadiana)與大壩(Alqueva Dam)，山下整片葡萄園、橄欖園圍繞，視野遼闊，風景迷人。

　　由於山頂的戰略位置，這裡也是歷史上重要的軍事據點。早在史前時代，就發現人類居住的痕跡，8世紀時被摩爾人佔領，直到1167年才被基督徒傑拉多(Geraldo Sem Pavor)奪回，並被移交給聖殿騎士團，擔負起保護邊境的任務。

　　村子不大，一下子就能逛完，遺世獨立的偏遠位置，使其仍保留著中世紀的氣氛，如今由於觀光業發達，村落中也有不錯的餐廳與民宿供遊客待上一晚。主要街道Rua Direita上有教堂、遊客中心、博物館，往西南邊走則可登上13世紀殘破的城堡與城牆，清晨與黃昏時刻在此漫步，景色最是醉人。漫步在片岩鋪成的路面上，傾聽靜謐的街道迴聲，悄悄訴說著過去歷史，享受那份寧靜就是最好的遊覽方式。

城堡 Castelo

蒙薩拉曾在摩爾人與基督徒的爭奪中數度易手，1167年被基督徒傑拉多奪回，之後國王阿方索(Afonso Henriques)在戰爭中失利，蒙薩拉又再度被摩爾人佔領，1232年在聖殿騎士團的支持下，國王Sancho II又重新奪回了城堡和城鎮。13世紀時城堡進行重新修建，並被納入邊界軍事防禦系統的一部分，如今被用作為鬥牛場。

P.196A3 從遊客中心往西南方步行約10分鐘可達 Largo do Castelo

美食美景餐廳

村落中有幾家景色絕佳的餐廳與酒館，如果只想小歇一會，離中心較近的Xarez有座景色開闊的陽台，很適合喝杯飲料。如果想要品嘗阿蓮特茹傳統家庭料理，建議可前往北邊的Sabores de Monsaraz，在這裡可以感受到當地人樸質熱情的個性，以及美味的家常料理。

Sabores de Monsaraz

P.196B1 從遊客中心往北步行約5分鐘可達 R. de São Bento 2 969-217-800 週二19:30~22:30，週三至週日12:30~15:30、19:30~22:30， 休週一 saboresdemonsaraz.com/eng

Xarez

P.196A2 從遊客中心步行約3分鐘可達 Rua de Santiago 33 26-655-7052 週一、二、五、日11:00~18:00，週三11:00~16:00，週六11:00~15:00、17:30~22:00 休週四 www.facebook.com/Monsaraz.Xarez

教堂 Igreja de Nossa Senhora da Lagoa

最早的哥德式教堂建於13世紀中葉，由於之後黑死病橫掃此區，基於埋葬的需要教堂就此消失。目前的教堂建於16世紀，文藝復興風格的建築外觀，內部有鍍金雕刻的主祭壇，以及17~18世紀的藝術裝飾，比如美麗的彩繪圓柱。

P.196A3 從遊客中心步行約5分鐘可達 Largo Dom Nuno Álvares Pereira 4~9月：09:30~12:30、14:00~18:00；10~3月：09:30~13:0、14:00~17:00

史前巨石柱

蒙薩拉是葡萄牙南部最古老的定居點之一，附近有數百個新石器時代的巨石遺跡，包括位於蒙薩拉北部3公里處的歐特羅巨石柱，這座外型如男性生殖器的花崗岩巨石高達5.6公尺，佇立在綠意盎然的平原上，據說代表了古時候對生育的崇拜，適合考古迷們造訪。

歐特羅巨石Menhir de Outeiro

P.196B1 需開車自駕前往，沿途可能會經過泥濘坑洞的小路

馬爾旺

馬爾旺及周邊
Marvão and Around

通往山頂城門的道路蜿蜒曲折，遠遠就可以看到「天空之城」馬爾旺矗立在山頂上，馬爾旺位於海拔843公尺的連綿山脈中，城牆依山而建，與峭壁融為一體，並將村莊圍繞在內，抬頭可見老鷹展翅在天空盤旋翱翔，也被當地人稱為鷹巢。

距離西班牙僅約10公里，正如其他的葡、西邊境城鎮一樣，具備極重要的防禦戰略地位，早在羅馬人統治前，這裡是路西塔尼人(Lusitanian)的家，回教徒佔領時期，摩爾人伊本馬爾旺(Ibn Marwan)重建了此地的山頂防禦工事，因此他的名字成了地名的由來。易守難攻的馬爾旺以固若金湯聞名，自1166年國王阿方索取得控制權以來，幾乎沒有失守的紀錄。

如今江山依舊，寧靜安祥的城內仍保留15、16世紀的建築，在晴朗的日子，爬上城牆，可以看到埃斯特雷拉山脈和西班牙，壯闊美景令人屏息，正如葡萄牙的諾貝爾文學獎作家喬賽‧薩拉馬戈(José Saramago)所言，站在馬爾旺，你可以覽盡全世界。

INFO

基本資訊

人口：約2,972人　**面積**：154.9平方公里

如何前往

◎長途巴士

從里斯本Sete Rios出發，搭乘Rede Expressos營運的巴士前往馬爾旺，車程約4.5小時。若由波塔萊格雷(Portalegre)出發，車程僅需35分鐘。或者也可選擇由其他城鎮先前往波塔萊格雷，再換乘巴士前往馬爾旺，由於班次不多，需事先確認發車時刻表是否銜接的上。

Rede Expressos ⓤwww.rede-expressos.pt

市區交通

位於山頂，步行是最主要的遊覽方式。若開車自駕，城內城外都有停車場，城門內的停車場位於Rua de Cima南邊廣場(Largo de Olivenca)，城內巷弄狹窄，小車較易通行。

旅遊諮詢

◎遊客中心

ⓐP.199A1　ⓖRua de Baixo 12
☏245-909-131
🕙10:00~17:00
ⓤwww.cm-marvao.pt/pt/posto-de-turismo

邊境的防禦王者

馬爾旺在葡萄牙歷史上以易守難攻、無懈可擊的軍事基地著名，經歷了許多次衝突與戰役仍屹立不搖，唯一一次被佔領是在葡萄牙內戰期間，被自由黨人士從密道攻入。

年份	戰爭
1640~1668	復辟戰爭The War of the Restoration
1701~1715	西班牙王位繼承戰爭The War of the Spanish Succession
1762~1763	七年之戰The Fantastic War
1801	橘子之戰The War of the Oranges
1807~1811	拿破崙入侵與半島戰爭The Peninsular Wars/ French Invasions
1832~1834	葡萄牙內戰The Civil War
1846~1847	瑪麗亞·達豐特革命the Rebellion of Maria de Fonte and Patuleia

MAP ▶ P.199A1

馬爾旺城堡

MOOK Choice

Castelo de Marvão
天空飛鳥的城堡

🚶 從遊客中心步行約6分鐘可達　🏠 R. do Castelo　☎ 245-909-138　💰 全票€1.5，12歲以下免費，城堡+市立博物館+文化之家聯票€3.3　🕐 10:00~19:00　ⓜ www.cm-marvao.pt/pt/museus/castelo

　城堡最早的歷史可追溯於西元9世紀，摩爾人伊本馬爾旺(Ibn Marwan)運用了峭壁的天然地勢建造防禦性城堡，之後的1,000年間，城堡幾乎不間斷的擴建與加強，用於嚴密監視與觀察邊境局勢，後來更與鄰近的波塔萊格雷(Portalegre)、南邊的艾爾瓦斯(Elvas)連成重要的戰略性防線。

　城堡與城牆佔盡地利優勢，防守滴水不漏，只能從東部進入，被形容成唯獨天空中的飛鳥才能

自由進出，更有「葡萄牙馬丘比丘」之稱。南端陡峭懸崖上的低矮城牆，似乎目的並不是防止敵人入侵，而是為了避免城內的人車不小心掉落。目前所見的大部分建築主要建於17世紀。

城堡主樓 Keep
　來到這裡一定要登上城堡中最高的塔樓，可能是在13世紀後重建，門口處設有一座木橋，緊急時可將其升起，用來隔離與保護主樓，內部只有一個房間，以及透光的箭狹槽，若繼續往上攀登至頂，就能欣賞到無敵的全景。

©Hugo Cadavez

儲水槽 Cistern
　葡國城堡中最大的一座儲水槽，位於城堡主要入口旁，高10公尺，長46公尺，可以儲存6個月的雨水。因為海拔近900公尺的山頂上，沒有其他的天然水源，如果受到長期圍困，這座水槽將能發揮它供水的作用。

傳統市集 Mercado Tradicional

停車場對面每週舉辦兩次的室內傳統市集，當地人在場販賣各種起士、看似普通卻美味的傳統糕點、餅乾，還有黑豬肉煙燻火腿、蔬果等等。若不知該怎麼選擇，熱情的老奶奶會比手畫腳向你推薦她的拿手甜點。

🔺 P.199B2　⏰ 每週四、六上午　📍 Largo de Olivença

MAP ▶ P.199A1

城門口
Portas de Ródão
探索天空之城的起點

　　位於山丘北邊的雙層城門入口 Portas de Ródão 是進入城堡的主通道，建於17世紀以後，城門前蜿蜒的山路用意在拖延敵人侵入的速度，由廣場進入城牆後，必須先通過突然縮小的門口與狹窄的街道，據說有夾殺侵略者的戰略目的。遊客中心就在門口，這裡是遊覽的最佳起點，沿著城牆可漫步至東邊的城門 Postigo do Sol，以及南邊的城門 Portas da Vila。

MAP ▶ P.199A2

市立博物館
Museu Municipal
歷史最久的地區博物館

🚶 從遊客中心步行約5分鐘可達　📍 Largo de Santa Maria
☎ 245-909-132　💲 全票€1.9，優待票€1，12歲以下免費
🕐 10:00~12:30、13:30~17:00　🌐 www.cm-marvao.pt/locais/igreja-de-sta-maria-museu-municipal

　　位於城堡下方的白色聖瑪麗亞教堂(Igreja de Santa Maria)是城內歷史最悠久的一座教堂，建於13世紀末，正如其他教堂一樣，它可能是建築在從前的清真寺遺址上，建築物隨著統治者的不同而有了不同的宗教功能，直到1987年重新整修後，成了市立博物館所在。內部僅有一間展覽

室，展示此區域從舊石器時代至近代的歷史，以及一些中世紀的宗教壁畫。

MAP ▶ P.199A1

阿瑪雅羅馬遺址

Roman villa of Ammaia

2000年前的羅馬遺跡

🚗 開車從馬爾旺出發約15分鐘可達　🏠Estrada da Calçadinha 4, São Salvador da Aramenha　🌐www.ammaia.pt

阿瑪雅城博物館Museu Cidade de Ammaia

🏠Quinta do Deão, Estrada da Calçadinha, 4,São Salvador da Aramenha　📞245-919-089　🕐09:00~12:30、14:00~17:30　📘www.facebook.com/CidadeRomanaAmmaia

　　位於馬爾旺北部8公里處，阿瑪雅羅馬城建立於西元前1世紀，雖然在19世紀時曾陸續發現一些古物，但一直到1994年才開始全面開挖。估計當時繁榮的阿瑪雅城面積約25公頃，是橄欖油、葡萄酒等農產的中心，直到回教徒佔領期間，整座城就此廢棄。目前遺址上仍可看到南邊的城門、殘留的城牆地基、鋪設花崗岩地板的廣場、部分的公共浴池、門檻等斷垣殘壁。遺址旁邊的小型博物館，還展出考古發現的硬幣、雕刻與玻璃製品，不過開放時間非常短暫。

💡 在懷舊火車站睡一晚

　　對於想尋求特殊的住宿體驗，又熱愛拍照的旅人來說，火車站旅館絕對是可列入清單的選擇之一。旅館位於馬爾旺北邊的貝拉(Beirã)小鎮上，改建自火車站建築中的一部分。馬爾旺一貝拉車站(Marvão-Beirã)建造於19世紀，1967~1989年間，里斯本與馬德里之間的火車路線通行，這座美麗的車站曾是葡國境內通往西班牙的最後一站，車站外牆貼著各地的風景瓷磚畫，比如馬爾旺的城堡、艾芙拉的神殿等等，作為當時給外國遊客的觀光指南。直到2012年，由於路線變更，車站被迫停用，如今則成為了受到政府保護的國家古蹟。

Train Spot Guesthouse

🚗 開車自駕前往從馬爾旺出發約20分鐘可達，位於馬爾旺北部11公里處　🏠Largo da Alfândega 4, 7330-012 Beirã (Estação ferroviária de Beirã/Marvão)　📞963-237-402　🌐trainspot.pt/en

　　熱情好客的老闆是道地的里斯本人，搬離了大城市，移居到風景如畫的阿蓮特茹鄉間，將這座火車站旅館打造得有聲有色，時常推出騎馬、走私者小徑等主題旅遊行程。旅館的公共空間別具巧思，房客可在客廳的壁爐前取暖、在火車站中醒來、在陽光灑落的廚房內享用早餐，或者在廢棄的軌道上盡情拍攝美照。

艾爾瓦斯
Elvas

邊境要塞艾爾瓦斯距離西班牙僅15公里，這裡有歐洲保存最好、世界最大的陸地堡壘防禦工程，並在2012年被聯合國列入世界文化遺產。

17世紀的城牆將整個城鎮圍繞著，舊城區裡殘存的城牆、阿拉伯式建築、街道的名稱，時時提醒人們，摩爾人曾佔領這裡長達500年的時光。1230年，基督徒重新奪回了城鎮控制權，雖然在之後的600年間，它不斷在葡萄牙與西班牙之間的攻防戰役下擺盪，但堅固的防禦工事很少有被攻破的時候；最有名的幾場戰役，包括了1659年，葡軍以千人抵擋了西班牙萬人軍隊的攻擊；19世紀初，拿破崙入侵西班牙的半島戰爭，這裡的防禦工事成功守護了此地，並成為英國威靈頓公爵進攻西班牙巴達霍斯(Badajoz)的大本營。

共和國廣場(Praça da República)是艾爾瓦斯的市中心，周圍圍繞著遊客中心、教堂與咖啡廳，若由此出發，往北可進入舊城區，遊覽教堂、城堡老街等景點。

NFO

基本資訊
人口：約22,477人　**面積**：631.29 平方公里

如何前往
◎**長途巴士**

從里斯本Lisboa Sete Rios出發，搭乘Rede Expressos營運的巴士，車程約2小時40分至3小時

頸手枷(或稱恥辱柱)是古時候用來懲罰罪犯，公開羞辱的方式，犯人被吊在公共場所的柱子上，被迫展示他的罪刑，任憑民眾唾棄。多明尼克教堂旁這座曼努埃爾式的頸手枷，歷史可追溯於16~19世紀，在里斯本與各個小鎮上也可見到這類立柱，目前都已成為歷史紀念碑。

🚌P.204A1
📍Largo de Santa Clara

艾爾瓦斯

往🚌格拉薩堡壘
Forte da Graça/Conde de Lippe Fort
🚌城堡Castelo De Elvas

🚌頸手枷Pelourinho
多明尼克教堂　　🚌聖母升天教堂
Iglesia de las Dominicas　Igreja de Nossa Senhora da Assunção
🚌共和國廣場Praça da República
ℹ遊客服務中心

←往🚌阿莫雷拉水道橋
Aqueduto da Amoreira

圖例　🚌景點 🚌廣場 🚌城堡　　　🅿 Portas de Olivença
🚌教堂 ℹ遊客服務中心　↓往🚌聖露西亞堡壘Forte de Santa Luzia
🚌巴士總站

20分，一天約10班次。由艾芙拉或伊斯特雷摩斯(Estremoz)出發，可搭乘Rede Expressos或地區巴士Alentejo，往返艾芙拉約1.5~2小時，後者車程僅需45分鐘，但班次不多。

艾爾瓦斯也有往返西班牙邊境城市Badajoz的區域巴士，車程約30分鐘，班次不多且週末停開，時刻表常有變動，出發前需洽詢當地旅遊局確認。

Rede Expressos 🌐www.rede-expressos.pt
Alentejo區域巴士 🌐www.rodalentejo.pt

◎開車自駕

市中心較多單行道，西北邊與南邊的城牆附近則多處停車場，可將車停在城門Portas de Olivença附近。

市區交通

景點多位於市中心共和國廣場(Praça da República)北方，步行是遊覽的最好方式。巴士總站位於南邊的城牆外，前往市中心是距離約800公尺的上坡路，若攜帶大型行李，可搭乘計程車較為輕鬆，收費約€6。

旅遊諮詢

◎遊客中心Posto de Turismo de Elvas
🚌P.204B1　📍Praça da República
☎268-622-236　🕐10:00~13:00、14:00~18:00
🌐www.cm-elvas.pt

堅固的星形要塞

世界最大的陸地防禦工事，範圍包含城鎮周邊10公里距離內的小型堡壘，堅固的防禦連線見證了19世紀前獨特的軍事戰略。最大的兩座分位坐落在南北兩側，往北3公里處有18世紀修建的格拉薩堡壘(Forte da Graça)，最值得造訪，往南1.5公里處則有17世紀的聖露西亞堡壘(Forte de Santa Luzia)，其他還有3處19世紀的小型堡壘散落周邊。

格拉薩堡壘Forte da Graça/Conde de Lippe Fort
🚌P.204A1　🚗交通不便，只能開車前往。開車沿著N246約2公里處可達　📍Forte de Nossa Senhora da Graça　☎268-639-714　🕐5~9月：週二至週日10:00~18:00；10~4月：週二至週日10:00~17:00
💲€5　🌐cm-elvas.pt/descobrir/forte-da-graca

MAP ▶ P.204A2

阿莫雷拉水道橋

Aqueduto da Amoreira

伊比利半島最長的水道橋

🚶 從共和國廣場往西南方步行約15分鐘可達　🏠Aqueduto da Amoreira

伊比利半島上最長的水道橋，由里斯本貝倫塔(Torre de Belém)的建築師弗朗西斯科(Francisco de Arruda)參與修建，共花了100多年才完工(1498~1622)，主要的原理是利用高低落差加上虹吸現象，將遠處的乾淨山泉水引進城內，從羅馬時代便開始使用這項建築技術。這座壯觀的建築長約8公里，高31公尺，共有843座拱門，能將城鎮7公里外的水源引進城內廣場上的噴泉(Fonte da Vila)，至今仍保存良好，仍在使用。

MAP ▶ P.204A1

多明尼克教堂

Iglesia de las Dominicas

彩繪圓柱撐起的八角教堂

🚶 從共和國廣場往北步行約3分鐘可達　🏠Largo de Santa Clara 3C　🕐4~9月：10:00~12:00、15:00~18:00；10~3月：10:00~12:30、14:00~17:00　🌐cm-elvas.pt/descobrir/patrimonio/religioso/igreja-das-dominicas/

外觀建築是文藝復興風格的樸實教堂，內部空間雖小卻十分精緻美麗。教堂最初建於16世紀，內部有罕見的八角形圓頂，並由八根彩繪彩色藤蔓花紋的大理石圓柱支撐著，牆壁上還鋪有17世紀的瓷磚畫，兩旁是鍍金雕刻的小禮拜堂。教堂屬於原本修道院建築的一部分，當最後一位修女去世後，僅有這座教堂被保留下來，其他部分被改建為劇院、住宅和小學。

MAP ▶ P.204A1

聖母升天教堂

Igreja de Nossa Senhora da Assunção

見證歷史的大教堂

🚶 就在共和國廣場上　🏠Praça da República　☎266-769-800　🕐5~9月：10:00~12:00、15:00~18:00，10~4月：10:00~12:30、14:30~17:00　🌐cm-elvas.pt/descobrir/patrimonio/religioso/igreja-de-nossa-senhora-da-assuncao-se-catedral

1881年以前，聖母升天教堂一直是艾爾瓦斯的主教堂。建於16世紀初，外觀以塔為立面，內部融合了曼努埃爾、新古典主義、巴洛克等各種風格的裝飾，教堂內可以看到17世紀鋪設的彩色瓷磚、各種顏色的大理石與圓柱，一抬頭就可看到爬滿藤蔓花紋的天花板，以及金碧輝煌的管風琴。

伊斯特雷摩斯
Estremoz

伊斯特雷摩斯不僅以生產大理石聞名，也是個歷史悠久的城鎮，自史前時代就有人居住的痕跡，之後的羅馬人、西哥德人、摩爾人都曾是這裡的居民，直到13世紀葡萄牙國王桑喬二世(King Sancho II)奪回了此地，才又重回基督徒的懷抱。城鎮主要由仍保有中世紀城堡的上城區，以及山坡下的下城區組成。位於山頂的城堡是國王唐迪尼斯(Dom Dinis)為了皇后聖伊莎貝爾(Queen Santa Isabel)所修建，如今成了視野極佳的五星級城堡飯店，周圍則有禮拜堂、博物館圍繞著；而下城區隨處可見庶民生活的日常，羅西歐廣場旁圍繞鋪著大理石的人行道，到處都是糕點店、餐館與咖啡館，人聲鼎沸；許多提供阿蓮特茹美食如黑豬肉、香腸的小餐館，美味得讓人流連忘返。上城區居高臨下，氣氛莊嚴寧靜，適合住上一晚，沉澱心靈；而下城區則生活氣息濃厚，適合大啖當地美食。

伊斯特雷摩斯

上城區
Museu Municipal 🏛

城堡Castelo de Estremoz
聖伊莎貝爾王妃城堡飯店
Pousada de Santa Rainha Isabel

王妃雕像 🗿 禮拜堂Capela

Porta do Sol

Aiecrim 🍴

羅西歐廣場
Rossio Marquês de Pombal

頸手枷
Pelourinho

下城區

Pastelaria Formosa ☕

Venda Azul

遊客服務中心 🛈

巴士總站 🚌

Av. Condessa da Cuba

N

圖例 🔴景點 🍴餐廳 ☕咖啡廳 🔵廣場 🏰城堡
🏛博物館 🚌巴士站 🛈遊客服務中心 🏨飯店

INFO

基本資訊

人口：約1.5萬人(大區)　**面積：**513.8 平方公里(大區)

如何前往

◎長途巴士

　　從里斯本Lisboa Sete Rios或東方車站(Oriente)出發，搭乘Rede Expressos營運的巴士，車程約2~2.5小時。由艾芙拉出發，車程需30~40分鐘，每天3~4班次。若由艾爾瓦斯出發，車程約30~45分鐘，每天8班次。巴士總站位於下城區的舊火車站正後方，沿著Av. Condessa da Cuba 步行約10分鐘，便可抵達市中心的羅西歐廣場(Rossio)。

Rede Expressos

◎P.207D1 🌐www.rede-expressos.pt

市區交通

　　市區不大，分為山上的上城區與山下的下城區，步行即可遊覽主要景點。

旅遊諮詢

◎遊客中心Posto de Turismo-Casa de Estremoz

◎P.207C2

◎位於大廣場旁，由巴士總站往西南方步行約8分鐘可達

🚗Rossio Marquês de Pombal

📞26-833-9227

🕐09:00~12:30、14:00~17:30

🌐www.cm-estremoz.pt

大理石人行道

　　葡萄牙是全球第二大大理石出口國，其中85%的大理石來自伊斯特雷摩斯周圍的區域，這裡大理石品質可與世界排名第一的義大利媲美，有白、奶油、黑、灰或粉紅等各種顏色，在城中隨處可見，就連人行道上所鋪的小碎石都是大理石製成的。如果在下城區漫步時，別忘了低頭瞧瞧這裡的人行道。

MAP ▶ P.207A2

伊斯特雷摩斯城堡
Castelo de Estremoz

俯瞰村莊與平原美景

🚶從遊客中心往西沿著Rua da Frandina前行，經過舊拱門 (Arco da Frandina)後上坡步行，約12分鐘可達 📍Largo Dom Dinis ☎268-332-075 💻www.pousadas.pt/en/hotel▶pousada-estremoz ❗僅在飯店留宿的旅客可免費參觀塔樓，餐廳與咖啡廳對外開放，在此用餐亦可體驗城堡周遭環境

安靜的上城區由13世紀的城堡建築所主宰，這座融合了各個時期的建築，最初是國王阿方索三世為了區域防禦所建造，後來國王唐迪尼斯(Dom Dinis)為了迎娶西班牙阿拉貢的伊莎貝爾王妃，又再度增建了皇宮。城堡曾一度被用做為軍火庫，在1698年的一次爆炸事故中，炸毀了所有建築物，只有主塔樓、三冠塔樓得以倖存。18世紀後，城堡又經重建整修，如今成為了葡萄牙連鎖酒店Pousadas旗下的聖伊莎貝爾王妃酒店。

三冠塔樓
Torre das Três Coroas

顧名思義，主塔總共歷經了國王阿方索四世、佩德羅與費南多三位國王時期才建造完成。塔樓高27公尺，城中最佳的360度觀景地點，俯瞰阿蓮特茹一望無際的平原與村莊，美景如詩如畫。

聖伊莎貝爾王妃城堡飯店
Pousada de Santa Rainha Isabel

矗立在山頂上的城堡飯店，讓一般人有機會體驗14世紀的王妃曾住過的宮殿，由山頂巡視下城區的領地。雖然目前的建築重建於18世紀，但內部仍保存得古色古香，厚重的城牆、挑高的空間、古董家具陳設，搭配現代化的設備，還能眺望白色平房與田園的景色。

王妃雕像

西元1336年，國王唐迪尼斯去世後11年，身為皇太后的伊莎貝爾為了阻止皇族間一觸即發的戰事，由科英布拉趕到了伊斯特雷摩斯作為和平調停人，她雖成功地化解了危機，但也因旅途勞累，不久後便在城堡裡去世。由於她生前退隱於修道院內，過著救濟窮人與弱勢的生活，因此很受人民的敬重，坊間流傳著很多關於她的傳說，城堡前的觀景台前也設立一座紀念她的雕像。

MAP ▶ P.207C2

下城區
Lower Town

美食餐廳集中地

🚶從巴士總站沿著Av. Condessa da Cuba 步行約6分鐘，便可抵達市中心的羅西歐廣場Rossio Marquêsde Pombal

Venda Azul

🏔P.207D2 🚶由遊客中心步行約2分鐘可達 📍Largo de São José 26 ☎961-941-394 ⏰週二至週五12:00~15:00、19:00~22:00，週六12:00~22:00 ❌週日、週一 ❗須提前訂位

Aiecrim

🏔P.207C1 🚶位於羅西歐廣場旁 📍Rossio Marquês de Pombal 31-32 ☎26-8-32-4189 ⏰週四至週二 09:00~23:00 ❌週三 💻alecrimestremoz.pt/en/homepage

下城區的主要廣場羅西奧(Rossio Marquês de Pombal)四周圍繞著熙來人往的咖啡廳、小餐館，每周六上午的傳統市集更是達到熱鬧的高峰，除了來自各地的農家擺攤販賣自家生產的蔬果、橄欖油、香腸、起士等新鮮食材，還有古董、陶瓷與二手市集。

雖然這裡沒有驚人的觀光景點，但小城鎮活力十足的生活氣味就已非常的迷人。走在大理石碎石路上，探訪幾家鎮上最受歡迎的小餐館，在Aiecrim享用每日特餐，或在Venda Azul品嘗聞名的黑豬肉與紅酒，都足以讓人回味無窮。

貝雅

貝雅
Beja

樸素古雅的小鎮貝雅位於艾芙拉南方75公里處，周圍被平原與麥田所圍繞，是葡萄酒、橄欖、軟木的生產地。但讓貝雅聲名大噪的，卻是來自於17世紀5封熾烈熱情的情書。一位在貝雅出生的修女，愛上了駐紮的法國軍官，無奈的結局讓她只留下了5封抒情淒美的情書。雖然真實性無從查證，但這段愛情故事成了《葡萄牙修女的情書》靈感來源，也意外成了小鎮的導覽書。

貝雅也是葡萄牙最負盛名的皇后埃利諾 (Eleanor of Viseu)的出生地。埃利諾是若昂二世(João II)的妻子，崇信上帝的她把大部分的

錢都用於慈善事業，1498年創立了慈善基金會 Santa Casa daMisericórdia以照顧窮人、病人和被遺棄的兒童，此外，被認為是當代歐洲最好醫院的里斯本諸聖皇家醫院(Hospital Real de Todos-os-Santos)，也在她的大力支持下成立。聖母升天修道院旁就立有一座銅像，紀念這位有著慈悲心腸的皇后！

貝雅市區不大，所有的景點步行即可抵達。13世紀的城堡坐落在小鎮北方，登上主塔樓視野極佳，往南前行會經過佇立著頸手枷的共和國廣場(Praça da República)，以及修女情書的所在地聖母升天修道院。

貝雅

城堡 🏰　❶遊客服務中心
Castelo de Beja

往🚉火車站→

聖母教堂
Igreja de Nossa
Senhora dos Prazeres
✝　　🚌共和國廣場Praça da República

◎頸手枷
Pelourinho

聖母升天修道院&
貝雅地區博物館
Igreja de Nossa Senhora da Conceição
& Museu Regional de Beja

圖例
◎景點　🚌廣場
✝教堂　🏰城堡
🚌巴士站　🚉火車站
❶遊客服務中心

↓往🚌巴士總站

↓往ⓗPousada Convento Beja▸
ⓜMaltesinhas

INFO

基本資訊
人口：約36,000人(區)　**面積**：約1,146平方公里(區)

如何前往
◎火車
　　由里斯本Sete Rois火車站出發，搭乘IC列車前往，車程約需2小時20分，中途需在Casa Branca 站轉車，每日約有5班車次。火車站位於東邊，步行至市中心約15分鐘。
葡萄牙國鐵 ⓜwww.cp.pt
◎長途巴士
　　從里斯本出發，搭乘Rede Expressos營運的巴士，車程約2.5~3小時，幾乎每小時發車；由艾芙拉出發，車程約1小時15分，每日10班次。車站位於南邊，步行至市中心共和國廣場約10分鐘。
Rede Expressos ⓜwww.rede-expressos.pt

市區交通
　　市區不大，徒步便可走遍大部分的景點。若開車前往，可將車子停在城牆外，再徒步進城，或者可將車子停在聖母升天教堂旁，附有明顯停車標誌的付費停車場(Largo dos Duques de Beja)。

旅遊諮詢
◎遊客中心Posto de Turismo de Beja
🅰P.210A1　🚶由火車站往西步行約15分鐘可達，遊客中心位於城堡附近
🏠Largo Dr. Lima Faleiro 1　☎284-311-913
🕐09:00~12:30，14:00~18:00
ⓜwww.cm-beja.pt

💡

到修道院住一晚
　　貝雅舊城區內有鵝卵石鋪設的狹窄街道，從北邊的城堡向東南延伸，一直到13世紀的聖弗朗西斯科修道院(Convento de Sao Francisco)。幾個世紀以來修道院經歷多次翻修，融合了不同的建築風格，如今則是清幽典雅的修道院飯店，由Pousada集團經營，內部有拱型屋頂的餐廳、哥德式的禮拜堂、祥和的氛圍與寬敞的空間，在修道院待上一晚，將是十分獨特的葡萄牙體驗。此外，修道院附近的茶室Maltesinhas以製作傳統修道院糕點而聞名，值得前往品嚐。

Pousada Convento Beja
🅰P.210B2　🚶從遊客中心步行約15分鐘可達　🏠R. Dom Nuno Alvares Pereira　☎284-313-580　ⓜwww.pousadas.pt/en/hotel/pousada-beja

Salão de Chá Maltesinhas
🅰P.210B2　🚶從修道院飯店往西步行約3分鐘可達
🏠7 Terreiro dos Valentes　☎284-321-500　🕐週一至週六08:00~19:30　🚫週日

Where to Explore in Beja
賞遊貝雅

MAP ▶ P.210A1

貝雅城堡
Castelo de Beja

城市的象徵

🚶 由火車站往西步行約15分鐘可達 🏠 R. Dom Dinis 3 ☎ 284-311-913 🕐 09:30~12:30、14:00~18:00 💲 €3 📘 www.facebook.com/profile.php?id=100071314117855

高聳的城堡主樓(Torre de Menagem)是貝雅最顯著的地標，14世紀初由葡萄牙國王唐迪尼斯(king Dinis)在原先的羅馬遺址上重建了城堡，並增建了主樓Torre de Menagem，高達36公尺，共有三層樓183階迴旋梯，全由大理石打造，城堡在保衛葡萄牙領土的戰役中曾發揮重要的作用。塔頂視野廣闊，內部展示中世紀的武器和城堡歷史。此外，遊客中心也位於此處，每週六城堡廣場會有傳統市集。

MAP ▶ P.210A2

聖母教堂
Igreja de Nossa Senhora dos Prazeres

目不暇給的金碧輝煌

🚶 從遊客中心往南步行約4分鐘可達 🏠 R. Dom Manuel I 1 ☎ 284-323-159 🕐 週三至週日10:00~12:30、14:30~18:00 💲 免費 🌐 diocese-beja.pt

17世紀的巴洛克式教堂有著簡單的白色外觀，但教堂內部極度華麗精美，小小的空間被牆壁上的瓷磚畫、鍍金木雕、祭壇畫，還有整片天花板上的彩繪所包圍，裝飾得令人目不暇給，非常漂亮，尤其天花板上描繪的聖母瑪麗亞生平，令人歎為觀止。

MAP ▶ P.210B2

聖母升天修道院 & 貝雅地區博物館
Igreja de Nossa Senhora da Conceição and Museu Regional de Beja

浪漫又感傷的修女情書

🚶 從遊客中心往東南方步行約7分鐘可達 🏠 Largo da Conceicao 5 ☎ 284-323-351 🕐 週二至週日10:00~12:00、14:00~17:30(內部整修，暫時關閉) 💲 €2 🌐 www.museuregionaldebeja.pt

坐落在舊城區的中心，1459年建造的古老修道院因為一個愛情故事而聲名大噪。一位愛上法國軍官的修女，為不可能的愛情寫下一系列情書。1669年，法文版的《葡萄牙修女的情書》出版並翻譯成各種語言，據說男女主角分別是修道院裡的修女瑪麗安娜(Mariana Alcoforado)，以及當時駐紮此地的法國伯爵夏密伊(Count Chamilly)，雖然故事的真實性不得而知，但遙望修道院保留的瑪麗安娜之窗(Mariana's window)不禁讓人增添淡淡的傷感。修道院外觀融合了哥德與曼努埃爾風格，內部則充滿鍍金的木雕與洛可可風格的華麗裝飾。這裡也是貝雅地區博物館所在地，有許多繪畫與考古珍藏品。

梅爾圖拉
Mértola

　色山城梅爾圖拉坐落在瓜地亞納河岸旁
白 (Rio Guadiana)，河面波光粼粼，映照著
城市閃閃發亮。它曾是一座羅馬城、阿拉伯地
區首都、基督教騎士團的駐紮點，這裡保存了
不同時期的考古遺跡，整座城鎮就是一本歷史
書，也是座沉靜的露天博物館。

　　梅爾圖拉的歷史與興衰，取決於伊比利亞半
島南部最重要的河流–瓜地亞納河，梅爾圖拉曾
經是瓜地亞納河最北的港口城市，也是地中海
貿易路線的重要地點，使得早期腓尼基商人、
希臘人、迦太基人陸續抵達此地。西元前2世

紀，羅馬人佔領了城鎮並將其發展成農產與礦
產中心，出口來自阿蓮特茹的橄欖油與穀物。
隨西元8世紀北非摩爾人的入侵，回教徒在山
頂上建造了第一座清真寺，並將這裡發展成地
中海最西端的港口城市。一直到13世紀，基督
徒D. Sancho II與聖地牙哥騎士團重新奪回了
梅爾圖拉，才使其漸漸基督教化。

　　這座曾經富有的城市之後因商業路線的轉
移，加上附近礦場的關閉而長期蕭條下來，近
期因考古學家的發現，使得小鎮重新復甦起
來。來到這裡，最適合隨意漫步在毫無規律的

中世紀街道上，感受伊斯蘭風情，尋找羅馬城氣息，不可免俗地，一定要登上山頂城堡，飽覽湖光山色美景。

INFO

基本資訊
人口：約7,274人
面積：約1,279平方公里

如何前往
◎長途巴士

　　從里斯本Sete Rios車站出發，搭乘Rede Expressos營運的巴士，車程約3小時40分，每日1班次；艾芙拉出發，車程約3.5小時，每日一班次；由貝雅出發，車程約50分鐘，每日1班次，此外，也可搭乘阿蓮特茹地區巴士Rodoviária Do Alentejo，車程約70分，但一天有3班次。開車自駕前往是具彈性的旅遊方式。

Rede Expressos
🌐www.rede-expressos.pt
Rodoviária Do Alentejo
🌐www.rodalentejo.pt

市區交通
　　主要景點位於市區西南方的山坡上，步行是最好的遊覽方式，需有爬坡的心理準備。

旅遊諮詢
◎遊客服務中心Posto de Informação Turística de Mértola
🅰P.213A1　🏠R. da Igreja 31
☎286-610-109
🕐09:00~12:30、14:00~17:30
🚫1/1、5/1、12/25
🌐www.visitmertola.pt

MAP ▶ P.213A1

主教堂
Igreja Matriz
保存良好的清真寺教堂

🚶 從遊客中心步行約分2可達 🏠Largo da Igreja 📞286-610-100 🕐週二至週日09:20~12:30、14:00~17:20 🚫週一、1/1、復活節週日、5/1、12/24~25 🌐www.museudemertola.pt/nucleos-exposicao/igreja-matriz-mertola

當信奉回教的摩爾人統治了伊比利亞半島，清真寺變成了當時最重要的宗教建築，外觀上尖塔通常建於一角、馬蹄形的拱門、方形布局，主牆上通常有個用來祈禱的壁龕。13世紀基督徒收復失土時，這座清真寺被改建為教堂，16世紀時又重新修建，刪減了內部的圓柱，但仍是葡萄牙目前保存良好的中世紀宗教建築之一。穿過教堂的側門與庭園，可以參觀一個小型的博物館，展示考古發現的遺跡，包括帶有雕刻的石柱、彩色的阿拉伯瓷磚等等。

MAP ▶ P.213A1

梅爾圖拉城堡
Castelo de Mértola
俯瞰城鎮與河谷美景

🚶 從遊客中心出發往上坡步行約7分鐘可達 🏠Castelo de Mértola 📞286-610-100 🕐週二至週日09:20~12:30、14:00~17:20 🚫週一、1/1、復活節週日、5/1、12/24~25 💰免費 🌐www.museudemertola.pt/nucleos-exposicao/castelo-de-mertola

俯瞰著白色城鎮的是位於山頂的中世紀城堡，主塔樓建於1292年，由從摩爾人手中奪回此地的聖地牙哥騎士團(Santiago de Espada)的騎士所建，樓高約27公尺，作用為觀察城鎮周邊地區的軍情，一直到19世紀仍發揮它的戰略功能。目前作為梅爾圖拉城堡博物館，展示城堡的歷史與影片。從城牆上可眺望迷人的山光水色，風景醉人。

MAP ▶ P.213A1

摩爾人村莊
Alcáçova e Casa Islâmica
伊斯蘭考古遺跡

🚶 從遊客中心步行約5分鐘可達 🏠Praça Luís de Camões 📞286-610-100 🕐週二至週日9:20~12:30、14:00~17:20 🚫週一 💰免費 🌐www.museudemertola.pt

圍繞在城堡的下方的地區，是近代發掘的大片考古遺跡，包括羅馬時期的廣場和6世紀受洗池，目前開放參觀的區域則為12~13世紀摩爾人時期的村莊，共有20~30戶地中海格局的住家在此聚集，推估此地曾是繁榮的街區，但在1238年基督徒征服此地後，這個社區被摧毀，變成了

一片墓地。而令人驚奇的是，在遺址中又發現了另一座更古老的5世紀宮殿門廊，地板上鑲有生動的馬賽克磁磚圖案，地底下還有個深6公尺長32公尺的隧道，適合考古迷前來朝聖。

© Turismo do Algarve

南部沿海
阿爾加維

南部阿爾加維

Southern Portugal: Algarve

文‧攝影●陳蓓蕾

南部沿海-阿爾加維

西班牙
Spain

貝納吉爾海蝕洞
Benagil Caves

海軍海灘
Praia da Marinha

拉古斯
Lagos

唐娜安娜海灘
Praia da Dona Ana

卡米洛海灘
Praia da Camillo

加萊海灘
Praia da Galé

法羅機場
São Bras de Airpotel

法羅
Faro

伊斯托伊
Estoi

奧良
Olhão

塔維拉
Tavira

聖維森特角
Cabo de São Vicente

薩格里斯
Sagres

圖例 ⊙景點 ⊙海灘 ⊕機場

阿爾加維與葡萄牙其他地區截然不同，這裡的氣候四季溫和、陽光特別明媚、海水溫暖、金色沙灘處處可見，還有令人驚豔的懸崖和海蝕洞，是歐洲最受歡迎的渡假勝地之一。這裡步調慵懶悠閒、海鮮新鮮美味、夜生活精彩，海上活動選擇多樣，渡假氣息濃厚，每年夏天，吸引了成千上萬的遊客前來造訪。

阿爾加維的阿拉伯文Al有「西邊」的意思，這裡曾在北非摩爾人統治下長達500年之久，是摩爾人王國占領伊比利半島時期的西邊領土，直到13世紀，阿爾加維才重新回歸葡萄牙懷抱。

阿爾加維對葡萄牙而言不僅物產豐富，還是個地靈人傑的好地方，15世紀時，航海王子亨利(Infante D. Henrique)在薩格里斯成立了全世界第一所航海學校，以拉古斯為造船重鎮，由南部海岸啟航，開啟了葡萄牙的大航海時代。

自從60年代法羅國際機場開通後，旅遊觀光已成為阿爾加維最主要的經濟來源，許多現代化的度假村與高樓紛紛出現在西南海岸，迎接不斷湧入的遊客。如果看膩了海灘，不妨前往內陸地區，那裡坐擁連綿起伏的群山、古老的村莊與美麗浪漫的城堡，又是另一番令人驚喜的風景。

阿爾加維之最 The Highlights of Algarve

海灘與岩洞
Beaches and Caves
綿延150多公里的迷人海岸線，坐擁各種風貌的海灘，明信片上的常客，是美麗懸崖旁的海軍海灘，還有必須搭乘小船才能接近的貝納吉爾海蝕洞。(P.226)

法羅 Faro
阿爾加維的首府，也是熱鬧非凡的商業中心，漫步在古城門及種滿橘子樹的舊城區，駐足碼頭感受港口風情，大啖允指回味的海鮮銅鍋燉菜。(P.217)

拉古斯Lagos
現代、年輕、充滿活力夜生活的渡假城鎮，城鎮周圍分布許多純淨美麗的海灘，城區內到處都是餐廳、酒吧、商店與民宿，非常受到遊客歡迎。(P.222)

塔維拉Tavira
吉朗河穿越安靜的城市，羅馬古橋仍聯繫著城區的兩端，一邊通往山頂的城堡與教堂，另一邊穿越餐廳與商店並排的窄巷，到達生活氣息濃厚的廣場。(P.227)

法羅•

法羅及周邊
Faro and Around

法羅自1756年起便是阿爾加維的首府，自從60年代機場啟用後，也成為歐洲通往葡萄牙南岸的門戶，火車、巴士等大眾交通工具四通八達，因此常成為前往其他海灘勝地的中繼站。

這裡曾是羅馬港口，也是13世紀時阿方索三世(Afonso III)從摩爾人手中收復的最後一座城鎮。然而18世紀兩場突來的大地震幾乎摧毀整個城市，只有舊城區僥倖地殘存下來，目前所見的建築物大都建於18世紀以後。主要景點大多集中在被稱為維利亞城的舊城區(Cidade Velha)，穿過碧瓦爾曼奴埃爾花園 (Jardim Manuel Bívar)就可以看到通向舊城的城鎮拱門(Arco da Vila)，錯綜複雜的街道從這裡延伸開來。從種滿橘子樹的主教堂廣場繼續前行，就能抵達碼頭，在這裡可以眺望遠方的里亞福爾摩沙自然公園(Parque Natural da Ria Formosa) 和大海，感受港口風情。

INFO

基本資訊
人口：約58,664人
面積：201.59平方公里

如何前往
◎飛機
由英國、德國、比利時、法國、奧地利、愛爾蘭各國都有往返法羅的班機,葡萄牙境內里斯本也有飛往法羅的班機。法羅機場位於市區西側6公里處,可搭乘巴士14、16號前往市區。若搭乘機場排班計程車,車程約16~20分鐘,大約€10起。

法羅機場Aeroporto de Faro
◎P.218A1
🌐 www.aeroportofaro.pt/en/fao/home
葡萄牙航空 TAP 🌐 www.flytap.com
瑞安航空Ryan Air 🌐www.ryanair.com
Proximo巴士 🌐www.proximo.pt/en

◎火車
從里斯本東方火車站(Gare do Oriente)出發,搭乘AP或IC火車約需3~3.5小時,每日約5班次;由拉古斯火車站出發,搭乘地區火車(R),約需1小時50分,每日9班次;搭乘塔維拉出發的地區火車,車程約40分鐘,每日12班次。

火車站位於舊城西北方,沿著共和國大街(Av. da República)步行約10分鐘即可抵達市中心的法蘭西斯科戈麥斯廣場(Praça Dom Francisco Gomes)。

葡萄牙國鐵 🌐www.cp.pt
◎長途巴士
從里斯本Sete Rios巴士總站出發,搭乘Rede Expressos營運的長途巴士,車程約3.5小時,班次頻繁。長途巴士站就在市區西側的共和國大街(Av. da República)上,步行至市中心僅需數分鐘。

Rede Expressos 🌐www.rede-expressos.pt
開車自駕
從里斯本開車走高速公路到法羅約需5小時,可將車停在城牆旁聖法蘭西斯廣場(Largo de Sao francisco)的免費停車場內,需注意最好別將貴重物品存放在車上。

法蘭西斯廣場(Largo de Sao francisco)停車場
◎P.218B3

市區交通
法羅舊城區(Cidade Velha)面積不大,步行是最好的遊覽方式。新城區(New Town)位於城牆以外,若體力許可,步行也可抵達。如果要前往市區外的法羅海灘,可在前往機場的巴士站或法蘭西斯科戈麥斯廣場(Praça Dom Francisco Gomes)搭乘巴士14、16號前往。若要前往港口外的小島,可在碼頭邊搭乘各家旅行社推出的渡輪遊船行程。

Proximo巴士 🌐www.proximo.pt/en

觀光行程
◎渡輪小島遊
碼頭邊上有許多家渡輪公司提供前往附近小島的遊船行程。其中前往荒島(ilha deserta,也叫巴雷塔島ilha da Baretta)的遊船行程中,遊客下船後,可在島上沙灘漫步,並沿著木頭棧道前往島上唯一太陽能發電的環保餐廳Estaminé小憩。遊船公司將提供定時往返的渡輪或快艇接送。

Animaris Ilha Deserta
◎P.218A3 (渡輪碼頭)
🏠Rua Comandante Francisco Manuel
☎918-779-155
💲單程€10~15
🌐www.ilhadeserta.com/en/services-tours

旅遊諮詢
◎市區遊客中心
◎P.218A2 ◆位於城鎮拱門旁,由法蘭西斯科戈麥斯廣場步行約2分鐘可達
🏠Rua da Misericordia 8
☎289-803-604
🕐09:30~17:30
🌐www.visitalgarve.pt、faro.pt
◎機場遊客中心
🏠位於法羅機場內
☎289-818-582
🕐08:00~22:00

MAP ▶ P.218B3

主教堂
Sé Catedral de Faro
劫後重生的宗教殿堂

🚶 從遊客中心步行約4分鐘可達　🏠Largo da Sé 11　📞289-823-018　💲€3.5　🕐夏季：週一至週五 10:00~18:00、週六09:30~13:00；冬季：週一至週五 10:00~17:00、週六 09:30~13:00　🚫週日　🌐www.cm-faro.pt/pt/3379/cathedral.aspx

坐落在舊城區的中心，周圍是種滿了橘子樹的廣場，如今所見的主教堂建造在古羅馬神廟的廢墟上，曾經一度是摩爾人統治時期的清真寺，13世紀在阿方索三世征服此地後，改建為教堂。然而1755年的大地震震毀了建築大部份，僅有羅馬及哥德風格的塔樓大門被殘存下來，修建後的教堂外觀融合了巴洛克、文藝復興、哥德等各種建築風格，而內部的繪畫、雕刻、瓷磚畫是阿爾加維17~18世紀最精美絕倫的藝術品，加上巴洛克裝飾的管風琴，小型的人骨禮拜堂都值得前來欣賞。

MAP ▶ P.218B1

卡爾默聖母教堂&人骨禮拜堂
Igreja de Nossa Senhora do Carmo&Capela dos Ossos
巴洛克裝飾的盛宴

🚶 從火車站往東步行約10分鐘可達　🏠Largo do Carmo 21　📞289-824-490　🕐週一至週五09:00~13:00、15:00~18:00，週六 09:00~13:00　🚫週日　🌐carmo.site44.com

位於城牆外的新城區(New Town)，巴洛克風格的卡爾默聖母教堂建造於18~19世紀，外觀有兩座高聳的鐘樓，內部則是極盡奢華的金碧輝煌，歸功於當時來自殖民地巴西的黃金，使內部

雕刻都鍍上了最精美的巴西金箔，整面的鍍金祭壇尤其驚人。

教堂後方的人骨禮拜堂則與前方的華麗貴氣相反，從天花板到地板都由1,000多名修道士的人骨所打造，提醒著人們人生的短暫與無常。

MAP ▶ P.218B3

城鎮拱門 & 休息拱門
Arco da Vila & Arco de Repouso
葡國最古老的阿拉伯大門

🚶從火車站往東南步行約10~15分鐘可達 🏛Arco da Vila、Arco de Repouso

中世紀的城牆把舊城區整個圍繞起來，入口大門是位於北方宏偉的城鎮拱門，拱門建造於1812年，但藏在拱門內，還有另一座更古老的古蹟——11世紀由摩爾人建造的馬蹄形大門(Porta árabe)，是阿爾加維地區唯一留下的一座，也是葡萄牙最古老的一座，這裡也是通往海陸的大門。而城牆東邊則有另一座休息拱門，由此可以離開舊城區，特別是厚重的牆壁裡面，建有一座迷你小教堂，據說當初阿方索三世(Afonso III)打贏摩爾人後，就是在這裡休息，聆聽著彌撒。

MAP ▶ P.218B3

市立博物館
Museu Municipal
縱貫古今的珍貴收藏

🚶從遊客中心往南步行約5分鐘可達 🏛Praça Dom Afonso III 14 ☎289-870-827 ⏰週二至週五10:00~18:00，週六至週日10:30~17:00 🚫週一 💶成人€2 🌐faro.pt/69092/museu-municipal-de-faro ❗週日14:00前免費入場

坐落在阿方索三世廣場上(Largo Afonso III)的市立博物館，由16世紀文藝復興風格的修道院改裝而成，在美麗的迴廊內展示著史前、羅馬和中世紀的考古珍貴收藏。其中在火車站附近被發現的羅馬巨型地板裝飾——海洋馬賽克(Mosaic of the Ocean, 3世紀)，以及摩爾人的油燈等手工藝品，古代的武器與硬幣等等都是觀賞重點。

阿爾加維的銅鍋美食Cataplana

如果要選一道能表現阿爾加維海產之鄉特色的料理，那麼絕對是銅鍋海鮮燉菜(Cataplana de Marisco)。

使用銅鍋(Cataplana)燉煮是發源自阿爾加維的傳統料理方式，其中以銅鍋海鮮燉菜以及蛤蜊香腸銅鍋(Amêijoas Na Cataplana)最具代表性。利用銅鍋加熱迅速均勻的特性，保留住食材天然的鮮美原汁，海鮮燉菜的用料澎湃，鍋內放滿大蝦、蛤蜊、螃蟹、淡菜等各種海鮮與洋蔥、番茄等蔬菜，最後再鋪上烤得酥脆、吸滿海鮮湯汁的麵包，當鍋蓋一打開，香噴噴的味道隨著熱氣撲鼻而來，也是一種視覺與嗅覺的享受。

Chefe Branco

🚶P.218A1 🚶由火車站往東北方步行約5分鐘可達 🏛Rua de Loule 9 ☎289-807-584 ⏰12:00~23:00 🌐restaurantechefebranco.eatbu.com

法羅周邊

MAP ▶ P.218A1

伊斯托伊宮殿

Pousada Palácio Estói

粉紅色的洛可可宮殿

🚌 從法羅巴士站搭乘巴士前往伊斯托伊(Estoi)，需搭乘終點站為São Brásde Alportel Esto的巴士路線，在伊斯托伊(Estoi)下車即可抵達鎮中心，車程約25分鐘，下車後再由鎮中心步行至宮殿。巴士班次週末較少，建議週間前往較佳 🏠R. de São Jose 📞289-372-510 🌐www.pousadas.pt/en/hotel/pousada-estoi 💲花園免費開放給遊客參觀
巴士時刻查詢 🌐www.vamusalgarve.pt/#/

看膩了海灘嗎？位於法羅北邊10公里處的小鎮伊斯托伊(Estoi)與附近羅馬遺跡，或許能帶來耳目一新的感受。由小鎮的廣場往上走，就能發現

這座18世紀的浪漫粉紅色洛可可宮殿，這裡曾經頹敗荒廢過，如今重建改裝成高檔的Pousada連鎖飯店。接待區位於舊教堂內部，有小型展覽空間，由市立博物館規劃展出地區歷史文物。宮殿外的法式花園美輪美奐，有巨大的棕櫚樹環繞，布局精巧的噴泉、石雕以及牆壁上的瓷磚畫，處處充滿了羅曼蒂克的情調，是拍照的絕佳地點，非飯店住宿客人也可以免費探索宮殿與花園。

羅馬別墅遺址Milreu Roman Ruins

距離伊斯托伊宮殿西邊約1公里處，有座大型的羅馬遺跡，展示著西元1世紀起羅馬人在此聚集的生活型態。遺址中有長廊、庭園、大型神廟，以及洗浴中心，當中還可以看到帶有海洋主題的各式魚類馬賽克瓷磚、更衣室與加熱設備等等。

🔺P.218A1 🚌搭乘巴士於(Estoi cruz)站下車後步行數分鐘可達。或由宮殿往西的下坡路段步行，約20分鐘可達 📞289-997-823 🕐10~4月：09:00~17:00，5~9月：10:00~18:00 💲全票€2 monumentosdoalgarve.pt/pt/monumentos-do-algarve/ruinas-romanas-de-milreu

---

法羅周邊

MAP ▶ P.216C2

奧良

Olhão

北非風情的漁港

🚌 在法羅搭乘火車前往，車程約10分鐘。也可搭乘Eva營運的巴士前往，車程約20分鐘。每日車次頻繁。若開車前往，Avenida 5 de Outubro路上有充足的停車位
遊客中心 🏠Largo Sebastião Martins Mestre 3B 📞289-713-936 🕐週一至週五09:30~15:30 🛑週六日 🌐visitalgarve.pt

阿爾加維規模最大也最熱鬧的漁港，受長期與非洲商貿聯繫的影響，古老的街道上有許多北非風情的建築、教堂以及美麗的住宅，市區

不大，一下子就能走到碼頭水岸邊。碼頭旁有兩棟百年歷史的紅磚建築市立市場(Mercados Municipals)，內部有販賣蔬果與海鮮的早市，而面對著碼頭的方向，則是整排的咖啡廳、海鮮餐廳，坐滿了享受海風與陽光的人們。小漁港的景點不多，但悠閒的氣氛卻特別受到當地人與遊客歡迎。

拉古斯與周邊
Lagos and Around

拉古斯

坐落在海灣上的拉古斯曾經是阿爾加維的首府，16世紀的城牆環繞著市區，附近有無數個獨具特色的迷人海灘，吸引著追逐陽光、海灘與享樂主義的遊客們，如今是阿爾加維最具人氣的渡假城鎮之一。

15世紀時，在航海家王子亨利規劃下，拉古斯成了造船重鎮，許多航海家更由此啟航遠征，奠定了大航海時代的基礎。探險家從非洲掠奪了黃金、象牙，還有第一批做為奴隸的非

洲人，拉古斯成了當時歐洲的奴隸交易中心，開啟了人類歷史上黑暗的一頁，如今鎮上還可見到變身為展覽館的舊奴隸市場遺址(Mercado do Escravos)。不幸地，1755年一場大地震將拉古斯夷為平地，如今所見的建築大都是建於18、19世紀。鎮上最繁華的4月25日大街(Rua 25 de Abril)兩旁盡是餐館與商店，沿著這條街往南漫步，很容易就能遊覽所有市區的重要景點。

INFO

基本資訊

人口：約27,040人　**面積**：約212平方公里

如何前往

◎火車

　　從里斯本火東方火車站(Gare do Oriente)出發，搭乘前往法羅方向的AP或IC火車，中途需於Tunes轉乘前往拉古斯的區域火車。總路程約需3.5~4小時。若由法羅火車站出發前往拉古斯，約需1.5~2小時。拉古斯火車站位於市區北部，步行約15分鐘即可抵達市中心。

葡萄牙國鐵 www.cp.pt

◎長途巴士

　　從里斯本Sete Rios巴士總站或東方車站(Oriente)出發前往拉古斯，車程約3.5~4小時，每小時1~2班次。若由法羅出發，搭乘Vamus Algarve的巴士，車程約2小時20分。巴士站位於在市區北部，沿著Av. Dos Descobrimentos步行約15分鐘即可抵達市中心。

Vamus Algarve 巴士 www.vamusalgarve.pt/#/
Rede Expressos www.rede-expressos.pt

◎開車自駕

　　從里斯本開車到拉古斯約需2小時50分，可將車停在郊外的免費停車場中，或者是Av. Dos Descobrimentos的地下停車場中。

市區交通

　　步行是遊覽市區景點最好的遊覽方式，若要前往市區南邊的各個海灘，可搭乘Onda的接駁巴士2號線(藍線)。單程票1小時內可無限次搭乘。

Onda巴士
⊙Rua da Porta de Portugal
⑤單程票依里程數而增加，€1.3起，一日票€3
aonda.pt

觀光行程

◎船遊之旅

　　由碼頭出發，許多渡輪公司均提供各種遊船行程。其中，Bom Dia的2小時石窟之旅將由拉古斯碼頭出發，航往3公里處的的佩達德角(Ponta da Piedade)，穿梭在海蝕洞、懸崖邊見識著名的洞穴和岩層。

Bom Dia Boat Trips
P.223A1　⊙Marina de Lagos 10

282-087-587　⑤Grotto Trip全票€35
www.bomdia-boattrips.com

旅遊諮詢

◎遊客中心Posto de Turismo
P.223A2
由火車站往南步行約13分鐘可達
⊙Praça Gil Eanes　282-763-031
週一至週五09:30~17:30、週六09:30~15:00
週日
www.cm-lagos.pt/descobrir-lagos/e-util-saber/postos-de-turismo

MAP ▶ P.223A3

聖安東尼奧教堂

Igreja de Santo António

超現實感的金碧輝煌

🚶從遊客中心步行約4分鐘可達 🏠R General Alberto da Silveira 1 ☎282-762-301 💲博物館€3，博物館+奴隸市場聯票€5 🕐週二至週日10:00~13:00、14:00~18:00 休 1/1、復活節週日、4/25、5/1、12/1、12/24~25 🌐 museu.cm-lagos.pt/polos/dr-jose-formosinho/

巴洛克風格的教堂，白色簡約外觀，與內部金光閃閃的裝飾形成鮮明的對比。教堂建於1707年，1755年里斯本大地震摧毀了大部分的建築，幸運的是1718年的祭壇畫倖存了下來，內部裝飾華麗，以金色雕塑和藍白色的瓷磚為特色，這些瓷磚描繪了聖安東尼的生平事跡。教堂內部可通往相鄰的拉古斯博物館(Museu de Lagos Dr. José Formosinho)，館內展品豐富多樣，涵蓋考古學、宗教藝術、金銀器、繪畫、民族學和自然史等許多領域，可了解當地的歷史發展。

MAP ▶ P.223B3

班代拉角要塞

Forte Ponta da Bandeira

守護港口的前哨站

🚶從遊客中心往南步行約9分鐘可達 🏠Cais da Solaria ☎282-761-410 🕐週二至週日10:00~13:00、14:00~18:00 🌐museu.cm-lagos.pt/polos/forte-ponta-da-bandeira/

建於1680~1690年之間，為了保衛港口和城牆而建立的小型要塞，是此區保存最完好的17世紀防禦工事之一。面向大海的四角形建築有著堅固厚重的牆壁，四邊上各有一座突出的瞭望塔，用以觀察情勢，入口處以升降吊橋加強防禦，內部保留一座17世紀的小教堂。如今要塞已成為藝術展覽館，登上瞭望塔，景色絕佳。

MAP ▶ P.223A3

舊奴隸市場

Antigo Mercado de Escravos

大航海時代的黑暗歷史

🚶從遊客中心往南步行約4分鐘可達 🏠Praça Infante Dom Henrique 1 🕐週二至週日10:00~13:00、14:00~18:00 休1/1、復活節週日、4/25、5/1、12/1、12/24~25 💲€3 🌐 museu.cm-lagos.pt/polos/rota-da-escravatura/

亨利王子廣場(Praça Infante Dom Henrique)上展示著大航海時代的輝煌與黑暗，中央佇立著航海王子亨利的雕像，一側是聖馬利亞教堂，另一側的叉路口則是販賣黑奴的舊奴隸市集。1444年，從非洲帶回的第一批奴隸抵達拉古斯，往後為葡萄牙帶來了大筆財富，這裡成為第一個奴隸市場，一樓曾用做辦公室、海關與監獄。1755年時的大地震震垮了舊奴隸市集，如今所見的樓房是震後在原址上重建的，展示拉古斯與15世紀此地奴隸貿易的聯繫。

海灘渡假勝地Beaches in Lagos

拉古斯城鎮周圍有一片片純淨又獨具特色的海灘，從東邊的梅亞海灘(Meia)，到南邊的巴塔塔海灘(Batata)、唐娜安娜海灘(Dona Ana)、皮尼奧海灘(Pinhao)、卡米洛海灘(Camilo)等等，不少還獲得了國際認證的高品質海灘——藍旗標誌，除了享受日光浴，還有獨木舟、衝浪、浮潛等水上活動可從事，可搭乘Onda藍線巴士從市中心前往，輕鬆開啟度假模式。

梅亞海灘
Meia Praia

位於城鎮東邊，一望無際的海灘沿著海灣往東延伸，長達4公里，一直到東邊的阿爾芙河河口(Rio de Alvor)為主，就像一個美麗的圓形沙丘劇場。

🔺P.225B1 🏖藍旗海灘 ⓘwww.cm-lagos.pt/descobrir-lagos/visitar/praias

巴塔塔海灘
Praia da Batata

又叫馬鈴薯海灘，位於碼頭與學生海灘之間，這裡有平靜清澈的海水，暖金色的沙灘，地理位置絕佳，離市區僅有數百公尺，因此總是非常擁擠，若想要更寬敞的活動空間，可考慮北邊的梅亞海灘。

🔺P.225B2 🏖藍旗海灘

學生海灘Praia dos Estudantes

位於巴塔塔海灘南邊的一座小海灘，隱藏在懸崖峭壁與港口中間，入口處有木頭棧道可通往下方的沙灘，沙灘上有兩個人工隧道，一條通往隔壁的小沙灘，另一條則連接到巴塔塔海灘。

🔺P.225B2

拉古斯周圍海灘

拉古斯火車站🚉

梅亞海灘
Meia Praia

大西洋
Atlantic Ocean

巴塔塔海灘
Praia da Batata

學生海灘
Praia dos Estudantes
& Praias da Costa D'Oiro

皮尼楊海灘
Pinhao Praia

唐娜安娜海灘
Praia Dona Ana

卡米洛海灘
Praia do Camilo

佩達德角
Ponta da Piedade

圖例 ◉景點 ◎海灘 🚉火車站

N

唐娜安娜海灘 Praia Dona Ana

最受攝影師喜愛的海灘之一，乾淨的沙灘坐落於岩石與峭壁之間，懸崖下的陰影是躲避烈陽的最佳休憩處。海灘長約160公尺，由於在前方佩達德角的峭壁保護下，擋住了來自西南的浪潮，使得這裡的海水特別平靜，適合浮淺，彷彿一個小型的避風港灣，遊客可經由樓梯抵達下方的海灘。

🔺P.225A3 🏖藍旗海灘

佩達德角 Ponta da Piedade

坐落在城鎮以南3公里一塊突出的岬角，這裡有陡峭的砂岩懸崖，海面上是一座座露出的高聳棕色岩石，到處隱藏著洞穴和石窟。天氣好時，往西甚至能看到薩格里斯，燈塔是欣賞日落的絕佳地點。若要抵達此處，只能開車、步行或者選擇乘船遊的觀光行程。

🔺P.225A4

MAP ▶ P.216B2

海軍海灘
Praia da Marinha
明信片上的巨星

🚗 開車是最方便的方式。或者可由法羅搭乘巴士前往車程約1小時的拉古阿(Lagoa)，再由拉古阿轉乘前往海軍海灘的巴士，後段每日2班次，僅週間發車，需注意回程時間能否銜接得上。或者可在拉古阿搭乘計程車往返，單程收費約€15

Vamus Algarve 巴士
🌐 www.vamusalgarve.pt/#/

　　被譽為歐洲前10大以及「世界最美的100座海灘」之一，海軍海灘是風景明信片上的常客，也是攝影師的最愛。這裡有堆疊的岩層峭壁、清澈碧綠的海水、奇妙的石柱與洞穴、隱密的金色沙灘，保存良好的自然美景，洋溢野性不羈的美。由於交通不便的關係，這裡的海灘似乎沒有別處那麼擁擠。遊客可在峭壁頂端的步道上，以各個角度欣賞美麗的海景，或者也可走下長長的階梯前往海灘上，近距離探索那些美妙的岩層。

阿爾加維的海岸線
Coastline in Algarve
阿爾加維長達近160公里的海岸線，大致可分為法羅以東的背風海岸，法羅至拉古斯中間的中段海岸，以及拉古斯到最西端薩格里斯(Sagres)的迎風海岸，越往西邊，懸崖越陡峭，岩石越顯嶙峋。

MAP ▶ P.216B2

貝納吉爾海蝕洞
Benagil Cave
沒有聯外道路的世外桃源

🚗 開車前往貝納吉爾海灘是最方便的方式。或者可由拉古斯(Lagos)搭乘巴士前往拉古阿(Lagoa)，再由拉古阿巴士站轉乘前往貝納吉爾(Benagil)的巴士，每日往返兩班次，僅週間發車，需注意轉乘時間能否銜接得上。或者可由拉古阿搭乘計程車前往海灘，單程收費約€10

Vamus Algarve 巴士 🌐 www.vamusalgarve.pt/#/
Taruga Tours Benagil Caves
☎ 969-617-828 🌐 tarugatoursbenagilcaves.pt

　　坐落在拉古阿(Lagoa)東南邊7公里處的貝納吉爾村，除了有美麗的沙灘，最知名的莫過於「別有洞天」的海蝕洞，頂部洞口灑下燦爛的陽光，照在沙岩與沙灘上，天氣晴朗時，沙灘上宛如聚光燈照射的舞台，往外看則是藍天奇景，美不勝收。然而要抵達這個洞穴，唯一的方式，是經由海路前往。遊客可以參加海灘旁的Taruga Tours的乘船遊行程，造訪這個洞穴與海岸線上更多令人驚奇的自然美景。然而由於近年來為了保護當地生態，葡萄牙政府已經禁止小船登陸洞內，只有獨木舟與SUP立槳（立式單槳衝浪）才行。

塔維拉

塔維拉
Tavira

坐落在傑朗河(Rio Gilão)兩岸，寧靜優雅的小城塔維拉還保留著質樸的風貌，是阿爾加維東部的度假勝地，也是葡萄牙最靠近摩洛哥海岸的港口。大航海時代，許多探險家就是由此出發，啟航前往北非，15世紀時這裡曾是繁榮的貿易港口，然而到了17世紀由於泥沙淤積、瘟疫與地震而沉寂了下來，如今旅遊業是城鎮最主要的收入。

塔維拉的歷史悠久，西元4世紀時，腓尼基人就已在此定居，之後羅馬人、摩爾人都曾是這裡的居民，13世紀基督徒大軍收復了城鎮，留下的摩爾人則被驅逐到城牆之外，城鎮內有多達21座的教堂，又被稱為教堂之都，如今來到塔維拉，仍可感受到這裡多元文化的面貌。

227

INFO

基本資訊
人口：約25,000人
面積：606.97平方公里

如何前往
◎火車
　　從法羅火車站出發，搭乘前往塔維拉的普通列車，約需40分鐘左右。若由里斯本出發，可先搭乘快車至法羅，再轉乘普通列車，約需4~5小時。塔維拉火車站位於市區西南方，沿著Av. Dr. Teixeira de Azevedo步行約10分鐘即可抵達市中心的共和國廣場(Praça Da República)。
葡萄牙國鐵
ⓤwww.cp.pt
◎長途巴士
　　從里斯本Sete Rios巴士總站出發，搭乘Rede Expressos巴士前往塔維拉，車程約3.5~4小時，每小時1~2班次。若由法羅出發，搭乘Vamus Algarve

巴士，車程約40分鐘。巴士站位於市中心的河畔旁。
Vamus Algarve 巴士
ⓤvamusalgarve.pt/#/
Rede Expressos
ⓤwww.rede-expressos.pt

市區交通
　　步行即可遊覽市區大部分的景點。若要前往市區外的塔維拉島(Ilha de Tavira)與海灘，可在市區東南方搭乘渡輪前往，約5分鐘即可登島。

旅遊諮詢
◎遊客中心Posto de Turismo de Tavira
🅿P.228A1
🚶由火車站往東北方步行約10分鐘可達
🏠Praça Da República 5
☎281-322-511
🕐09:30~17:00
ⓤwww.cm-tavira.pt

MAP ▶ P.228A1

城堡
Castelo
山頂上的城市地標

🚶 從遊客中心往上坡步行約5分鐘可達　📍Largo Abu-Otmane　💲免費　🕐週一至週五08:30~19:00、週六至週日10:00~19:00　🌐cm-tavira.pt/site/descobrir/outro-patrimonio

山頂的城堡位於市區的西南方，目前只有城牆與塔樓保存下來，城牆內有座小巧的花園，沿著石階登上城牆，可以用不同的角度俯瞰城鎮的

風景。城堡的歷史最早可追溯到西元4世紀腓尼基人定居前，之後摩爾人與基督十字軍佔領時，都紛紛對城堡的防禦工事進行擴建，如今所見到的遺跡大部分重建於17世紀，遊客可在矗立著高聳鐘塔的聖馬利亞乘堡教堂(Igreja de Santa Maria do Castelo)旁找到城牆入口。

MAP ▶ P.228A1

羅馬古橋
Ponte Romana
條條大路通羅馬

🚶 從遊客中心步行約1分鐘可達　📍Ponte Romana

塔維拉距離西班牙邊境僅30公里，是古代羅馬大道海岸路線的一部份，由邊境的馬林堡(Castro Marim)通往法羅，一定會經過這裡，市區裡的羅馬古橋遺跡是這條重要交通路線的一部分，最早的橋樑每一端都設有塔樓，據說中間還有個具防禦功能的活動木板。如今所看到的是1667年重建的石拱橋，橋面由鵝卵石鋪成，橋身共有7座拱門，水面映照著倒影，河岸旁有成排的棕櫚樹環繞，風景十分美麗。

MAP ▶ P.228A1

共和國廣場
Praça Da República
風光綺麗的社交中心

🚶 從遊客中心往南步行約4分鐘可達　📍Praça Da República

Mercado Municipal
🚶 P.228B2　📍Av Dom Manuel 1　🚶 由共和國廣場沿著河岸往東，遇大橋後再右轉約11分鐘可達　🕐週一至週六07:00~13:00

幾世紀以來，河畔的共和國廣場一直是城鎮的社交中心，現代化的圓形廣場是休憩、散步、舉辦市集與活動的場所，但在大航海時代，這裡也是買賣奴隸的交易場所。如今市政府、遊客中心、伊斯蘭博物館(Núcleo Islâmico Museum)、咖啡廳都圍繞在廣場四周，如果時間還早，可以沿著河岸東行前往停著漁船的市集(Mercado Municipal)，或者沿著羅馬古橋漫步到對岸，感受旅遊業對當地人的影響，都會是一番柳暗花明的驚喜。

南部沿海──阿爾加維⋯ **塔**維拉 Tavira

The Savvy Traveler
聰明旅行家

基本資訊
◎葡萄牙
正式國名：葡萄牙共和國(República Portuguesa)
地理位置：歐洲最西端，西部和南部瀕臨大西洋，北部和東部與西班牙相鄰。此外，大西洋上的亞速爾群島(Açores)和馬德拉群島(Madeira)也屬於領土範圍
面積：92,212平方公里
人口：約1,042萬人
首都：里斯本(Lisboa)
宗教：81%為天主教
種族：葡萄牙人
語言：官方語言為葡萄牙語，大部份人也都可使用英語和西班牙語交流

簽證辦理
◎短期觀光簽證
　　台灣遊客前往葡萄牙觀光無需辦理申根簽證，只要持有效護照即可出入申根公約國，6個月內最多可停留90天。有效護照的定義為，預計離開申根區時最少還有3個月的效期。

　　儘管開放免簽證待遇，卻不代表遊客可無條件入境，入境申根國家所需查驗的相關文件包括：來回航班訂位紀錄或機票、英文或法文行程表、當地旅館訂房紀錄或當地親友邀請函、英文存款證明或其他足以證明自己能在當地維生的證明、公司名片或英文在職證明等等。另外，原本辦理申根簽證所需的旅遊醫療保險，雖同樣非入境時的必備證明，但最好同樣投保，多一重保障。

　　目前「歐洲旅行訊息授權系統」(ETIAS)仍在建置中，預計2025年中開始，國人前往包含法國、義大利、西班牙、葡萄牙等歐洲30個國家和地區，需要事先上網申請ETIAS且獲得授權，手續費€7。ETIAS有效期限是3年，或持有護照到期為止。效期內只要持有效護照及ETIAS即可不限次數出入申根公約國，無需再辦理申根簽證，6個月內最多可停留90天。

◎歐盟ETIAS官網
🌐travel-europe.europa.eu/etias_en

旅遊諮詢與實用網站
◎駐葡萄牙台北經濟文化辦事處
🏠AV. da Liberdade 200, 4 Dto., Lisboa(里斯本地鐵藍線Avenida站步行約2分鐘）
📞(351)213-151-279
🕐週一至週五08:30~12:30、13:30~17:30
❗急難救助行動電話：(351)962-735-481
🌐www.roc-taiwan.org

◎其他實用網站
葡萄牙國家觀光局：www.visitportugal.com
里斯本旅遊局：www.visitlisboa.com
波爾圖和北部地區旅遊局：www.visitportoandnorth.travel
葡萄牙中部拉旅遊局：www.centerofportugal.com
阿連特茹旅遊局：www.visitalentejo.pt
阿爾加維旅遊局：www.visitalgarve.pt

飛航資訊
　　目前從台灣出發並無直航班機飛往葡萄牙，都需要先飛到歐洲主要城市再轉機，最快的方式是選擇與台灣有直航的歐洲城市(例如：巴黎、倫敦、阿姆斯特丹、羅馬或法蘭克福)，之後再轉機前往里斯本、波爾圖等大城。目前華航、長榮和荷蘭航空都有提供直航班次，其他航空公司大多需在新加坡或曼谷轉機。

航空公司	訂位電話	網址
中華航空	(02)412-9000	www.china-airlines.com
長榮航空	(02)2501-1999	www.evaair.com
德國漢莎航空	(02)2325-2295	www.lufthansa.com
瑞士航空	(02)2507-2213	www.swiss.com
泰國航空	(02)8772-5111	www.thaiairways.com.tw
英國航空	(02)2512-6888	www.britishairways.com
法國航空	(02)2711-4022	www.airfrance.com
荷蘭航空	(02)27114055	www.klm.com.tw
卡達航空	(02)2507-1698	www.qatarairways.com
土耳其航空	(02)2773-3266	www.turkishairlines.com

旅遊資訊
◎電壓
　　葡萄牙電壓為220V，插頭為雙孔圓形。
◎時差

葡萄牙冬季比台灣慢8小時，夏令時間比台灣慢7小時(自3月之後的最後一個星期日，到9月最後一個星期六)。

◎貨幣及匯率

貨幣單位為歐元(€)，匯率約為歐元：台幣＝1:35.23 (2024年10月)。

在台灣可直接兌換歐元，紙幣面值有€5、€10、€20、€50、€100、€200。大部分飯店與商店接受常用的國際信用卡。另外，須注意一般商店和小型旅館不接受€200以上的現鈔，在換鈔時，應以兌換€50以下面額歐元為主。

◎網路

一般而言，葡萄牙的網路使用已相當方便，大多數的飯店、餐廳、車站裡，也多半提供免費無線上網，即使訊號顯示鎖碼，只要向櫃台詢問，消費者通常就能夠獲得密碼，開始免費無線上網。葡萄牙舊城區都像迷宮一樣，如果能在機場或市區的通信行申辦可無線上網的網卡，或是出發前於網路上預購網卡，對旅途上的幫助相當大。無論里斯本或是波爾圖機場，都設有當地網路電信公司Vodafone的櫃台，申辦起來相當方便。

◎打電話

從台灣直撥葡萄牙：002+351+電話號碼。

從葡萄牙播打回台灣：00+886+城市區域碼(去0)+電話號碼。

◎飲水

自來水基本上可以生飲，但若是腸胃比較敏感的人，也可購買礦泉水。

◎郵政

葡萄牙郵局稱為CTT(Correio)，營業時間是8:30~18:00，郵票可在有Correio或Selos招牌的雜貨店購買，有些販售明信片的小店也有。郵筒分為紅色的普通郵件和藍色快速郵件。

◎小費

相較於歐洲其他國家，葡萄牙比較沒有小費文化，較正式的餐廳習慣上還是會給小費，約為帳單金額的5~10%，一般餐廳可以點杯飲料或是結帳時捨酌不找零。若結帳時發現帳單已加收服務費，或僅是在酒吧、咖啡廳，若只是喝杯飲品啤酒，不用給小費。飯店幫忙提行李的服務人員，或使用到客房服務(room service)時，則給€1。

◎時間

除了時差之外，葡萄牙的生活起居時間與在台灣時大不相同，這點會牽涉到銀行換錢、參觀景點、逛街購物和三餐等問題。

按葡萄牙人的習慣，三餐用餐時間都稍微晚些，早餐通常是在08:00~10:00喝杯咖啡和吃塊甜麵包；午餐大約12:00~14:30，晚餐大約19:30~22:30(餐廳19:00~20:00才會開門營業)。而一般的小酒館或是販賣蛋塔、烘培點心的小店，營業時間彈性，可能從早晨到夜晚都有營業，可以隨時點些輕便的食物充飢，或者也可當成正餐。

一般的商業時間是10:00~20:00，百貨公司則是10:00~22:00，星期日部分店家不營業。而旅遊景點則大多週一公休，在做旅遊計劃之前，最好先查詢清楚。

◎購物退稅

只要不是歐盟國家的人民，在攜帶免稅品離境時，都可以享有退稅優惠。凡在有「Tax Free」標誌的地方(也可詢問店家)購物，且同家商店、同一個人消費金額於葡萄牙超過€61.5，便可請商家開立退稅單據，退稅手續須在3個月內到出境海關辦妥手續。

葡萄牙退稅後扣除手續費約可拿回10~23%。購物時記得要向售貨員索取退稅單，出示有效的護照進行登記，這張單子應由售貨員幫你填寫。出關時，將所買貨物交給海關檢查，海關在退稅單上蓋印後即可在機場或邊境的退稅處領取稅款。需注意的是，海關處理時間較長，主要機場通常人數眾多，建議預留至少1.5～2小時，且要在托運行李前進行，以確保能順利完成程序。

蓋有海關印章的退稅單，可以在機場內的退稅公司(Global Blue或Premier Tax Free)兌換成歐元現金，或選擇匯入指定的信用卡或銀行帳戶。現金退稅通常會收取較高的手續費。

葡萄牙 MOOK NEWAction no.88
Portugal

作者
李曉萍 · 陳蓓蕾 · 墨刻編輯部

攝影
墨刻攝影組

特約主編
李曉萍

美術設計
李英娟 · 駱如蘭 (特約)

地圖繪製
Nina(特約) · 駱如蘭(特約) · 墨刻編輯部

出版公司
墨刻出版股份有限公司
地址：台北市115南港區昆陽街16號7樓
電話：886-2-2500-7008
傳真：886-2-2500-7796
E-mail：mook_service@cph.com.tw
讀者服務：readerservice@cph.com.tw
墨刻官網：www.mook.com.tw

發行公司
英屬蓋曼群島商家庭傳媒股份有限公司城邦分公司
地址：台北市115南港區昆陽街16號5樓
電話：886-2-2500-7718　886-2-2500-7719
傳真：886-2-2500-1990　886-2-2500-1991
城邦讀書花園：www.cite.com.tw
劃撥：19863813
戶名：書虫股份有限公司

香港發行所
城邦（香港）出版集團有限公司
地址：香港九龍土瓜灣土瓜灣道86號順聯工業大廈6樓A室
電話：(852)25086231
傳真：(852)25789337
E-MAIL：hkcite@biznetvigator.com

馬新發行所
城邦(馬新)出版集團 Cite (M) Sdn Bhd
地址：41, Jalan Radin Anum, Bandar Baru Sri Petaling, 57000 Kuala Lumpur, Malaysia.
電話：(603)90563833
傳真：(603)90576622
E-mail：services@cite.my

製版 · 印刷
藝樺設計有限公司 · 漾格科技股份有限公司

經銷商
聯合發行股份有限公司（電話：886-2-29178022）
誠品股份有限公司
金世盟實業股份有限公司

城邦書號
KV3088

定價
480元

ISBN
978-626-398-089-1 · 978-626-398-087-7（EPUB）
2024年11月初版

首席執行長　Chief Executive Officer
何飛鵬　Feipong Ho

生活旅遊事業總經理暨墨刻出版社長　PCH Group President & Mook Managing Director
李淑霞　Kelly Lee

總編輯　Editor in Chief
汪雨菁　Eugenia Uang

副總編輯　Deputy Editor in Chief
呂宛霖　Donna Lu

編輯　Editor
趙思語 · 唐德容 · 林昱霖 · 李冠瑩 · 蔡嘉榛
Yuyu Chew, Tejung Tang, Lin Yu Lin, Mao Li, Cai Jia Zhen

資深美術設計主任　Senior Chief Designer
羅婕云　Jie-Yun Luo

資深美術設計　Senior Designer
李英娟　Rebecca Lee

影音企劃執行　Digital Planning Executive
邱茗晨　Mingchen Chiu

資深業務經理　Senior Advertising Manager
詹顏嘉　Jessie Jan

業務經理　Advertising Manager
劉玫玟　Karen Liu

業務專員　Advertising Specialist
程麒　Teresa Cheng

行銷企畫經理　Marketing Manager
呂妙君　Cloud Lu

行銷企畫主任　Marketing Supervisor
許立心　Sandra Hsu

業務行政專員　Marketing & Advertising Specialist
呂瑜珊　Cindy Lu

印務部經理　Printing Dept. Manager
王竟為　Jing Wei Wan

U0094616

國家圖書館出版品預行編目資料

葡萄牙/李曉萍, 陳蓓蕾, 墨刻編輯部作. -- 初版. -- 臺北市：墨刻出
版股份有限公司出版：英屬蓋曼群島商家庭傳媒股份有限公司城邦
分公司發行, 2024.11
232面 ;16.8×23公分. -- (New action ; 88)
ISBN 978-626-398-089-1(平裝)
1.CST: 旅遊 2.CST: 葡萄牙

746.29　　113015426

墨刻整合傳媒廣告團隊

提供全方位廣告、數位、影音、代編、出版、行銷等服務
為您創造最佳效益
歡迎與我們聯繫：mook_service@mook.com.tw